21世纪高等继续教育精品教材·人力资源管理系列

人员招聘与配置

高秀娟　王朝霞　主编

中国人民大学出版社
·北京·

总　　序

21世纪，科学技术发展日新月异，发明创造层出不穷，知识更新日趋频繁，全民学习、终身学习已经成为适应经济与社会发展的基本途径。近年来，我国高等教育取得了跨越式的发展，毛入学率由1998年的8%迅速增长到2008年的23.3%，已经进入到大众化的发展阶段，这其中高等继续教育发挥了重要的作用。同时，高等继续教育作为“传统学校教育向终身教育发展的一种新型教育制度”，对实现“形成全民学习、终身学习的学习型社会”、“构建终身教育体系”的宏伟目标，发挥着其他教育形式不可替代的作用。

目前，我国高等继续教育的发展规模已占全国高等教育的一半左右，随着我国产业结构的调整、传统产业部门的改造以及新兴产业部门的建立，各种岗位上数以千万计的劳动者，需要通过边工作边学习来调整自己的知识结构、提高自己的知识水平，以适应现代经济与社会发展的要求。可见，我国高等继续教育的发展，既肩负着重大的历史使命又面临着难得的发展机遇。

我国的高等继续教育要抓住机遇发展，完成自己的历史使命，从根本上说就是要全面提高教育教学质量，这涉及多方面的工作，但抓好教材建设是提高教学质量的基础和中心环节。众所周知，高等继续教育的培养对象主要是已经走上各种生产或工作岗位的从业人员，这就决定了高等继续教育的目标是培养能适应新世纪社会发展要求的动手能力强、具有创新能力的应用型人才。因此，高等继续教育教材的编写“要本着学用结合的原则，重视从业人员的知识更新，提高广大从业人员的思想文化素质和职业技能”，体现出高等继续教育的针对性、实用性和职业性特色。

为适应我国高等继续教育发展的新形式、培养应用型人才、满足广大学员的学习需要，中国人民大学出版社邀请了国内知名专家学者对我国高等继续教育的教学改革与教材建设进行专题研讨，成立了教材编审委员会，联合中国人民大学、中国政法大学、东北财经大学、武汉大学、山西财经大学、东北师范大学、华中科技大学、黑龙江大学等30多所高校，共同编撰了“21世纪高等继续教育精品教材”，计划在两三年内陆续推出百种高等继续教育精品系列教材。教材编审委员会对该系列教材的作者进行了严格的遴选，编写教材的专家、教授都有着丰富的继续教育教学经验和较高的专业学术水平。教材的编写严格依据教育部颁布的“全国成人高等教育公共课和经济学、法学、工学主要课程的教学基本要求”；教材内容的选择克服了追求“大而全”的现象，做到了少而精，有针对性，突出了能力的训练和培养；教材体例的安排突出了学习使用的弹性和灵活性，体现“以学为主”的教育理念；教材充分利用现代化的教育手段，形成文字教材和多媒体教材相结合的立体化教材，加强了教师对学生学习过程的指导和帮助，形象生动、灵活方便，易于保存，可反复学习，更能适应学员在职、业余自学，或配合教师讲授时使用，会起到很好的教学效果。

这套“21世纪高等继续教育精品教材”在策划、编写和出版过程中，得到教育部高教司、中国成人教育协会、北京高校成人高教研究会的大力支持和帮助，谨表深切谢意。我们相信，随着我国高等继续教育的发展和教学改革的不断深入，特别是随着教育部“高等学校教学质量和教学改革工程”的实施，这套高等继续教育精品教材必将为促进我国高校教学质量的提高做出贡献。

杨干忠

前　言

在市场化和全球化的大背景下，我国企业的人力资源管理工作开始借鉴西方成熟的理论知识和实践经验，日趋科学化和系统化。招聘作为人力资源管理的一个重要环节，既是企业向外界展示自己的窗口，又是企业找到合格员工的重要方式，为企业的管理奠定了良好的基础和可靠的人力保障。计划经济时代“统包统分”的局面已成为过去，在改革开放、市场转型、改革旧有人事体制的今天，科学招聘成为每个企业迎接挑战的必备利器。

本教材全面阐释人员招聘与配置的理论知识，并辅之以实用技能知识的介绍，培养学生实用、科学的招聘思维。本教材在内容上着重突出三大特色：

（1）拓宽基础，注重实用技能基础知识，秉承广而不深的原则。文字叙述力求简明扼要、通俗易懂，基本技能及操作方式的说明贯穿教材的始终，力求将基本理论知识体现在实用技能上。

（2）以例释理，以表单突出操作性。全书力求将基本理论的知识点体现在案例和实训中，利用企业中常见的各种分析表、报告表等，将招聘环节体现为表单形式。

（3）技能部分与实践和理论前沿接轨。教材的技能部分力求与实践接轨，将咨询公司实际使用的方法、技术及实用案例介绍到教材中；引入学术界的新理论、新技术，并适当介绍学科的发展趋势。这样既能避免知识陈旧、与实践脱节的问题，又有利于学生毕业后融入工作。

本教材阐述人员招聘与配置的基本理论、基础知识和操作方法，由招聘概述、招聘的基础、招聘计划和策略、招聘的渠道选择、面试、其他测评方法、员工录用和使用管理、招聘外包、特殊员工的招聘和招聘评估十章内容构成。本教材在保持传统的学科体系架构的基础上，在体例上略做创新，各章均设置学习目标、导入案例、本章小结、重点概念、复习思考题、实训题以及案例讨论与思考，并就招聘知识点设置了案例、小提示等内容。

本教材由高秀娟和王朝霞主编，具体编写分工如下：高秀娟（第一章）、肖兴辉（第二章和第四章）、张雅娴（第三章）、孙倩（第五章和第六章）、宋洪波（第七章）、王朝霞（第八章）、李睿卿（第九章和第十章）。

本教材在编写过程中，参考了大量的国内外文献、报道，在此向作者表示感谢，如有遗漏未列出的文献，敬请作者谅解并联系我们，我们会尽快添补。由于编者学识和教学经验所限，书中难免存在疏漏与不妥之处，敬请各位专家和广大读者指正。

编者

目　　录

第一章

招聘概述

学习目标

- 了解招聘的意义
- 了解招聘的影响因素
- 理解招聘过程管理
- 掌握招聘的概念和原则
- 掌握招聘的阶段与流程

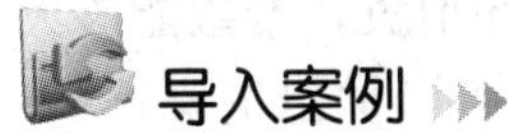

导入案例

"何慕事件"的幕前幕后

某日，在发行量超过 80 万份的《文汇报》报眼上，出现了这样一则广告："招聘市场部经理一名，年薪 50 万元"，落款是浙江天翁公司。《解放日报》、《新民晚报》、《劳动报》等也纷纷在显要位置或黄金时间发布了这则广告。此后，在规定报名的短短 4 天时间里，有 108 名本科以上学历的符合招聘条件的应聘者留下了应聘材料。总经理孙尧忠仔细地阅读每份应聘材料后，设法与这些应聘者逐一见面，当场考核。经过初次面试，大约有 50 名应聘者入围。这次招聘的是全国市场部经理，天翁公司请入围者与各地区市场部经理切磋交流，遴选出 10 名候选人，让他们组成考察团，赴北京、上海、武汉、杭州等地进行实地考察，并递交一份全国市场工作总体计划，经各地区市场部经理及专家组综合审查，选出 3 名最佳候选人。据说，这个招聘过程自始至终处于上海企业界、经济理论界权威人士组成的专家组监控之下。

在电视直播的专家答辩会上，何慕战胜了其他两名候选人，得到了最高分，公证人员当场进行了公证。于是，50 万元年薪的总经理诞生了。

然而，不久之后，何慕在毫无思想准备的情况下，突然接到天翁公司发出的免职通知书："因何慕同志在担任市场部经理期间管理失职、决策失误，本公司将按公司规定追查其经济责任。"

总结被解聘的教训，何慕申辩道："我是被竞聘的气氛所感染，为自己能遇上这样一个千载难逢的机遇而兴奋。我是在这样的氛围烘托下茫然进入角色的。我犯了一个致命错误，仅受 50 万元年薪的诱惑，而缺乏对天翁公司的必要了解。除了厂房外，我对这家企业的管理风格知之甚少。"而孙尧忠对何慕的评价是："这个人有两个特点：第一，他特别能说，他编写的市场部规划制度比谁都漂亮，这点我佩服；第二，他办事不讲效率，拖拖拉拉，很多事拖着不办。"

"何慕事件"的焦点都集中在 50 万元年薪上，何慕称除了 8 月下旬一次性领取 8 万元以外，他再没有拿到 1 分钱的工资。而天翁公司则表示，总公司已如期召开董事会，决定按 50 万元年薪付给何慕，从入职日算起总共是 25 万元，但必须对何慕管理的账目进行清算后，才能支付工资。双方最终诉诸法庭，并达成庭外和解。"何慕事件"就此收场。

思考：

1. 该案例中，人员招聘与录用发生了哪些变化？
2. 你认为天翁公司在这次招聘事件中应当承担哪些责任？有何经验教训？
3. 应聘者何慕应当承担哪些责任？有何经验教训？
4. 你认为针对该公司的有效招聘应该是什么样的？

资料来源：孙健敏：《中国人民大学工商管理 MBA 案例：人力资源开发与管理卷》，256～265 页，北京，中国人民大学出版社，1999。

本案例展现了招聘的整体过程，体现了招聘工作的重要性和复杂性。实际上，企业都渴望"千里马"的出现，为此不惜耗费大量成本来开展宣传和进行招聘。然而很多时候事与愿违，企业求贤若渴，以优厚的待遇来吸引人才，人才也满怀抱负，希望能够大展拳脚，可最终的结果却是不欢而散，双方都各怀委屈，认为对方应当承担主要责任。其中的主要原因就是招聘工作出了问题。很多企业都认为，招聘环节相对于人力资源管理的其他环节来说，是一个既简单又没有技术含量的工作——通过广告宣传吸引应聘者，经过几次笔试和面试就可以定岗定员。然而，如果企业想要招募到合适的人才，并让人才持续地为企业创造利润，将招聘简单化就绝对是一种错误的决策。本章将详细介绍招聘的概念、意义、基本原则、流程、过程管理、影响因素等，帮助我们了解招聘的全貌。

早在泰罗的科学管理时代，就出现了招聘、甄选、工作分析等员工招聘活动。在我国，招聘工作也可谓古已有之。殷商时期，商汤五次以币聘伊尹辅治国政，开招聘之先河。之后历朝历代，广纳贤才形成传统和制度，尤其是几千年来的科举制度，为封建帝王征召了众多有识之士。新中国成立后的计划经济时代，采取"统包统分"的人才分配制度，由政府为人才指定单位和职位，几乎没有采用科学的招聘方法，由此形成了地区、部门、单位等条块分割的局面，束缚了人才的流动和发展。在改革开放和由计划经济向市场经济转型的过程中，我国逐渐改革旧有的人事体制，不仅涌现出人才市场等多种招聘场所，而且单位和组织越来越关注科学招聘，利用众多招聘工具进行人才的选拔和补充。

据美国哈佛大学的研究，80%的员工流失是招聘时选人不当造成的，而流失一名普通员工的成本是其年薪的150%，流失一名高层管理人员的成本是其年薪的10倍。由此可见招聘环节的重要性。招聘是人力资源管理的重要环节，它建立在人力资源规划和工作分析的基础之上，依据严格的招聘和甄选环节，通过制定招聘计划、选择招聘渠道、确定招聘方法、管理招聘过程、评估招聘结果以及配置人员等环节，为组织选择合适的员工提供科学的保障。科学合理的招聘环节为组织提供了可靠的人力保障，为之后的员工管理奠定了良好的基础，以使组织适应市场变化并满足其发展需要。

第一节　招聘的概念、意义和基本原则

一、招聘的概念

招聘，又称招募，指在企业总体发展战略规划的指导下，根据人力资源规划所确定的人员需求制定相应的填补职位空缺的计划，采用多种科学的方法及渠道，广泛吸引具备相应资格的人员向组织应聘，从中选出企业需要的人员并予以录用的过程。招聘的实质是让潜在的合格人员对本组织产生兴趣并前来应聘职位。所谓合格人员，是指具备一定技巧、能力和符合工作属性的应聘者。他们与其他应聘者的区别在于，对工作岗位有一定兴趣并具备一定的资格。招聘是联系组织与潜在员工的桥梁，应聘者可以通过招聘过程了解组织，并决定是否愿意为其服务；组织则通过招聘环节，从众多应聘者中发现自己的“千里马”。

对招聘概念的理解应当包括以下几个方面的内容。

（一）招聘工作与其他人力资源管理职能关系密切

招聘工作与其他人力资源管理职能关系密切，构成统一整体。人力资源规划确定了招聘的目标和需求——根据企业总体发展战略和人力资源规划情况，确定既定岗位所需人才的数量和类型。通过工作分析做出空缺职位的工作描述，为人才与岗位匹配提供标准。薪酬和福利制度决定了招聘的难易程度，较高的薪酬和有竞争力的福利往往可以吸引到质量更高的人才。

（二）招聘工作细节的制定基于企业的战略需要

组织内外部环境总在不断变化，企业在制定战略目标时，需要根据内外部环境变化来调整招聘策略，通过更换和调配员工的方式让企业适应内外部环境的变化。也就是说，企业应当根据发展战略来制定招聘工作的细节。企业发展战略的目标大致可分为如下几种：

（1）新组建一个企业。

（2）原有企业由于业务发展，规模扩大。

（3）员工队伍结构不合理，需要调整。

（4）通过新进员工来改变管理风格，提高活力。

上述企业发展战略目标的制定，决定了具有差异性的招聘策略和招聘细节。

（三）发起招聘应当慎重

招聘是一个成本和效率的权衡过程，一方面体现在招聘成本与人才所能创造的价值之间的权衡；另一方面体现在企业所能提高的生产效率与引进人才所带来的人力成本之间的权衡。因此，在决定发起招聘之前，应当考虑是否有其他途径可以解决劳动力短缺的问题，如将工作外包、寻找兼职人员和临时雇员，或者提高加班工资来鼓励现有员工加班。

二、招聘的意义

招聘为企业补充急需人才及储备人才提供了主要渠道。招聘是否具有科学性决定了企业能否找到"千里马"，决定了企业人才质量的优劣。如果招聘环节出了问题，引入的员工非但不能为组织带来效益，反而会成为扰乱工作制度、制造麻烦的导火索，为人力资源管理带来无穷的问题。可见，招聘工作是否成功决定了之后的人力资源管理工作甚至企业管理工作能否顺利进行。具体来讲，招聘的意义主要包括以下几个方面。

（一）实现企业战略目标

作为企业日常经营活动的个体和基本组成单位，员工就如同机床上的螺丝钉，如果有一个不合适，就有可能扰乱企业的正常运转。因此为每个职位寻找适合的人选，对企业至关重要。但现实中常会出现招聘不到合适人员，以及无法识别应聘者真实才能的问题。一般情况下，职位对于应聘者来说，是供不应求的；然而有些职位却经常出现虚位以待的情况，很难获得可供选择的人选，即便通过参加招聘会、发布广告、委托代理机构等众多方式，也长时间挑选不到合适的人才。在招聘过程中，人往往愿意表现自己的优势，有时候甚至将之夸大或虚构，对自己的缺点和劣势却想方设法加以掩饰。企业也期望应聘者在简历中展现的才能、对工作的热情能够在工作中延续，然而事实往往并非如此。自称善于交际和沟通的人，却崇尚个人主义，主张自我价值；自称经验丰富的人，却对很多工作内容一知半解，这些判若两人的表现往往令企业大失所望。

企业战略规划和执行的关键在于具有核心竞争力的员工，如果招聘环节无法保证核心人才的吸纳和留用，企业的战略目标就成了一纸空文。因此，招聘工作对企业战略的实现具有重要意义。

（二）减少员工流动所产生的损失

如今员工流动的障碍越来越小，人们面对的选择机会越来越多，经常出现人员流失过快的现象。企业花了大量时间和精力进行招聘，一旦员工流失将会产生巨大损失。能否留住有用的员工，招聘工作的好坏是一个重要的因素。员工与企业互相有所需求、有所期望，如果员工认可企业的价值观，企业提供的职位也能够满足员工的兴趣和职业生涯发展需要，员工流失的可能性就会减小。

（三）树立企业形象

招聘工作架起了企业与外界沟通的桥梁，也是企业与外界沟通的窗口。通过招聘宣传，不仅吸引到了人才，而且为企业做了全方位的宣传。此外，招聘过程也是企业代表与应聘者直接接触的过程，招聘人员的工作能力及对企业的介绍等都成为应聘者评价企业的依据，这些信息会在应聘者之间口口相传。在如今网络盛行的时代，应聘者还会将企业的相关情况直接发布到网上的一些公共平台，因此，通过招聘工作可以帮助企业向外宣传自身良好的形象。

（四）有效招聘可以节约成本

成本的节约体现在两方面：一方面，如果招聘环节设计合理，就能尽可能地降低招聘成本，使企业可以以较少的花费招聘到满意的员工；另一方面，如果招聘环节出现漏洞，将与工作职位不匹配的员工吸收进组织，则有可能影响工作效率和其他员工的工作，而解聘和离职都要花费成本（如员工遣散费、新招聘员工的相关成本和费用等）。有效的招聘可以节约上述两方面的成本。

三、招聘的基本原则

（一）公平竞争原则

公平竞争是指对所有应聘者一视同仁，不人为制造各种不平等的限制，采用严格的标准和科学的方法对候选人测评和选拔，并严格根据测评的结果确定人选。公平竞争原则体现在以下几个方面。

1. 招聘信息和方法公开

这可以保证所有应聘者都能了解相关信息，并将招聘工作置于公开监督之下，以免出现不规范甚至带有歧视性的做法。

2. 程序公平

所有应聘者所经历的招聘程序应完全相同，不能因人而异。

3. 招聘题目和内容公平

题目设置应符合国家及行业政策法规，不带有任何歧视或不公平的因素，也不能因应聘者的不同经历和背景而设置不同的题目。

案例

上海通用汽车公司的招聘策略

上海通用汽车公司人力资源部将自身职能确定为“不是控制，而是提供服务”，通过以下环节来保证招聘的公开、公正：

(1) 确立面向全国广泛选拔人才的招聘方针；根据岗位的层次和性质，有针对性地选择不同的新闻媒体发布招聘信息；采取自主招聘（以媒介和人才市场两种途径为主）与委托招聘相结合的方式。

(2) 为确保招聘工作的信度和效度，建立人员评估中心，确立规范化、程序化、科学化的人员评估原则，并出资几十万元聘请国外知名咨询公司对评估人员进行培训。

(3) 建立人才信息库，统一设计岗位描述表、应聘登记表、人员评估表、员工预算计划表及目标跟踪管理表等。

（二）效率优先原则

效率优先原则体现在招聘成本的控制上，以求用最小的投入来获得最满意的结果。提高效率是一个复杂而系统的工作，它需要将人力资源规划、招聘准备、招聘过程以及招聘评估等各环节协调起来，通过整个招聘体系的科学化来保证招聘的效率。

（三）双向选择原则

双向选择原则是指招聘是企业和应聘者双方共同选择的过程。招聘者不能只体现自身的意志，一味地去选择，而更应当考虑所需人员的需求，创造吸引他们的条件，使他们愿意为企业工作。要满足双向选择的要求，企业应意识到自己是在整个劳动力市场中与竞争对手争夺人才，企业自身在选择人才的同时，人才也在衡量企业是否有足够的吸引力。企业必须了解竞争对手吸引人才的策略，并据此确定自己的招聘标准。

案例

上海通用汽车公司在招聘中的双向选择原则

上海通用汽车公司在招聘中坚持双向选择原则，特别注意应聘者和公司双向需求的吻合。应聘者必须认同公司的宗旨和五项核心价值观（即以客户为中心、安全、团队合作、诚信正直、不断改进与创新）；同时，公司也充分考虑应聘者自我发展与自我实现的高层次需求，尽量为员工的发展提供良好的机会和条件。

（四）才能匹配原则

招聘准备工作中的工作分析是对空缺岗位的工作性质做出详细描述。才能匹配原则就是在开展招聘工作时，根据工作分析来选择与其相匹配的人才。实际上，每个人都有不同的才能和专长，很难用主观标准划分出层次，再加上人才到底能发挥多少潜能，与其性格、情商等密切相关，这就为招聘带来了很大的难度。此时一定要注意贯彻才能匹配原则，根据工作岗位的不同要求，选择最适合的人才，用客观而科学的标准和方法进行考察和选择，综合评判应聘者的思想品德和工作能力，既要防止选用庸才，也要防止将能力显著超过岗位要求的人选聘到该岗位上。

（五）系统性原则

招聘是一个系统性的工作，它包含了诸多环节，而且每个环节都与其他人力资源管理工作有着各种联系和关系，产生相互作用、相互影响的效果。如果各环节之间不能协同配合，进行有机的衔接，就有可能出现选错人和用错人的问题。因此，招聘时要秉承系统性原则，以协调各环节，提高效率。

案例

无法融入组织的优秀人才

小李是一位优秀的物流管理人才，由于业绩突出而在业内享有盛名。某公司是一家快速成长的企业，由于市场占有率持续增长，导致物流运转不够顺畅，一些经销商的不满情绪逐渐增长。此时，公司迫切需要一位优秀的物流管理人才，恰好小李前来应聘，并很快被委任以物流部经理的重任。然而三个星期之后，公司领导却意外地收到小李的辞呈。经了解发现，小李辞职的原因在于其对企业各方面的不适应。首先，小李思想活跃，喜欢创新和挑战，直接上级却保守、稳重，二人多次因意见不统一而发生冲突；其次，小李所在的物流部的同事普遍素质不高，小李常产生一种孤独感；最后，小李也无法适应一个各项制度不健全、管理流程混乱的公司。公司没有考虑到小李是否适合本公司的工作环境和氛围，犯了只关注人岗匹配而没有考察人与组织是否能够融合的错误。结果，小李与团队无法深入融合，对企业现状无法适应，最终不得不选择离开。

第二节　招聘的阶段与流程

一、招聘的阶段

（一）准备阶段

准备阶段是正式开展招聘工作之前，制定招聘计划的过程。准备工作是否科学合理，决定了招聘工作效率和成效的高低。准备工作基本分为三方面：招聘需求分析；工作分析；制定招聘计划。

1. 招聘需求分析

招聘需求分析，也称人力资源需求分析，是指根据组织愿景、目标、战略规划、工作任务以及内外部条件，运用科学的预测方法，对人员需求的数量、质量和结构进行预测的过程。招聘需求的分析过程如图1—1所示。

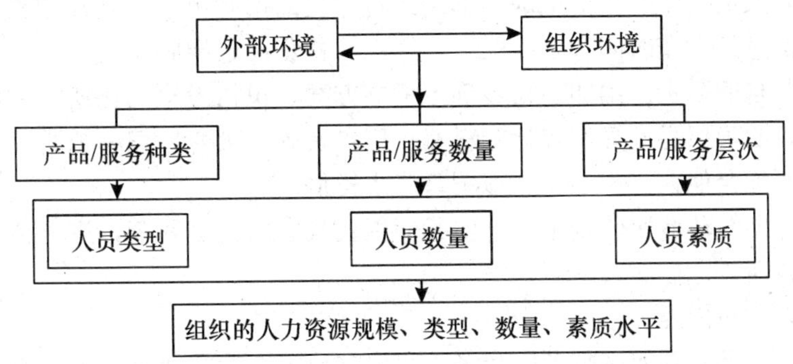

图1—1　招聘需求的分析过程

需求分析是招聘的前提性工作，必须先确定工作职位空缺的状况和性质，并在此基础上明确人力资源数量、技术、等级等方面的需求，才能开展招聘工作。没有需求分析的招聘，不仅盲目，还会让企业付出很高的代价。在人才需求分析中，需要明确是否必须通过招聘才能解决人力不足的问题，解决途径如下：

（1）现有人员加班。如果只是出现临时性或阶段性的人力需求，而在繁忙过后就会出现人员闲置，那么，让现有人员加班的方法是最佳选择。

（2）重新设计工作流程。在工作流程设计不合理以及工作分配失衡的情况下，可能会出现部分工作人员紧缺、部分工作人员闲置的问题，通过对不合理工作流程的改进和重新设计，就可以解决这一问题。

（3）外包策略。业务流程外包是西方一种新的管理哲学和管理方式，强调企业只做自己最擅长、最核心的业务，同时从外部获取专业、高效、低成本的服务，从而精简企业，以更好地适应迅速变化的市场环境。例如，华为公司就将部分人力资源管理工作外包给专业公司，既免去招聘人员的麻烦，减轻管理负担，又节省了成本。人事薪资外包服务在我国还是一个相对新鲜的事物。目前，我国大中型企业采用人事薪资外包服务的还极少，不过在全球化进程中，已经有企业开始部分使用外包服务。我国本土 HR 应用供应商奇正软件系统公司就为跨国公司希捷公司提供了在我国的人事薪资外包服务，这是见诸报道的最早发生在我国的人事薪资外包服务的成功案例之一。作为当前招聘工作中的一个热点，本书将在第八章对招聘外包进行详细的说明。

2. 工作分析

根据工作分析，企业应当明确当前的招聘工作需要解决哪些问题，据此应当采取什么样的招聘方式，以及招聘过程中应当注意哪些内容。对招聘工作特征和要求的明确，涉及招聘流程的各个环节，在具体实施之前，应当有全盘的考虑和权衡。根据企业战略规划以及当前人力资源的需求状况，对招聘岗位的特征和员工要求做出界定，并根据企业现状对招聘时间、地点、具体实施步骤、人员等各方面做出规划和要求。

3. 制定招聘计划

招聘计划是将招聘工作的各环节目标化和具体化的过程，即通过对各环节制定相应的计划，使招聘工作得以具体实施。

招聘计划一般包括如下环节：第一，获取人员需求信息，包括招聘的职务名称、人数、任职条件等内容。获取需求信息的途径主要有：人力资源计划中明确规定的人员需求信息；企业在职人员离职产生的空缺；部门经理递交的招聘申请，并经相关领导批准。第二，选择招聘信息的发布时间和发布渠道。第三，初步确定招聘小组人选，包括小组人员姓名、职务、各自的职责。第四，初步确定考核方案，包括考核的场所、大体时间、题目设计等。第五，明确招聘预算，包括资料费、广告费等。第六，编写招聘工作时间表，尽可能详细，以便配合他人。第七，草拟招聘广告样稿。

上述招聘计划的环节比较繁杂，下面我们仅就其中的关键环节，进行详细说明，主要包括如下三个方面：

（1）招聘人数和标准。

招聘过程中所吸引到的应聘者应当多于职位空缺，二者之间有一定的数量关系。如果应聘人数少于职位空缺，挑选余地就会缩减；如果应聘人数远远多于职位空缺，又会给企业带来较大的成本负担。为避免这两种情况的发生，企业在制定招聘人数计划时，通常采用招聘产出金字塔这个有用的工具。例如，如果需要招聘 100 名职员，考虑到接到录用通知的人可能有一半不会来报到，因此发出录用通知的人数应当达到 200 人，参加面谈的人数不应少于 300 人，这样企业就可以进行充裕的选择。但是面谈通知发出后，一部分人可能不来参加，因此发出面谈通知的人数还应当更多些。假设 4 名被通知者中只有 3 名会来企业面谈，那么发出的通知应当至少有 400 个。而从应聘者中选出这 400 名被通知者，应当遵循 6∶1 的比例，即至少应当吸引到 2 400 位应聘者投递简历（如图 1—2 所示）。上述比例只是参考，不同地域和不同时期，劳动力市场供求会有所差异，需要根据具体情况再做调节。

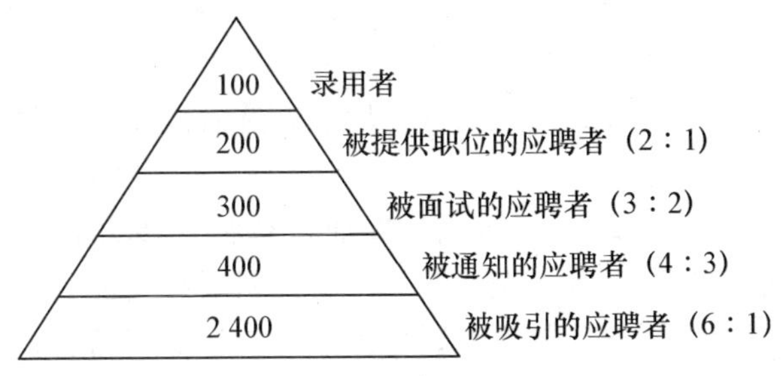

图 1—2　招聘产出金字塔

招聘标准是对录用人才的具体要求做出的规划，包括人员的年龄、性别、学历、工作经历、经验、个人能力、个性等各方面。招聘人数和标准表如表 1—1 所示。

表 1—1　　招聘人数和标准表

_________部门（盖章）_________负责人（签名）　　_________年___月___日

拟招聘岗位一		招聘人数		要求到岗时间	
岗位描述					
岗位要求	1. 学历要求				
	2. 专业技术职务要求				
	3. 专业要求、主要研究方向要求				
	4. 工作经历要求				
	5. 其他				
拟招聘岗位二		招聘人数		要求到岗时间	
岗位描述					
岗位要求	1. 学历要求				
	2. 专业技术职务要求				
	3. 专业要求、主要研究方向要求				
	4. 工作经历要求				
	5. 其他				

（2）招聘预算。

招聘预算是对招聘过程中有可能发生的支出环节做的统计和计划。实际上，招聘是一项耗费成本的工作，从最初的准备阶段，到实施和评估环节，都要投入人力和物力。因此，制定招聘预算是非常重要的，它既有助于经费的控制，又不至于使某些环节因为经费不足而无法完成。基本的招聘预算包括参与招聘工作人员的工资、广告费、考核费、差旅费、电话费、通信费以及文具费等。有的招聘预算还包括招聘广告费或中介机构费用、招聘测试费、体格检查费和其他费用。

（3）招聘具体实施计划。

在招聘过程中，需要事先计划通过哪些环节来实施，这些环节的制定过程就是对招聘具体实施的计划过程。通过确定招聘人员的构成和人数、招聘章程和条例、招聘的资金来源、招聘流程和工作程序、招聘工作进度等，制定招聘的具体实施计划。之后的招聘工作应当按照上述计划来进行。

（二）实施阶段

招聘的实施阶段由三个阶段组成：招募阶段、甄选阶段、录用阶段。

1. 招募阶段

招募阶段主要是指征召应聘者的阶段。即通过各种宣传方式（如广告、媒体、杂志等）在目标劳动力供给市场上，以事先确定的招聘计划来开展征召工作，吸引积极响应的应聘者前来投递简历。能在征召环节吸引到足够数量的合格应聘者，对组织员工的选拔计划和留用计划会产生良好的效果。

2. 甄选阶段

甄选候选人是招聘过程的一个重要组成部分。在该阶段，招聘者综合利用心理学、管理学和人才学等学科的理论、方法和技术，将不合乎职位要求的应聘者排除，最终选拔出符合企业要求的人员。在该过程中，招聘者需要对候选人的任职资格和对工作的胜任度进行系统的、客观的考量与评价，将评价结果与职位说明书中所要求的知识、技能比较，从而判断该应聘者是否合适。

对很多企业而言，招聘工作的核心便是甄选，它是一个综合而又技术含量较高的阶段，需要运用多种定性和定量的方法对应聘者的知识和技能、能力水平及倾向、个性特点和行为特征、职业发展取向、工作经验等进行评价。这也为该阶段带来较高的成本。

3. 录用阶段

在甄选环节后，招聘者就得到了关于应聘者整体表现的信息，据此可以做出初步的录用决策。录用的过程往往需要由若干不同的主管来共同决定。一般来说，应当包括空缺岗位的直接上级主管、人力资源部门的管理人员以及企业的高层管理者。经过他们的共同评议，录用决策才相对更具科学性、合理性。做出录用决策后，招聘者通过电话或信函的方式与被录用者联系，将职位状况、职责和薪酬等告知被录用者，并讲清楚报到时间、报到地点以及报到应注意的事项等。

（三）评估阶段

评估作为对前面招聘各阶段的总结性评价，同样有着重要的作用。招聘评估有助于招聘者及时发现问题、分析原因、寻找解决的对策，并根据问题修改和调整之后的招聘计划，使企业的招聘工作越来越科学。

二、招聘的流程

招聘准备阶段和评估阶段属于招聘的前提阶段和反馈阶段，真正涉及招聘具体操作的是第二阶段——实施阶段。本部分将对实施阶段的各招聘环节和招聘评估进行简单介绍。招募阶段将在本书的第四章详细介绍，甄选阶段在本书的第五章和第六章详细介绍，录用阶段在本书的第七章详细介绍，招聘评估在本书的第十章详细介绍。招聘流程如图 1—3 所示。

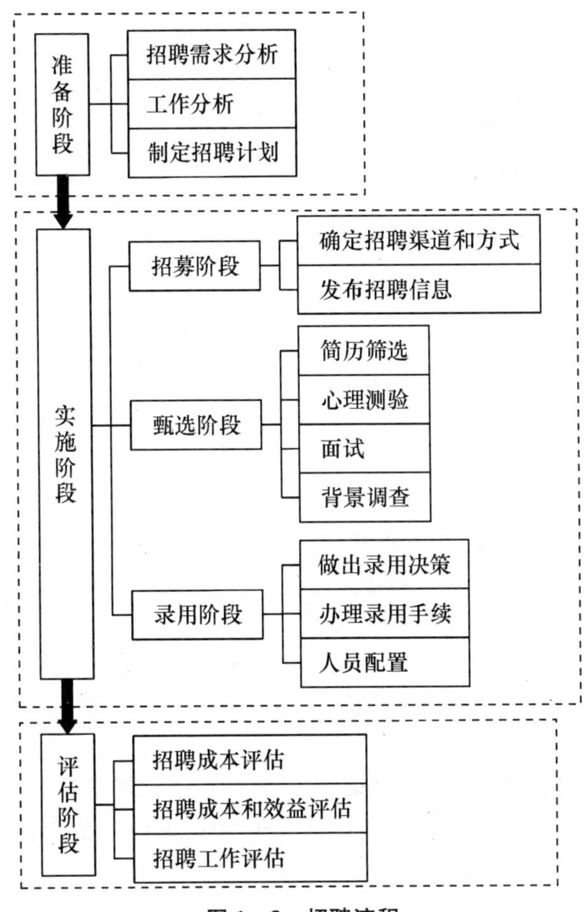

图 1—3 招聘流程

(一) 招募阶段

1. 确定招聘渠道和方式

招聘渠道有两种：内部招聘和外部招聘。内部招聘有公开招聘、晋升、岗位轮换、临时人员转正、返聘等多种方式。不同的内部招聘适用于不同的对象，如公开招聘适用于全体员工，晋升、岗位轮换等则仅适用于企业内部的一部分员工。外部招聘包括广告、人才招聘会、职业介绍机构、校园招聘、员工推荐与应聘者自荐、招聘启事等方式。内部招聘和外部招聘各有优缺点（如表 1—2 所示），在现实招聘工作中，需要根据招聘需求、劳动力市场状况等各方面因素来确定招聘渠道。本书第四章将对招聘渠道展开详细的论述。

小提示

目前，网络招聘的应用日益普及，越来越多的企业利用网络进行人才招聘活动。一项调查显示，60%的人事经理认为网络招聘是一种有效的招募手段。有些企业甚至认为，应聘者能否从网上看到公司的招聘信息并找到公司主页，是考察应聘者能力的一个隐形标准。可见，网络招聘已经成为人才招聘的一种重要途径。网络招聘可分为高级和初级两种形式。高级网络招聘是指公司在网站上发布招聘信息，并通过电子邮件或简历库收集应聘信息，利用软件测试、考察应聘者。初级网络招聘是指公司在网上发布招聘信息，鼓励应聘者通过传统渠道应聘。

表 1—2　　内部招聘和外部招聘的优缺点比较

来源	优点	缺点
内部招聘	1. 对应聘者了解深入 2. 激励员工进取 3. 应聘者可更快适应工作 4. 使组织培训投资得到回报 5. 选择费用低	1. 应聘者来源有限，可选择余地小 2. 容易造成思维和行为定势，不易创新 3. 可能会因操作不公或员工心理原因造成内部矛盾
外部招聘	1. 人员来源广，选择余地大 2. 新员工能带来新技术和新思想 3. 缓和内部竞争者之间的矛盾 4. 节省培训人才的费用	1. 较难融入企业文化 2. 对应聘者了解少，可能招错人 3. 内部员工得不到机会，积极性可能受到影响

2. 发布招聘信息

招聘渠道不同，发布招聘信息的途径也有差别。内部招聘涉及的只是企业内部的各层员工，信息发布较容易，采用企业日常传递消息所采用的途径即可。有些企业有内部的 BBS 或网络办公系统，只要将招聘信息刊登上去，基本上所有的员工都可以得到消息；还有些企业有内部杂志，也可以作为发布招聘信息的渠道。外部招聘相对复杂一些，报纸、杂志、电视、网站、宣传资料等都可以作为发布招聘信息的媒介。外部招聘的目的之一是吸引到较多数量的应聘者，采用大众媒体是企业普遍的选择。

发布招聘信息时，应尽量以简洁的语言来全面表述招聘岗位的特征、招聘岗位的职责、拟招人员的任职资格等，这得益于招聘准备阶段的岗位分析工作。企业在发布招聘信息时，也往往同时发布自身的详细信息，一方面使应聘者对企业有更深入的了解，另一方面也宣传了企业形象。

案例

摩托罗拉公司的招聘广告

招聘职位名称：人力资源经理（分公司）

1. 职责

（1）确保所有的人力资源战略和政策都能够与公司的业务发展相匹配。

（2）确保对员工进行有效的培训，以提高员工的质量。

（3）通过对下属的甄选、培训、激励以及开发，确保他们能够胜任当前以及未来的职责。

2. 任职资格

（1）本科及本科以上教育程度。

（2）人力资源领域五年以上工作经验，两年管理经验。

（3）对国家政策和规章制度有全面了解。

（4）良好的英语和计算机应用能力。

（二）甄选阶段

1. 简历筛选

简历筛选是甄选人才的第一个环节，通过阅读应聘者的简历，可以从中排除一些不合适的人。在简历分类时，如果应聘者人数相对较少，可以将简历分为不合适者和合适者两类，邀请合适者参加后续的笔试和面试。如果应聘人数相对较多，则将合适者再分为感兴趣的和特别想约见的两类，根据约见情况再做决定。在确定不合适人员时，应该有充分的理由，以至于不需要与之交谈就可以做出决定。相对来说，挑选简历的尺度应当放宽一些，最好不要在最初的环节就将大量应聘者筛选掉。

2. 心理测验

心理测验，又称素质测评，是指在控制的情境下，向应聘者提供一组标准化的刺激，以应聘者的反应作为行为样本，从而对其个人行为做出评价。素质测评可以分为认知测验和个性测验两大类，由智力测验、人格测验、成就测验、创造力测验等各方面构成。通过多重能力倾向还可以测试一个人的实际职业能力。多重能力倾向成套测验（general aptitude test battery，GATB）是美国劳工部就业保险局自 1934 年起花了 10 年时间编制而成的。该测验的技术路线分为两个方面：一是工作分析，二是因素分析。多重能力倾向成套测验是基于不同职业领域，以完成工作为基本前提，测试个体对 8 种必要的、有代表性的能力倾向的拥有程度，以探索个人的职业适应范围，进而为其选择职业提供一份参考资料。通过对被测试者进行 15 个测验，测试以下 8 种能力倾向：智力（G）、言语能力（V）、数理能力（N）、抽象推理（A）、空间判断能力（S）、形状知觉（P）、逻辑推理（L）、机械推理（M）。目前，心理测验被广泛应用于人才招聘。心理测验既可以利用心理测验问卷，也可以利用测评软件，测评、考察应聘者的个性、品质和职业兴趣，并可对其从事工作的优势以及成功适应工作的可能性进行诊断和预测。心理测验自西方引进，并不完全符合我国的特点，实施过程中还需要心理专家的参与，目前在企业中的应用效率不高。

3. 面试

面试是在特定的时间、地点，根据预先精心设计好的目的和谈话程序，通过双方面对面的观察和交流，了解被面试者的个性特征、能力状况以及求职动机等方面情况的测评技术。面试是最为普遍的一种选拔、测评方法，具有方便、容易操作、不需要额外的资料设备等特点。面试分为结构化面试和非结构化面试。结构化面试所提的问题和答案都经过事先设定，适合于招聘一般员工和一般管理人员等。非结构化面试则是漫谈式的，由被面试者自由发表言论。招聘者通过了解和观察被面试者的知识面、价值观、谈吐和风度，了解其各方面能力，适用于招聘高级管理人员。在实际操作中，非结构化面试往往更难以掌握和控制，需要招聘者有着丰富的经验。面试中经常使用一些现成的表单，表 1—3 即为某公司技术工程师职位的面试评分表。关于面试的基础知识将在本书的第五章展开介绍。

表 1—3　　某公司技术工程师职位的面试评分表

职位：技术工程师									
必要条件					额外条件				
应聘者姓名（总分）	相关工作经验（20 分）	领导才能（15 分）	人际关系能力（15 分）	处理矛盾和冲突的能力（15 分）	进取心（10 分）	语言表达能力（10 分）	学历（10 分）	举止仪表（5 分）	备注
赵鹏									
李立									
刘欣									
张颜									
王峰									

4. 背景调查

背景调查就是查证应聘者的相关背景信息，通过调查来考察应聘者的诚信及既往历史状况。考察的内容包括学历学位、工作经历、不良记录等。应聘者对受教育程度做假是比较常见的情况，互联网为背景调查提供了便利条件。应聘者的工作经历可以通过其以往的同事和雇主进行了解，考察其离职原因等。不良记录也是一个需要注意的考察点，过去的违法、违纪行为虽然不一定会在未来再犯，但也要引起注意。目前，世界 500 强的企业中，有近 75%的企业将背景调查作为招聘工作的固定环节，通过调查应聘者的工作态度、团队协作精神、业绩等，了解应聘者的真实情况。

小提示

背景调查可以有效控制招聘风险。据调查，简历与事实不符的情况占 85%以上，如身份证上的姓名与本人姓名不符、学历证书仅是结业而未毕业、简历中的工作时间与实际工作时间不符、简历中的就职职位与实际不符、上份工作的离职原因与实际不符等。背景调查一般包括以下几方面：

（1）获取信息。获取身份证、学历证书、工作履历等信息，并要求应聘者提交历任雇主的联系方式。

（2）实施。从相关机构查询身份证、学历证书、专业资质的真伪。在向历任雇主询问应聘者情况时，可以尽量多问几个样本，以免因被问者的主观偏见导致信息失真。

（3）提交报告。将调查到的信息进行详细记录，并如实反馈给业务部门。

案例

招聘新招

许多公司都有自己的一套人才招聘与甄选方式，一些知名跨国公司的招聘方法更是令人耳目一新，具体如表 1—4 所示。

表 1—4　各公司的招聘新招

公司名称	途径	具体内容
摩根大通	竞赛	用一个与真实事件几乎完全一样的并购案例，让学生参加竞赛，表现优异的学生将获得在摩根大通的实习机会。之后，在摩根招聘时，不需要递交简历就可以直接参加面试。摩根大通举办这个活动的目的有三：一是与学校建立更好的关系，二是提升品牌，三是发掘人才。此外，那些兴趣广泛或社会实践丰富的人也是摩根大通所青睐的，如有音乐才能者、学生工作领导者等。
壳牌石油	鸡尾酒酒会	壳牌公司组织应聘者参加一个鸡尾酒酒会，公司高级员工都来参加。酒会上，应聘者与公司高级员工自由交谈；酒会后，由公司高级员工根据自己的观察和判断，推荐合适的应聘者参加下一轮面试。那些现场表现抢眼、气度不凡、有组织能力者一般都会得到下一轮面试的机会。
汇丰银行	公文筐整理	汇丰银行在招聘人才时，常用的一种方式是先给应聘者一个文件筐，要求应聘者在规定的时间内将所有杂乱无章的文件存放于文件筐中。汇丰银行希望通过资料整理这种工作来考察应聘者是否能够分清资料的轻重缓急，处理业务是否有条理性，以及是否具备吃苦耐劳和脚踏实地的作风。
统一公司	先打扫厕所	统一公司要求员工具有吃苦精神和脚踏实地的作风。凡来公司应聘，公司会先给应聘者一个拖把去擦洗厕所，不接受此项工作或只把表面擦洗干净者均不予以录用。他们认为一切利润都是从艰苦劳动中得来的，不敬业就是隐藏在公司内部的“敌人”。
索尼	请客吃饭	索尼面试有时不足 10 分钟，要求五六个应聘者同时参加，有时十分复杂，半个月里可能会约见应聘者三四次，面试官经常更换，提很多与工作无关的问题。到了吃饭时间，面试官会像老朋友那样请你到餐厅共进午餐，说说笑笑地聊些家长里短。前者往往用于面试市场人员，考验的是他们在大众面前的表现力及抗压性；后者一般用在招聘岗位要求较高或有一定级别的情况下。
联合利华	盲人布阵游戏	联合利华面试的时候，曾将应聘者分成多组，每组分一根长绳。所有的组员被黑布蒙上眼睛，要求组员在 20 分钟内将长绳拉成一个正方形，并且每个边上站上数量相等的人。这个游戏除了考验应聘者是否诚实（绝对不能偷看）外，还能很好地反映出一个人的团队合作精神、领导组织能力和其他特质。每个应聘者在游戏中都担任不同的角色，如果不断有新点子产生，会在“创新、灵活”一项获得加分；主动实践、积极执行可得“认真分”；最后主动收起长绳的应聘者也可得“踏实肯干”分。
思科公司	内外并用	思科公司在中国的招聘方式是全面撒网，报纸招聘广告、网站、猎头、人才招聘会等方式都用上。思科公司经常到 IT 业界的一些会议中做人力资源收集工作，思科大约 40%的员工是猎头公司找来的，还有大约 10%的应聘者是通过员工介绍进来的。
IBM	没有缺点不要	IBM 公司充分尊重员工个性，同时也承认人性具有不可避免的弱点。他们不信任一个自称没有缺点的人，也不欣赏一个不敢承认自己缺点的人。对不承认自己有缺点或将缺点做“技术处理”的应聘者，IBM 公司将会毫不留情地拒之门外。

（三）录用阶段

1. 做出录用决策

做出录用决策的过程是一个综合过程，招聘者应按照人力资源计划和工作岗位分析，依据面试、心理测验和情景性测评方法所得到的选拔评价结果做出综合评价报告。在利用定量和定性评价方法进行选拔时，各选拔环节的负责人就已对应聘者的胜任有了大概的评价，可以做出初步的录用决策。最终做出录用决策时，需要由用人主管、人力资源部门的专业人员和企业管理层，按照既定的科学的录用决策程序，共同得出结论。在录用过程中，双方需要进行薪酬谈判以及录用面谈，用以做出录用或辞谢通知。有些应聘者出于各种原因无法来任职，因此在确定被录用者时要多留一定的名额，初步录用的人选名单要多于实际录用的人数，以便随时能有合适的人选来代替不能来任者。录用阶段将在本书的第七章进行详细介绍。

2. 办理录用手续

在被录用的应聘者正式进入单位工作之前，还要办理一系列的入职手续，主要有如下几方面：

（1）背景调查。对决定录用的应聘者进行背景调查，了解其过去有无不良记录，教育和工作背景是否属实，从而避免录用风险。

（2）签订劳动合同。如果应聘者是应届毕业生，人力资源部经理与被录用者及其学校共同签订三方协议；如果应聘者是更换工作，则双方签订聘用意向书或协议，由人力资源部保存原件，被录用者留存复印件，同时被录用者前往原单位处开具离职证明，并加盖原单位的公章或人事章。录用通知单如表 1—5 所示。

表 1—5　　录用通知单

受文者：　　　　　　　　　　　　　　　　　　　　　　　　年　　月　　日

兹聘请___________为本公司_______________。竭诚欢迎加入本公司工作行列，有关事项列后，请查照办理。			
报到日期	年　　月　　日 时　　分	报到地点	
待遇	起薪月支________元，试用____个月，期满视工作绩效另行加薪。		
请携带资料	1. 学历证件复印件 2. 离职证明 3. 体格检查表 4. 身份证		

（3）体检。被录用的人员必须接受身体检查，一般企业都会指定医院，并由人力资源部直接收回体检结果，确保应聘者的身体状况符合要求。

（4）转档案。被录用人员持人力资源部的“入职介绍信”，到人才交流中心开具档案转移的商调函，将人事档案转移到公司指定的档案管理机构。

（5）员工按约定的时间到公司正式入职。新员工填写档案登记表，签订劳动合同，办理各种福利转移手续；人力资源部门则把将要正式入职的员工信息录入员工信息管理系统，并确定正式上班时间。招聘录用人员的备案登记表如表 1—6 所示。

表 1—6　　录用人员备案登记表

<table>
<tr><td>姓名</td><td></td><td>性别</td><td></td><td>出生年月</td><td></td><td>文化程度</td><td></td></tr>
<tr><td>就业登记证号码</td><td></td><td>婚否</td><td></td><td>健康状况</td><td></td><td>政治面貌</td><td></td></tr>
<tr><td>户口性质</td><td></td><td>技术特长</td><td colspan="2"></td><td>职业资格等级</td><td colspan="2"></td></tr>
<tr><td>家庭住址</td><td colspan="7"></td></tr>
<tr><td rowspan="5">个人简历</td><td>起止年月</td><td colspan="4">何地何单位工作/学习</td><td colspan="2">工作/学习内容</td></tr>
<tr><td></td><td colspan="4"></td><td colspan="2"></td></tr>
<tr><td></td><td colspan="4"></td><td colspan="2"></td></tr>
<tr><td></td><td colspan="4"></td><td colspan="2"></td></tr>
<tr><td></td><td colspan="4"></td><td colspan="2"></td></tr>
<tr><td rowspan="4">招用单位情况</td><td>单位性质</td><td colspan="3"></td><td>联系人</td><td colspan="2"></td></tr>
<tr><td>单位代码</td><td colspan="3"></td><td>电话</td><td colspan="2"></td></tr>
<tr><td>用工形式</td><td colspan="3"></td><td>邮政编码</td><td colspan="2"></td></tr>
<tr><td>录用人员岗位（工种）</td><td colspan="2"></td><td colspan="2">社会保险登记证号码</td><td colspan="2"></td></tr>
<tr><td colspan="2">建立劳动关系期限</td><td colspan="6"></td></tr>
<tr><td>招用单位意见</td><td colspan="3">经考核，同意录用________同志为劳动合同制工人。
经办人：
单位（签章）
年　月　日</td><td>劳动部门备案意见</td><td colspan="3">经审核同意备案。
经办人：
单位（签章）
年　月　日</td></tr>
</table>

注：用人单位在被录用人员报到后 10 日内确定录用，并在 7 日内到劳动就业管理处登记备案，签订劳动合同。此表一式两份，档案管理机构、劳动就业管理处各一份。

3. 人员配置

人员配置是对企业各类人员进行恰当而有效的选择、使用、考评和培养，以合适的人员去承担组织结构中的各项职务，从而保证企业正常运转并实现预定目标的职能活动。广义的人员配置包括拟订组织工作计划、选拔、储备、任用、调动、考核评价、培养训练等一系列相互联系的环节和工作；狭义的人员配置是指根据人事匹配原则，将员工匹配到既定岗位的工作。在员工办理完录用手续后，就应当进行人员配置工作。在人员配置中，不同层面的人员需要具备不同的素质，具体要求如图 1—4 所示。

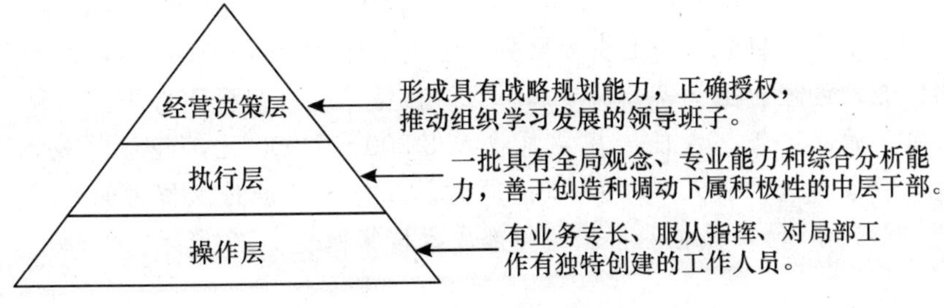

图 1—4　人员配置考虑框架

(1) 拟订人事计划。企业人力资源部门应当在工作分析和人力资源规划的基础上制定相应的人事计划。人事计划应当包含对所招聘人员的安排和使用计划，以及针对新职工、即将变动工作岗位的人员和准备提升的管理人员的培训计划，包括长远的人才培养规划和具体、细致的短期培训工作安排。

(2) 人员配置结构。现代企业管理工作具有高度的复杂性和多样性，需要具备多方面才能和知识的人才，进而形成合理的素质结构，提高管理活动的整体效能。人员配置要注重合理与协调。

1) 个性结构。企业招聘到的员工在气质、性格、观念等个性特征上都存在诸多差异，可以按照互补的原则进行有机组合，多元的个性结构有助于相互取长补短，促进员工整体的和谐统一。

2) 年龄结构。处于不同年龄阶段的员工各有优势和劣势，配置员工时，应当将老年、中年和青年人员适当搭配，以便形成合理的年龄结构，促进群体年龄优势的发挥。

3) 专业结构。企业日常经营活动需要拥有生产、技术、法律、财务等多方面知识的员工，因此要将各种专业人才纳入群体之中，形成完善的专业结构。

(四) 招聘评估

招聘评估既是招聘流程中的最后一个环节，也是对招聘过程中的风险进行控制的重要手段。评估工作分为招聘成本评估、招聘成本和效益评估、招聘工作评估三类内容。研究表明，招聘的渠道、方法不同，招聘效果会有很大的差异。评估可以帮助招聘者找到招聘工作中可能存在的问题，并适时修正，提高下一轮的招聘工作质量。

1. 招聘成本评估

招聘成本评估是指对招聘中的费用进行核实并与预算进行比较的过程。如果成本低，录用人员质量高，就意味着招聘效率高；反之，则意味着招聘效率低。然而，在实际招聘工作中，招聘成本没有得到足够重视，很少有企业核算招聘成本，或是核算方式过于简单。

(1) 招聘总成本。招聘总成本包括内部成本（如招聘专员的工资、福利、差旅费支出和其他管理费用）、外部成本（如外聘专家参与招聘的劳务费、差旅费）和直接成本（如广告费用、职业介绍机构收费等）。内部成本是最容易被忽视的部分，但实际上占有相当比重。在招聘工作中需要进行评估来控制成本。

案例

内部成本的计算

某外商投资企业将招聘一名中级职员，经过了筛选简历、面试和笔试等环节，且企业秘书、招聘经理、主管等分别参加不同的招聘环节。在薪酬水平上，秘书月收入 2 000～5 000 元，主管、主任、督导月收入 3 500～7 000 元，经理月收入 5 000～12 000 元，高级经理月收入 7 000～20 000 元。工作人员每月工作时间平均为 172 小时（21.5 日×8 小时），该企业招聘的内部成本核算如表 1—7 所示。

表 1—7　　内部成本核算

工作流程	参与者	时间（小时）	小时工资（元）	成本（元）
1. 筛选简历，确定面试人选	秘书 1 名 招聘经理 1 名	4 1	12 50	48 50
2. 面试准备	秘书 1 名 招聘经理 1 名	1 2	12 50	12 100
3. 面试初选（10 名候选人）	同事 1 名 主管 1 名 经理 1 名	5 5 5	20 30 50	100 150 250
4. 参加笔试（5 名候选人）	招聘专员 1 名	2	20	40
5. 面试终选（3 名候选人）	主管 1 名 经理 1 名 部门经理 1 名	2 2 2	30 50 80	60 100 160

可见，招聘一名中级职员仅筛选、面试和笔试环节的内部招聘成本就有 1 000 多元。

招聘的直接成本由招聘洽谈会、报纸和杂志的广告、猎头招聘和网络招聘等成本构成。招聘洽谈会的成本根据规模大小而有所不同，一般小型洽谈会的摊位成本约在千元以内，大型洽谈会则需要两三千；报纸和杂志的广告成本受版面、色彩等多种因素影响；猎头招聘成本相对较高，一般提取应聘者年薪的 30%作为佣金；网络招聘成本则相对较低，在专业网站上发布信息的费用需几百到几千元。

（2）招聘单位成本。招聘单位成本可以通过招聘总成本与录用人数的比来计算。它作为成本评估的一个重要工具，在评估过程中被广泛使用。招聘单位成本能够直接反映招聘投入产出的效率，单位成本越低，招聘工作的效率就越高。

招聘总成本和单位成本都是越低越好。

2. 招聘成本和效益评估

招聘成本和效益评估是对招聘成本所产生的效果进行分析，主要包括总成本效用分析、招聘成本效用分析、甄选成本效用分析和人员录用成本效用分析等。总成本效用计算的是招聘总成本和录用人数之比，招聘成本效用计算的是招聘期间的费用和应聘人数之比，甄选成本效用是指甄选所花费的费用、支出对挑选应聘者的效用，人员录用成本效用是录用期间的费用和正式录用人数之比。此外，还可以使用收益—成本比来考核招聘工作的有效性，它是一项经济评价指标，收益—成本比越高，招聘工作越有效。

3. 招聘工作评估

招聘工作评估就是对招聘过程中的工作要项进行评估，包括录用人员评估和效果评估两项工作。

（1）录用人员评估。

录用人员评估可以采用量的评估和质的评估两个维度。量的评估通常根据一定时间内前来询问的人数、递交求职简历的人数以及通过初审的应聘者人数进行估算。评估数据越高，企业越有可能成功，否则企业就应当改用其他更为有效的招聘渠道（招聘渠道评估表如表1—8所示）。质的评估可以根据不同阶段被选出的人数和最终被录用的人数来评估。不同阶段被选出的人数不应该太少，否则招聘工作可能会失败。此外，招聘工作效果上的差异如果是所传递的信息质量不同引起的，就应当致力于提供更完整、更准确的信息；如果效果差异是不同的招聘方法引起的，就应确认最可能有资格的应聘者属于哪个层次，并把确认结果作为改善招聘方法的依据。

表1—8　　招聘渠道评估表

部门			科室				
职位空缺							
招聘渠道	实付费用	收到的申请信	处理每封申请信的成本	不合适的申请人	淘汰每一名不合适申请人的成本	合适的申请人	挑选出每一名合适申请人的成本
1. 网络 51job 中华英才网 2. 内部推荐 3. 人才库资源 51人才库 中华英才库 公司内部人才库 4. 各类中介 5. 招聘会 校园招聘会 社会招聘会 6. 猎头公司 7. 报纸广告 8. 其他渠道							
填表人			签名				
职务			日期				

（2）效果评估。

1）对甄选工作的有效性和正确率的评估。有效性的评估主要是评估人员甄选工作的进度和每个阶段的产出率，工作进度越快，说明效率越高。正确率的评估主要由效度和信度构成，如果甄选方法的信度和效度不高，就容易将优秀人才淘汰。效度是指用人单位对应聘者品质和特点的测评结果与岗位需求的品质和特点之间的吻合程度。效度分为预测效度和内容效度。预测效度是一个常用的指标，用来表明预测的有效性，用预测结果与工作绩效考核得分的相关系数来表示。内容效度是预测各部分对测评估计的效用，主要凭借招聘人员的经验来判断。信度是可靠性程度，指通过某项测评所得结果的稳定性和一致性，信度分为稳定系数、等值系数和内在一致性系数三类。

2）对招聘各环节的评估。招聘环节包括需求分析、时间、渠道、地点、预算、策略、部门评估等各方面的内容，在招聘结束后应当对上述各环节展开评估。招聘需求评估从及时性、全面性、科学性三个角度进行考察；招聘时间评估考察从招募阶段到员工入职阶段的时间安排是否与招聘计划相符；招聘渠道评估是对所采用的招聘渠道的成本和效果所做的对比。

3）在招聘评估的最后，人力资源部门还应当完成最终的总结报告。

第三节 招聘过程管理

一、招聘人的选择

在招聘过程中，“人”的选择非常重要，是招聘过程管理的重要环节。招聘人可以分为两类：招聘人员和应聘人员。

（一）招聘人员的选择

企业在实施招聘工作的过程中，应聘者是与企业的招聘人员接触而不是与企业接触。在对企业了解甚少的情况下，应聘者会根据招聘人员的表现来推断企业其他方面的情况。这使企业对招聘人员的选择成为一项非常重要的人力资源管理决策，一方面该环节决定了企业能否招聘到优秀人才，另一方面对企业的形象也有影响，需要慎重对待。招聘人员除了人力资源部门的代表以外，还可以包括经理人、对招聘的职位非常熟悉的专家或员工，他们应该具有较高的相关知识水平和丰富的经验。研究表明，招聘组成员的个人风度、知识、办事作风等都将直接影响应聘者对企业的感受和评价。此外，选好招聘人员后，还应通过培训让他们了解企业的现状、招聘要求、招聘原则、招聘的方法和渠道、招聘程序、仪表、提问方式、交谈语气、应注意的问题等，以减少招聘人员因主观判断和知识、技巧的不足所带来的影响。

小提示

应聘者对公司的初步印象大部分来自于招聘人员，因此招聘人员的行为非常关键；同时，在实际工作中，招聘人员自身的许多问题直接影响着招聘工作的效果。例如，招聘人员对应聘者不够尊重；招聘人员考虑到应聘者对自身职位构成的威胁，往往将条件明显优于招聘人员的应聘者排除在外；凭主观好恶决定是否录用。面试本来就是存在主观偏差的一项工作，如果根据自己的喜好对应聘者判断就会有失公平。

（二）应聘人员的选择

选择应聘人员时，需要思考几个问题：需要什么样的人才，期望人才带来什么价值，怎样让人才创造价值。在具体实施的过程中，根据所招聘职位的目的和工作责任，应聘人员的受教育程度、工作经验、能力和人格特质等方面的职务要件来筛选。此外，应聘人员的选择标准与企业生命周期和企业人力资源管理战略有着密切的关联。企业发展初期需要的是凝聚力和协作精神，所以企业需要寻求个性、价值观和态度与组织高度匹配的员工；成长期的企业还应考察应聘者的风格与直接主管是否匹配，个性特点是否与团队和企业文化匹配等。

二、招聘策略的选择

招聘策略是为了实现招聘计划而采取的具体策略，具体包括招聘地点的选择策略、招聘时间的确定策略、招聘的宣传策略等。

(一) 招聘地点的选择策略

招聘地点的选择，应以节省费用为原则。根据招聘岗位要求的不同，招聘地点所选范围可大可小，但一般都应限制在能产生效果的劳动力市场上。招聘的地理范围越大，可选的劳动力素质就越高；反之则低。通常，在全国范围内招聘高级管理人员；通过跨地区的劳动力市场招聘中级管理人员和专业技术人员；在所在地的市场招募操作工人和办事人员。

(二) 招聘时间的确定策略

招聘需要花费时间，如果在某一时点需要补充空缺岗位，招聘工作就应当提前进行才能满足需要。需要计算在内的时间包括招聘的准备时间、招聘具体实施的时间以及人员录用后的培训时间。将上述时间都考虑在内，就可以确定究竟什么时间开始招聘工作最合适(时间计划表如表 1—9 所示)。一般来说，招聘日期的具体计算公式为：

招聘日期＝用人日期一准备周期一用人日期一培训周期一招聘周期

公式中的培训周期是指新招员工进行上岗培训的时间。招聘周期是指从开始报名、确定候选人名单、面试，直到最后录用的全部时间。

表 1—9　　时间计划表

信息发布时间	6 月 1 日
选拔方案及时间安排	1. 软件工程师 资料筛选　开发部经理负责　截止到 6 月 10 日 初试（面试）开发部经理负责　截止到 6 月 12 日 复试（笔试）开发部命题小组负责　截止到 6 月 14 日 2. 人力资源管理专员 资料筛选　人事部经理负责　截止到 6 月 10 日 初试（面试）人事部经理负责　截止到 6 月 12 日 复试（笔试）人事部副总负责　截止到 6 月 14 日 3. 行政文员 资料筛选　行政部经理负责　截止到 6 月 10 日 面试　行政部经理负责　截止到 6 月 12 日
新员工上岗时间	7 月 1 日左右
招聘工作时间表	5 月 20 日：起草招聘广告 5 月 21 日—22 日：招聘广告设计 5 月 23 日：与媒体、网站、报社等联系 6 月 1 日：发布招聘广告 6 月 2 日—10 日：收集应聘材料，筛选应聘资料 6 月 11 日：通知应聘者面试 6 月 12 日：面试 6 月 14 日：笔试 6 月 18 日：录用通知

案例

招聘时间

某企业欲招聘 10 名技术人员。招聘过程前后共耗费 91 天，招聘中每个阶段所占用的时间分别如下所示：

（1）征集个人简历需要 30 天。

（2）发出面试通知需要 2 天。

（3）做面试准备需要 7 天。

（4）做聘用决定需要 7 天。

（5）接到聘用通知的候选人在 15 天内做出决定。

（6）受聘者 30 天后到企业参加工作。

（三）招聘的宣传策略

招聘的过程不仅需要吸引更多的有效应聘者，还要积极进行企业形象或声誉的宣传。为了在招聘中达到这些目标，企业不仅需要提供包括职位薪水、福利待遇、工作类型、工作地点等与职位相关的信息，还要尽量让应聘者了解企业文化、管理方式、工作条件、工作时间、工作团队等企业信息。只有准确、有效地传达这些信息，应聘者才会在评价自身的基础上思考自己是否适合这样的工作，而企业也可以提高自身知名度。

三、招聘风险控制

招聘过程常常会因为招聘工作主观随意，或未曾采取系统控制等，给企业带来成本浪费。一旦招聘失败，企业不仅徒增培训开支和工资支出，而且需再次支付招聘的费用。

（一）招聘风险产生的原因

1. 工作分析不能真实反映岗位需求

工作分析对工作的任务和内容进行了详细描述，并对胜任工作的人员特性做出了说明。在实际操作过程中，往往存在过程不规范、方法使用不当等问题，甚至很多时候分析者还存在主观判断的问题。当工作分析不能够真实反映工作岗位所需要的知识和技能时，招聘到的新员工当然不适应企业的需求，这就带来了潜在的风险和可能发生的成本。

2. 人力资源规划不准确

招聘工作先从识别招聘需求开始，如果分析和判断失误，就会做出错误的招聘决策。例如，当用人部门出现人员紧张时，他们总是第一时间想到招人，实际上通过人员调整或加班等多种灵活方式就可以解决暂时性的人员需求困难，招聘新人反而会增加企业成本。此外，在实际工作中，企业对人员的需求可能会经常发生变化，这需要人力资源部门进行分析和规划，而人力资源部门知识和信息有限，难免会产生风险。

3. 招聘过程中各环节的风险

招聘过程中有很多因素会影响招聘的效果，若对这些因素考虑不足就会导致招聘风险的产生。

（1）招聘渠道的选择。招聘渠道并无绝对的优劣之分，哪种招聘渠道都有利弊两个方面。例如，为了增加创新性和活力，企业可能会选择外部招聘，然而新员工适应环境是需要一定时间的，而且由于没有从内部提拔，内部员工就失去了晋升机会，打消了积极性。

(2) 招聘人员的主观情绪会影响招聘决策的制定。由于自身性格、态度、情绪等因素的影响，容易使招聘人员产生刻板印象、首因效应、晕轮效应、投射作用等错误，从而影响招聘的效率。

4. 人力资源管理环节给招聘带来的风险

薪酬制度、劳动关系等都会导致招聘风险。例如，薪酬的公平性会对新员工的积极性和职业满意度产生影响；不健康的劳动关系管理会增加冲突，使员工最终选择离职。

(二) 控制招聘风险的方法

1. 增加信息透明度

信息不对称会降低招聘人员和应聘者的决策效率，这是应聘者和企业都不希望见到的结果。为了解决信息不对称带来的风险问题，一方面，应聘者应积极向企业传递关于自身能力的信息；另一方面，企业应积极收集有关应聘者的信息，通过各种方式对应聘者进行面试和测评，并通过雇主、猎头公司等各种渠道核实应聘者材料的真实性。

2. 准确的人力资源规划

人力资源规划是一个持续性的工作，并不是仅在出现人员紧缺的情况下，才进行规划并实施招聘工作。实际上，如果在发生人员紧缺的情况下才进行招聘，往往会产生时滞。人力资源部门应当定期对企业内外部环境进行分析，提前预测人员空缺或冗余的趋势，并根据发生的变化及时制定和修改人员需求，以保证供求平衡。

3. 有效的工作分析

工作分析为招聘提供了重要依据，采用科学规范的分析方法、分析流程，选择合适的分析人员，都是减少主观因素和风险的重要手段。在分析过程中，尽量多采用问卷法、PAQ 法、FJA 法等分析方法，有助于减少因分析失误所产生的风险。

4. 对新员工进行培训

从效果来看，让新员工对企业各方面的信息都有所了解，比在工作过程中让他们通过发现问题来了解政策要好得多。通过培训，可以让员工清楚企业的工作目标和风格，了解怎样为企业做出贡献。员工只有在对企业的发展历史、制度、价值观等各方面都熟知后，才能更好地开展工作。

5. 进行招聘评估

招聘评估可以帮助企业核查招聘环节的不足，有利于企业不断改进招聘方式，不断提高招聘效率。招聘评估应包括招聘结果的评估（从招聘成本、收益、时间、录用数量等方面）、招聘方法的评估（从有效性、可靠性方面）和招聘程序的评估（从招聘流程的规范化程度、时间利用率、有关工作的协调性等方面）等。

第四节 招聘的影响因素

现实中，招聘活动的实施受到多种因素的影响，为了保证招聘工作的效果，必须全方位考虑影响招聘的各方面因素。影响招聘活动的因素主要有外部因素和内部因素两大类。

一、外部因素

（一）国家的政策法规

国家的政策法规已经成为制约组织招聘行为的重要因素，其影响主要体现在对招聘的规定和对就业的控制两方面。

1. 政策对招聘的规定方面

西方国家的人权法规定，招聘信息中不能出现具有歧视性的信息，如性别歧视、年龄歧视、种族歧视等；美国还对雇主特定的招聘计划和目标做出法律约束；我国也禁止在招聘中出现各种歧视性的信息。

2. 政策对就业的控制方面

我国曾对高校毕业生去非国有单位就职采取限制措施，这就给非国有单位的招聘工作带来难度；户籍制度阻碍了人才的自由流动，造成了人才招聘和配置工作的低效。近些年户籍制度的宽松化以及对特殊行业的鼓励（如给到高科技行业工作的就业者解决户口问题），都为企业招聘工作的开展提供了很大的便利。

（二）经济因素

1. 经济形势

招聘往往会受到国家和地区宏观经济形势的影响。当经济快速发展时，各行各业对人才的需求都呈现旺盛的态势；当经济陷入低迷时，各类企业对人员的需求就会相应减少。在经济发展过程中，随着经济的周期性波动，我国对人才出现需求不足和需求过剩的更替现象。在经济结构调整过程中，我国对人才呈现结构性需求的态势，一些拉动经济增长的行业（如计算机、信息、通信、金融等）对人才的需求急剧上升，招聘活动的频率高，招聘员工的数量也多；而一些增长缓慢的行业则招聘活动不活跃，且出现人才供过于求的局面。总的来说，随着我国经济的持续增长，特别是高新技术产业的迅猛发展，以及我国加入 WTO 后外资的大量涌入，对各类人才的需求都有所增加。

此外，行业的发展也对招聘工作有影响。由于国内外经济状况、行业特点和国内宏观经济结构的影响，每个行业的发展潜力有所不同。有些行业发展前景很好（如近些年来的 IT 行业、金融行业），能够创造很高的利润，因此吸引大量劳动力涌入。而有些行业发展前景欠佳，甚至被称作“夕阳产业”（如纺织业等），这些行业已处于生命周期中的衰退期，销量低，附加值低，行业工资也很低，很多人都不愿意加入这样的行业。

2. 劳动力市场

（1）地域特征。劳动力市场地理区域分为局部性的、区域性的、国家性的和国际性的四种。随着招聘职位所需技能的增高，招聘范围也随之扩大。不需要很高技能的人员，在局部性的或是区域性的地理区域内招聘，既可以招聘到合格的人才，还可以节约成本。但是，如果要招聘较高技能的人员（如专业管理人员），就需要在全国范围内广为搜寻。而对特殊人员的招聘（如科学家），还可以在国际市场中招聘。

招聘单位所在的地区对人员招聘工作也有很大的影响，这在我国有着突出的表现。我国在经济发展进程中，存在着发展极其不平衡的问题，东部地区的快速发展和西部地区的缓慢增长，造成了我国各地区人才分布不平衡的问题。人才持续性地从中西部地区向东部地区流动，推动东部经济发达地区经济的同时，也使东部区域人才相对充足甚至饱和，企业在招聘工作中可供选择的余地很大，也很容易招聘到胜任的员工。而中西部地区人才的外流和匮乏，使企业可能在长时间的招聘周期中，都无法招聘到合适的人才。现在国家和地区推出一系列政策，鼓励各类人才到经济相对落后的地区工作。在西部大开发的政策下，经济相对落后的中西部地区在吸引人才方面也采取了很多优惠而灵活的政策，为吸引人才提供了条件。

（2）供需状况。供求关系是影响劳动力供给的重要因素，当劳动力的供给高于需求时，就会出现劳动力过剩的情况，这时市场中充足的劳动力使企业招聘员工的工作变得相对容易，有时还可能将劳动力成本压低。反之，如果劳动力供给低于需求，劳动力紧缺就会使外部招聘工作变得相对较难。有时，短缺引起的劳动力工资上涨，可能会迫使企业扩大招聘范围，从而增加招聘的难度和成本。

（3）供给结构。劳动力市场中，人才的供给结构也存在很大差异，体现为水平差异和垂直差异两个维度。水平差异体现为不同知识类型的人才供给不均衡。近几年，IT 业在全球迅猛发展，出现了全球性 IT 人才的短缺，IT 企业在吸引人才方面竞争很激烈，通过提高薪酬和福利、聘请猎头挖角等多种方式来获得高质量的人才。还有很多国家跨国界吸引人才（如加拿大等），通过技术移民吸引发展中国家的高科技人才落户。垂直维度体现为招聘岗位所需的技能水平与劳动力供给水平呈反向关系，即招聘岗位所需的技能要求越低，劳动力市场的供给就越充足，招聘工作就越容易；招聘岗位所需条件越高，劳动力市场的供给就越不足，要吸引并招聘到这类人才就越困难。

（三）竞争对手

在同一劳动力市场中，竞争对手往往是直接与企业争夺得力人才的一方。因此，竞争对手的综合实力和人力资源政策都对组织的招聘工作产生直接影响。如果对方能够提供具有竞争力的薪酬政策、培训政策、职业发展计划等，企业就很难争夺到高技能的人才。以往，我国企业受到传统计划经济的影响，用人单位人事制度和用人体制都相对僵化，在人才竞争方面一直处于劣势；如今，国内企业越来越与国际接轨，并且开始与世界知名大公司同台竞争。

二、内部因素

（一）企业形象和文化

企业形象是应聘者对组织的第一感觉。任何人都希望能在一个健全的公司中工作，企业有良好的声望和形象，才能获得优秀人才。企业和部门都应该经常检查、评估自身形象。

企业文化是企业全体员工在长期的生产经营活动中形成的共同价值标准、基本信念及行为规范的总和。企业文化影响招聘人员的态度和行为方式，也影响招聘方式的选用。

案例

最“火”的公司

天津赛恩电子技术有限公司在两天的招聘会中共收到500多人的简历，成为招聘大厅中最“火”的公司。这与其传递的企业文化内涵有密不可分的关系。在展示台上方，赛恩公司独家亮出“优秀企业”称号，展现了过去的不俗业绩；并将赛恩公司大厦的外景照片，以及员工统一着装在富有现代气息的办公环境中井然有序地工作的照片张贴在展台的墙上；在展位旁的立柱旁，摆放了涵盖企业简介、企业产品和企业徽标的广告立牌；桌上摆放了《北京人才市场报》对公司文化和产品系列特征的报道；招聘人员统一着装，佩戴胸卡，使用规范的礼仪语言，体现了公司良好的企业形象和员工精神风貌。

（二）企业发展阶段

企业发展阶段决定了对人力资源的需求状况。按照企业生命周期，企业的发展可分为新创、成长、成熟和衰退四个阶段。当企业处于新创时期时，对人才的需求更倾向于能够独当一面者，他们能够帮助企业立稳脚跟并快速发展起来；当企业处于成长时期时，快速发展的企业对人才的需求增长很快，会经常性地招聘大量的各类人才；当企业处于成熟期时，企业基本维持现有规模，招聘工作更多地是为了填补员工离职后的空缺；当企业处于衰退期时，招聘工作会全面收缩，甚至还有可能出现解聘的态势。

案例

快速发展的公司的招聘

快速发展的公司往往对人才有着大量的需求，很多时候招聘工作甚至不能及时填补职位空缺。例如，思科系统公司在迅速成长时期，每隔3个月就要招聘人员1 200人，即便如此，仍然有数百个职位出现空缺。网景公司成立时只有2名员工，1年后增加到350人，也经历了迅速扩大招聘规模的阶段。

（三）企业招聘政策

招聘政策直接决定招聘过程，不同企业有着不同的政策和做法，这些政策也涉及招聘环节的各方面。以招聘渠道为例，银行之类的大型组织可能更倾向于内部招聘，这样可以为员工提供更多的工作轮换和晋升机会，为员工发展创造空间，招聘到的员工也能很快适应环境。一些小型企业，或是需要通过招聘员工获得新知识和新技能的企业，更倾向于外部招聘。而就外部招聘的各种类型而言，企业也各有偏好。例如，宝洁（中国）一直是校园招聘的积极参与者；还有些企业更愿意招聘有若干年工作经验的应聘者，它们通过招聘会，或是直接聘用猎头公司来补充人员。

（四）薪酬福利制度

企业薪酬福利制度从物质方面体现出对员工的关注。作为员工生存和发展的重要来源，薪酬福利是否优厚，影响招聘工作是否成功。虽然良好的薪资和福利不能保证招聘到优秀人才，也不能保证留住人才，然而如果薪酬福利没有竞争力，企业就会缺乏吸引力。

案例

吸引力

IBM（中国）公司除了向员工提供极具竞争力的薪金外，还制定了完善的福利计划，包括带薪假期、住房补助、进修资助、医疗与退休保障计划以及各类保险计划等。

上海贝尔有限公司建立了完善的员工培训体系，鼓励员工接受继续教育（如MBA、硕士或博士学历教育），公司为员工负担学习费用。此外，公司还为员工购房、买车提供无息贷款。

本章小结

招聘是一个与其他人力资源管理职能密切关联，基于企业战略需要而制定的人资源管理的重要环节。

招聘建立在人力资源规划和工作分析的基础之上，依据严格的招聘和甄选环节，通过制定招聘计划、选择招聘渠道、确定招聘方法、管理招聘过程、评估招聘结果以及配置人员等环节，为组织选择合适的员工提供科学的保障。招聘的基本流程可以分为三个阶段——准备阶段、实施阶段和评估阶段。

在招聘工作中，对招聘过程的管理十分重要，涉及招聘人的选择、招聘策略的选择以及招聘风险控制等诸多环节。

此外，还需要对影响招聘工作的内外部因素进行详细的分析。

重点概念

招聘　招聘需求分析　招聘计划　招聘预算　招聘评估　招聘渠道　招聘策略

复习思考题

1. 试述招聘的意义。如果招聘工作不成功，会导致哪些负面结果？
2. 在招聘过程中，如何保证遵循招聘原则？如果你是招聘专员，你会怎么做？
3. 在招聘准备阶段，需要完成哪些内容？具体操作步骤和方法是什么？
4. 在招募阶段应当完成哪些工作？所使用的方法和渠道各有什么优缺点？
5. 甄选的方法有哪些？分别需要注意哪些问题？
6. 录用由哪几个环节组成？做出录用决策需要注意什么？需要办理的录用手续有哪些？

7. 选择招聘人员时，需要注意哪些问题？
8. 招聘策略有哪几种？怎样操作和实现？
9. 试分析招聘风险产生的原因以及控制风险的方法。
10. 影响招聘的因素有哪些？
11. 招聘评估有哪几个方面？如何进行招聘评估？

实训题

A公司专业从事流量仪表的研发、制造、销售及服务。随着公司业绩的不断提升，公司人员规模不断壮大，对人员需求量也日益增加，而人力资源部的招聘速度却跟不上公司的发展，经常出现职位空缺、长时间无人填补的情况，在一定程度上制约了A公司的整体发展速度。由于招聘量较大，涉及的业务部门较多，需要参与招聘的各部门主管投入了大量的时间和精力来面试，大家的意见都很大。同时，有很高比例的新入职员工出现了违背公司价值观，甚至违反公司规定的现象，如利用职务之便谋取个人利益等。A公司总经理李总意识到必须解决人员招聘的规范化和标准化问题，也曾向专业的人才测评机构寻求帮助，但由于未考虑到A公司的特殊用人要求，使用测评产品的效果并不理想。A公司决定构建一套关键岗位的标准化招聘体系，共分为四大类：行政类、技术类、销售类和管理类，招聘体系的构建将以这个分类为标准，分别进行。

要求：假如你是A公司人力资源部负责人，请利用本章所学的内容为该公司设计一套标准化招聘体系。

案例讨论与思考

中兴通讯的招聘

目前，世界各国的通信企业都处于快速发展阶段，一方面，企业业务高度膨胀，市场份额不断扩大；另一方面，技术的更新换代持续加快。二者都需要快速补充合格的人才，也因此出现人力资源短缺的问题，成为限制业务拓展的主要障碍之一。

中兴通讯是一家能够保持人力资源扩张与企业快速发展相匹配的企业。中兴通讯一直非常重视招聘，并提出了“以一流的标准选聘和培训员工”的理念，将“一流员工”定位为“在某一个专业领域里的国内前5%”。人力资源中心主任陈健洲认为，员工招聘就是从应聘者中挑选最适合特定岗位要求的人的过程，而企业招聘工作对选择过程的质量影响很大，如果符合条件的应聘者很少，可能不得不雇用条件不是十分理想的人，企业就不得不加强培训工作，这增加了隐性成本。因此，中兴通讯招聘时有两个潜规则：一是在招聘工作中花费大量精力和时间，二是重点考虑人才的背景。中兴通讯在搜索了30万～50万份的简历，面试了10万多人后，最终雇用了其中的1万多名员工。中兴通讯的大部分岗位都要求员工有好的技术背景，对应聘者就读的院校和专业都有较为明确的要求，如要求应聘者在重点本科院校接受教育。此外，对工作经验及身体健康也要求较高。中兴通讯的面试非常严格，分别从技术能力和素质考核两个方面进行考察，被面试者需通过6～7关，把关极其严格，实行一票否决制，而且中兴通讯的面试官都是通过专业培训的。

中兴通讯以其招聘理念和招聘方法，网罗了大批的优秀人才，为中兴通讯在市场中的表现奠定了良好的基础。

讨论与思考：

1. 中兴通讯的招聘工作之所以取得较好的效果，主要原因是什么？
2. 中兴通讯的招聘工作有何特点？

第二章

招聘的基础

学习目标

- 了解招聘的内外部环境分析
- 理解招聘条件分析
- 掌握岗位分析的内容、方法和步骤
- 掌握职务说明书的内容和编制

导入案例

岗位需求变动带来的招聘问题

高尔夫机械制造有限公司人力资源部经理约翰说道："玛丽，我真不知道你到底需要怎样的机械操作工。我已经选了四个人给你面试，并且这四个人看上去大致都符合岗位说明书的要求，可是，你却将他们全部拒之门外。"

"符合岗位说明书的要求？"玛丽颇为惊讶地回答道，"我要找的是那种一录用就能够直接上手做事的人；而你推荐给我的人，都不能够胜任实际操作工作。再者，我根本就没瞧见你所说的什么岗位说明书。"

闻听此言，约翰二话没说，为玛丽拿来岗位说明书的复印件。当他们将岗位说明书与现实岗位需求逐条加以对照时，才发现问题的所在。原来这些岗位说明书严重脱离实际，也就是说，岗位说明书没有将实际工作中的变动写进去。例如，岗位说明书要求从业人员具备旧式钻探机的工作经验，而实际工作却已经采用了数控机床的最新技术。

在听完玛丽描述机械操作工作所需的技能以及从业人员需要履行的职责后，约翰喜形于色地说道："我想我们现在能够写出一份准确描述该项工作的岗位说明书，并且据此一定能够找到你所需要的合适人选。我坚信，只要我们更加紧密地配合，上述那种不愉快的事情，绝不会再发生。"

思考：

1. 该案例反映出什么样的招聘问题？
2. 如果要顺利地招聘到合适的人才，需要做哪些准备工作？

引导案例反映出该招聘企业并没有做好招聘的一些基础性工作，比如招聘需求分析、人力资源规划以及岗位分析。企业如果没有规范的招聘需求分析，就不可能有人力资源规划，岗位分析也就无从谈起。如果公司没有向应聘者详尽描述岗位要求和胜任本岗位所需的知识、技能、体力等，就会有大量不适合本岗位的人员前来面试，会给面试工作造成一定的麻烦。针对以上问题，本章将详细介绍招聘需求分析、人力资源规划以及岗位分析的一些相关方法、程序和技术。

人员招聘是人力资源管理工作中的一个重要环节，它不是孤立的工作，需要在相关人力资源管理工作落实，即在招聘需求分析、人力资源规划和岗位分析的前提下展开，如图2—1所示。

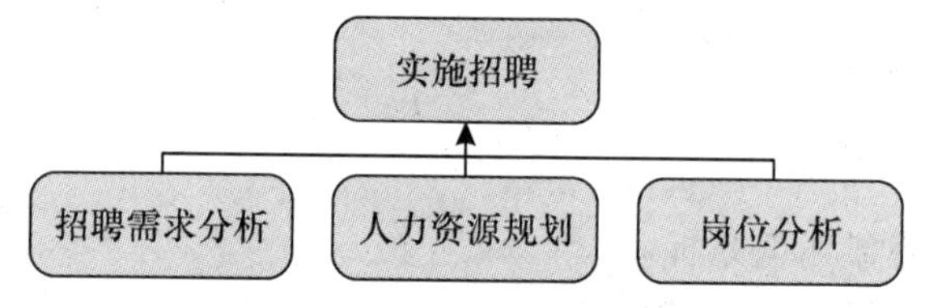

图2—1　员工招聘实施基础

（1）招聘需求分析。

当用人部门提出招聘需求时，人力资源部门的招聘负责人和用人部门的主管一同对招聘需求进行分析和判断。先在各部门内部对人力资源的需求状况进行调查，掌握哪些岗位需要多少人员，以及获得这些人员大致需要吸引多少应聘者，再制定合理的招募范围与规模，保证招聘工作有的放矢、有条不紊地按计划实施。

（2）人力资源规划。

人力资源规划的具体内容决定了组织预计要招聘的用人部门、工作岗位、人员数量、到岗期限和人员类型等。招聘工作质量的高低与人力资源规划的规范化程度高度相关。做好人员招聘工作，应对人力资源规划有个透彻的理解，要与用人部门的负责人进行沟通、协商，对招聘策略达成共识后才能启动人员招聘工作，确保招聘前期工作落到实处。

（3）岗位分析。

人力资源规划重在落实未来需增加人员的部门和岗位，它提供需要的人员数量，没有界定用人岗位的具体职责。仅有人力资源规划无法展开具体的招聘工作。这就需要进行岗位分析，对所需人员岗位的职责、工作内容、人员素质和能力结构进行分析，给出招聘岗位的用人标准。招聘人员以岗位分析的结果作为招聘的依据和选拔标准，有的放矢地选拔组织所需人才，方能保证招聘效果，达到招聘目的。

第一节　招聘需求分析

招聘活动的开展，一般缘于职位空缺的产生。一旦产生职位空缺，组织的招聘流程随即启动。一般由有职位空缺的部门的负责人向人力资源部门提出人员补充需求；人力资源部门接到需求申请后，在对组织人力资源现状进行分析的基础上给予确认。

一般来说，招聘需求分析要完成两方面的工作，即招聘的内外部环境分析和招聘条件分析。

一、招聘的内外部环境分析

（一）外部影响因素

1. 全球经济环境

从全球社会和经济环境来看，信息已跨越国界迅速流动，这一过程产生了大量的新价值、新工作方式、新压力，对人员的技能提出了新要求。随着我国加入 WTO 和经济实力的增强，我国也有许多大公司步入国际经营行列。合资公司、跨国公司在世界各地发展商业分部，提出了为顾客提供“任何地方、任何时候、任何东西”的新的营销理念。随之而来的不同的文化习惯、宗教事务、法律制度和薪酬差异，给招聘管理带来了新的挑战。

2. 国家的法律法规

政府对全社会的人力资源配置承担着宏观调控的责任，而实现这种职责的主要方式就是通过法律法规和政策的形式，对组织人力资源招聘的对象、方法进行规定，并强制组织执行。美国的《公平就业机会法》规定，不同性别、年龄、种族、肤色的人在就业竞争中的机会平等，享有不受歧视的权利。在我国，和招聘相关的法律主要是《中华人民共和国劳动法》以及与之配套的一些法规，如《国营企业招用工人暂行规定》、《女职工禁忌劳动范围的规定》、《职业介绍规定》、《集体合同规定》、《未成年工特殊保护规定》等。随着我国经济的市场化以及与国际接轨程度的加深，我国在人力资源管理方面的法律法规将得到逐步完善。此外，国家产业政策也影响人力资源在全社会范围内的流动，从而影响组织招聘的工作。

3. 外部劳动力市场

外部劳动力市场在三个方面影响着组织的招聘活动：第一，外部劳动力市场上的劳动力总量决定了组织招聘的可选范围。一般而言，供过于求，组织就在招聘活动中处于有利的位置。第二，外部劳动力市场上的劳动力质量影响着组织招聘的质量。目前，我国劳动力总量是庞大的，但劳动力的质量并不乐观。一些新兴行业所需的技术人员及一些跨国公司所需的管理人员不得不从国外高薪聘请。劳动力质量的高低又是社会经济水平、教育发展状况以及文化传统等因素共同作用的结果。第三，劳动力市场交易成本的高低以及交易的便利性决定了组织招聘活动的成本和效率。为此，组织在进行招聘决策、开展招聘活动时，必须对以上三方面因素进行充分分析。

4. 国内经济发展状况

从国内社会和经济环境来看，经济发展的地区差异、企业重组、网络技术的迅速发展、独生子女、小家庭、人口老龄化等因素不断地冲击着企业的招聘管理。而且，一个国家和地区的经济发展水平从根本上影响了总体的人力资源供给的质量、数量和价格。一般而言，经济发展水平与劳动力的质量以及劳动力价格呈正相关的关系，即经济发展程度越高，劳动力的质量和价格越高。在单位劳动时间内能够获得更多回报的前提下，劳动者一般会减少工作时间来满足对闲暇的追求，这样又在客观上减少了劳动力总量的供给，这种现象普遍存在于发达国家。

5. 教育发展水平

教育和培训是把潜在的人力资源变成现实的人力资源的重要手段和途径。一个国家和地区的教育水平直接影响着劳动力资源供给的数量和质量。不同国家和地区之间，存在着教育水平的客观差异，造成人力资源供给质量和数量上的差异。当然，教育发展水平的高低，在本质上取决于当地的经济发展水平。

6. 竞争对手

现代社会，企业之间的竞争是全方位的，这种竞争也体现在招聘活动中。一家企业满意的候选人，往往也是竞争对手努力争取的对象。组织必须全面了解竞争对手在招聘方面的策略、做法，采取针对性的措施，以保证自身在人才市场上具有足够的吸引力。

（二）内部影响因素

1. 组织自身的形象

组织自身的形象直接影响着组织对人才的吸引力。良好的组织形象会对应聘者产生积极的影响，引起他们对组织空缺职位的兴趣，从而有助于改善招聘的效果。而组织的形象又取决于多种因素，如公司的发展趋势、薪酬待遇、工作机会以及组织文化等。

2. 组织的招聘预算

招聘活动所产生的成本也是必须考虑的因素。为了提高招聘工作的效率和效果，组织不仅需要对招聘渠道和方法精心选择，对招聘流程科学设计，对招聘工作人员进行培训，还需要采取相关的战略举措以提高组织在人才市场上的吸引力，如在高校设立奖学金等。所有这些措施，都必须建立在企业自身支付能力的基础之上。所以，组织的招聘预算直接影响着招聘活动的开展。

3. 组织的技术变革

新型技术的采用，特别是计算机和网络技术的运用，大大改变了人力资源管理工作的面貌。许多企业的人力资源部门已经在工作中运用了人力资源管理软件——人力资源信息系统。人力资源信息系统随时提供人力资源管理的相关数据，使制定人力资源管理战略，编制人力资源报告，预测人力资源需求，制定职业生涯计划和评价人力资源政策更为方便、可行。新技术的不断出现，影响了人员招聘的观念、方式和途径。

4. 组织的文化和政策

不同的组织文化和政策往往会形成不同的招聘策略，在具体的招聘实践中也会形成不同的特点。例如，有的组织习惯从内部提拔人员，有的组织更喜欢从外部招聘人员；有的组织愿意从校园招聘大学毕业生，有的组织倾向于招聘有经验的人员；在招聘流程和测试方法上，有的组织依赖于高度结构化的筛选与选拔系统，有的组织更多地根据管理人员的经验做出判断。

二、招聘条件分析

招聘的实质就是让潜在的合格人员对本企业的相关职位产生兴趣并且前来应聘这些职位。现代人力资源管理的招聘活动往往从企业总体战略和企业发展需要出发，遵循严格的程序，并运用科学的方法选拔和配置人才。

为了达到预期目标，招聘活动要注意三方面的内容，即要能够吸引到相关人员、人员要符合组织的需要以及所吸引人员的数量要适当。

招聘活动的目的就是要引起可能合格人员的注意，吸引他们到本企业来应聘并接受筛选。至于如何从这些应聘者中挑选合适的人员，则是选拔环节要完成的任务。因此，招聘活动并不要求对应聘人员进行严格的挑选。理解了这点，就能够把招聘和甄选这两个活动区分开了。

小提示

招聘活动所吸引来的人员，应该是组织目前或将来需要的人员。这实际上强调了组织在发布招聘信息时，应该明确地表达组织对候选人的要求和期望，以减少应聘者的盲目性，提高招聘工作的效率和效果。

在明确表达组织对候选人的要求和期望的同时，组织还需要对可能被吸引来的人员数量进行控制。这个数量不应该过少，否则难以保证候选人来源的广泛性和筛选过程的公平性；这个数量也不宜过大，这样会增加无效的工作量，降低工作效率。

具体来说，要想达到理想的招聘效果，招聘活动要做到“三个恰当”。

(一) 恰当的信息

在招聘之前要对空缺职位的工作内容、工作职责、任职资格和要求、企业的相关情况做出全面而准确的描述，使应聘者能够充分了解有关信息，对自己的应聘活动做出判断。

信息不对称往往会导致企业在选拔面试的过程中不能较好地判断应聘者与职位要求和公司文化的相符性，导致录用后才发现该员工并不符合职位的要求，或者很难与公司文化融合。职位的要求规定了任职者应该具备的知识、技能和能力，但仅仅具备这些是不够的，还应该具备公司文化所要求的工作风格和特点，应该认同公司的使命，与公司的核心价值观保持一致。例如，公司的企业文化要求开放沟通、团队合作，一个员工虽自身能力很强，但不能很好地与其他员工合作沟通，就无法与企业文化融合，能力的发挥也会受到限制。

(二) 恰当的来源

人才供应与需求之间的矛盾是始终存在的。对有些招聘职位来说，应聘者供大于求，可能需要在大量的候选人中选出需要的人才；而对某些招聘职位来说，可能很难获得可供选择的人才。尽管现在的招聘渠道越来越多，可以在招聘会上招聘，可以在报纸上或网站上发布招聘广告，可以委托专业的代理机构帮助寻找，但有些专业技术要求较强的职位或管理职位仍然很难找到合适的候选人，因此要针对那些与空缺职位匹配程度较高的目标群体进行招聘。

(三) 恰当的人选

为了挑选最恰当的人选，对应聘者进行面试是最常用的方法。面试的主要目的就是通过应聘者过去的经验和目前的表现，推论其在将来工作中的表现，所依据的信息一方面来自于应聘者的简历，另一方面来自于应聘者在面试中的言行。招聘者期望简历中所体现出的良好能力能够在未来的工作中得以体现，期望在面试中表现得热情、进取的人在将来的实际工作中也是如此，期望一个表现出良好人际交往风度的人在工作中也能很好地与他人沟通合作。事实往往并非如此，有的应聘者在实际工作中的表现与面试中的表现判若两人，这往往令招聘者大失所望。在这个过程中，招聘者至少在两个方面遇到挑战：一是应聘者的简历往往刻意突出其优秀的方面，有的甚至夸大或虚构；二是在面试中应聘者会故意掩饰自己的缺点，故意做出与招聘者期望相同的表现。因此，采取更加有效的选拔方法，透过简历和面试表现的表面现象，识别出应聘者更为真实的特点，是一件非常必要和重要的事情。

第二节　人力资源规划

人力资源规划是根据组织的战略目标，科学预测组织在未来环境变化中人力资源的供给与需求状况，制定必要的人力资源获取、利用、保持和开发策略，确保组织对人力资源在数量和质量上的需求及组织和个人的长远利益。

一、人力资源需求计划

人力资源需求计划直接决定了招聘活动的内容和取向。组织对人力资源的需求直接与企业内部的职位联系在一起，企业设置有多少职位，就需要有多少人员；组织设置有什么样的职位，就需要有什么样的人员。因此，只要能够预测出组织内部职位的变动，相应就可以预测出组织对人力资源的需求，当然这种预测既有数量上的，也有结构上的。一般来说，组织都要定期对现阶段人力资源需求情况进行统计和计划。人力资源需求计划表和人力资源需求统计表如表 2—1 和表 2—2 所示。

表 2—1　　**人力资源需求计划表**

日期：________

提出：________

部门	计划需求时间	需求理由					需求人员			合计	备注
		递补	业务增加	新增人才	储备人才	其他	主管	职员	工人		

批准________　　主管________　　填表________

说明：

(1) 本表由人事部提供。

(2) 本表由权责主管核准。

(3) 尽量定期（月度）办理。

表 2—2 人力资源需求统计表

部门	需求人员	现有人员	差数	处理

说明：
(1) 本表由人事部提供。
(2) 本表经各部门确定。
(3) 过剩或不足先经协商调整，再确定需求人数。

(一) 人力资源需求的影响因素

1. 组织因素

组织自身的因素直接影响了人力资源的需求量，可概括为以下几点：

(1) 组织的发展战略和经营规划直接决定着组织未来的职位设置情况。例如，当组织决定实行扩张战略，未来组织设置的职位肯定就要增加；当组织调整经营领域时，未来组织的职位结构就会发生相应的变化。

(2) 预期的员工流动比率。辞职、解聘、退休或人员流动（跳槽）等决定着职位的空缺规模。

(3) 生产效率的变化。在其他条件不变的情况下，生产效率的变化会引起职位数量的反向变化。生产效率提高，同一职位承担的工作量增加，职位的设置会减少；反之，职位的设置就要增加。而引起生产效率变化的原因有很多，如生产技术的改变、工作方式的调整、对工作进行的培训、薪酬水平的提高以及员工能力和态度的变化等。

(4) 产品和服务的需求。按照经济学的观点，企业对人力资源的需求是一种派生需求，它源自顾客对企业产品和服务的需求。这两种需求之间是一种正相关的关系，当产品和服务的需求量增加时，企业设置的职位相应也会增加；反之，企业设置的职位就会减少。产品和服务需求数量的变化，直接体现在企业经营规模的变化上。

(5) 财务资源对人力资源需求的约束。根据未来人力资源的总成本，可以推算人力资源的最大需求量。

(6) 职位的工作量。如果职位的工作量不饱满，就要合并相关的职位，职位数量就要减少；相反，职位数量就要增加。

这里所说的每项分析都是在假定其他因素不变的前提下进行的，如果多个因素同时作用，产生的结果可能会有所不同。例如，员工的生产效率提高，即使产品和服务的需求增加，职位的设置可能也不会增加，这两种相反的作用互相抵消了影响。

2. 社会性因素

社会性因素包括经济发展水平和经济形势、产业结构、行业结构、技术水平、市场需求、政府政策等。

产业结构和行业结构的变化会影响现有员工队伍结构的变化，进而影响组织未来人力资源需求的变化。新技术的发明应用，一方面会推动新产品的发明和应用，从而扩大企业对人力资源的需求；另一方面，新技术使劳动生产率提高，减少了企业对人力资源的需求。而政府对某一产业和领域的发展政策、对新技术的开发和推广、对中小企业的扶持等，都会对人力资源的需求总量产生影响，进而直接或间接影响人力资源的需求量。

3. 组织人力资源因素

组织人员的状况对其人力资源需求量也有重要影响。如退休、辞职、解雇人员的数量，合同期满后终止合同的人员数量，死亡、休假人数等都直接影响人力资源需求量。

（二）用市场的方式处理问题

招聘活动历来都是双向选择，公司在筛选应聘者，应聘者也在挑选雇主。招聘工作不仅是解决职位空缺或企业扩张的人员需求问题，在先进的人力资源管理实践中，招聘还起到提升企业知名度的作用。招聘竞争不仅是一场人才竞争，更是一场经营竞争，只有成功打造公司“卖点”，才能吸引一流人才。

小提示

很多招聘活动未能取得预期的效果，一个很重要的原因是企业没有清楚地认识自己的定位。虽然招聘的职能通常被划分在人力资源部门（在许多公司也被称作人事部），但实质上招聘所履行的职能是公司必不可少的市场职能。人才已经被视作一种资源，企业在千方百计地获得这些资源，想方设法地吸引他们。招聘者所推销的不是具体的实物产品，而是某些职位甚至整个公司。招聘者也应该像从事市场工作一样花些时间提前制定综合性战略，要明确自己的目标市场和目标客户的需求，有广告策略，吸引目标客户。很多公司和管理者往往没有意识到这一点。

在招聘工作中，必须将行动建立在对市场充分了解的基础上。市场活动中，信息是至关重要的，它相当于人的感觉器官。招聘者应该对招聘市场上的信息非常了解。首先，招聘者应该了解人才市场上各种人才的供应情况（包括人才的数量、质量、分布等），应对供大于求的人才和供不应求的人才采取不同的策略和努力。要对在什么地方、什么时间可以获得什么样的人才了如指掌。例如，对各大高校的专业设置、课程设置以及学生素质的了解有助于获得合适的大学毕业生人选。其次，招聘者应该了解影响应聘者工作决策的因素，也就是哪些因素决定了应聘者接受一份工作。最后，在招聘工作中应该做到知己知彼，既要弄清楚自己公司有哪些“卖点”，又要了解竞争对手在招聘方面的信息。

二、招聘计划

用人部门的主管如果需要引进人才，就要从人力资源部经理和业务经理那里获得招聘许可。如果待招聘的人员是在人员计划的范围内，可以直接向人力资源部提出招聘请求；如果待招聘的人员是在人员计划的范围之外，必须经过审批许可。招聘需求确定后，还需结合具体岗位的岗位分析和单位的总体人力资源规划来制定详细的招聘计划。一般招聘计划包括招聘目标、信息发布时间和渠道、招聘小组成员名单、选择方案及时间安排、新员工上岗时间、招聘费用预算和招聘工作时间表等。招聘计划样本如表2—3所示。

表 2—3　　招聘计划样本

1. 招聘目标（人员需求）

职务名称	人数（人）	其他要求
软件工程师	5	本科以上学历，35 岁以下
销售代表	3	本科以上学历，相关工作经验 3 年以上
行政文员	1	专科以上学历，女性，30 岁以下

2. 信息发布时间和渠道

渠道	时间
日报	1 月 18 日
招聘网站	1 月 18 日

3. 招聘小组成员名单

组长：××（人力资源部经理）对招聘活动全面负责。

成员：××（人力资源部薪酬专员）具体负责应聘人员接待、应聘资料整理。

××（人力资源部招聘专员）具体负责招聘信息发布，面试、笔试安排。

4. 选拔方案及时间安排

（1）软件工程师。

阶段	负责人	截止日期
资料筛选	开发部经理	1 月 25 日
初试（面试）	开发部经理	1 月 27 日
复试（笔试）	开发部命题小组	1 月 29 日

（2）销售代表。

阶段	负责人	截止日期
资料筛选	销售部经理	1 月 25 日
初试（面试）	销售部经理	1 月 27 日
复试（笔试）	销售副总	1 月 29 日

（3）行政文员。

阶段	负责人	截止日期
资料筛选	行政部经理	1 月 25 日
面试	行政部经理	1 月 27 日

5. 新员工的上岗时间

2 月 1 日左右。

6. 招聘费用预算

略。

7. 招聘工作时间表

1 月 11 日：起草招聘广告。

1 月 12 日—1 月 13 日：进行招聘广告版面设计。

1 月 14 日：与报社、网站进行联系。

1 月 18 日：在报社、网站刊登广告。

1 月 19 日—1 月 25 日：接待应聘者、整理应聘资料、对资料进行筛选。

1 月 26 日：通知应聘者面试。

1 月 27 日：面试。

1 月 29 日：软件工程师笔试（复试）、销售代表面试（复试）。

1 月 30 日：向通过复试的人员通知录用。

2 月 1 日：新员工上班。

人力资源部

____年____月____日

内部招聘是在组织内部进行的，相对比较简单，因此招聘计划大多都是针对外部招聘而制定的。招聘计划的内容制定完毕后，还需提交公司董事会或总经理进行审批，批准后才能进行招聘信息的发布，继续进行招聘活动。如果待招聘人员是在人员计划范围之内，一般审批程序会进行得比较快；如果待招聘人员超出人员计划之外，公司高层管理人员就需要对招聘的必要性进行审核和论证。确认招聘需求后，获得许可的招聘计划书会直接发送回人力资源部，由人力资源部的工作人员正式开始招聘活动。

三、拟订招聘工作报告表

一份完整的招聘工作报告表（如表 2—4 所示）一般包括费用预算、招聘完成率、计划及实际招聘方式等内容。

表 2—4　　招聘工作报告表

应聘人数	人	初试合格	人	面试合格	人
复试合格	人	合格率	%	招聘完成率	%
费用预算	元	实际支出	元	节约/超支率	%
预定时间	天	实际时间	天	提前/滞后率	%
计划招聘方式			实际采用方式		
各职位应聘情况报告					

序号	甄选职位	应聘人数	初试合格	复试合格	甄选人数	到岗试用

制表：　　　　　　　　　　　　　　　　　复核：

一般来说，拟订招聘工作报告表要把握以下几方面内容。

（一）了解影响应聘者工作决策的因素

招聘者要非常了解应聘者的需求和决策行为。一个人接受一份工作有各种各样的原因。

1. 替代性的工作机会

（1）机会数量。一个应聘者可以选择的工作机会较多，做出工作决策的迅速性与果断性就会下降；一个应聘者可替代的工作机会较少，就会较容易接受一项工作。

（2）机会的吸引力。在应聘者可替代的工作机会中，目前的工作机会与其他的工作机会的吸引力会影响其选择。

2. 公司的吸引力

公司的吸引力体现在很多方面，如公司提供的薪金的吸引力、公司的福利项目、应聘者在公司里的晋升前景、公司的地理位置、公司的人员素质和文化氛围等。公司的知名度和声誉对应聘者的决策也有重要的影响，他们会以在一家名气和声誉很好的公司里工作为荣。

3. 工作的吸引力

工作的吸引力包括工作内容是不是应聘者感兴趣的内容，工作内容的新颖性和挑战性如何，工作时间和强度怎样，是否经常出差，是否经常加班，工作的物理环境如何等。此外，职位是否吸引人也是很重要的因素。

4. 招聘活动

招聘活动中的广告、宣传、推广是否具有足够的吸引力，招聘人员的职业素养、专业水准和对待应聘者的态度都将影响应聘者的工作决策。

(二) 强调组织的“卖点”

(1) 了解公司最近一段时期的招聘情况和效果，了解公司新雇员的情况，了解他们为什么愿意到本公司来工作，询问他们认为公司最大的优点是什么，了解应聘的时候公司的哪些情况曾经使他们担心或者犹豫，由此基本可以确定本公司在招聘时有哪些优势、哪些不利因素。尤其要仔细分析那些不利因素，在招聘时向应聘者进行有针对性的解释。

(2) 花时间分析如何更好地展现公司的优点。通常情况下，一些容易被忽略的公司优势包括本公司和该职位的稳定性与安全性，公司在行业里的龙头位置（小池塘里的大鱼），能够快速、直接获取工作的成就感以及工作和生活之间的平衡（该职位并不要求放弃个人生活中的乐趣），能够帮助别人，产品或服务对社会有积极贡献，有其他公司所不具备的挑战或机遇，出色的上司和同事，灵活性，学习其他专业知识的机会。这些因素常常被称为工作待遇中的“非货币”特征，并应该在公司招聘的书面材料和面试中有所体现。

(3) 了解哪些人有可能被公司的优点所吸引，了解这些人在基本情况方面有哪些共性；同时，比较一下公司员工的基本情况，了解什么类型的人才会喜欢这个公司，了解在招聘的时候是否有一些共同的个人因素可以考虑。有时，专业市场研究和招聘顾问可以帮助企业进行这方面的分析。通过分析和研究，一旦找到了与公司条件相配的因素，就可以把招聘活动的重点放到特定的人群中。

(三) 收集、分析竞争对手的信息

企业要充分了解竞争对手在招聘以及人力资源管理方面的策略和现状。俗话说：“知己知彼，百战不殆。”在招聘工作中，企业应该时刻关注竞争对手的动态，收集竞争对手的情报，这会直接影响招聘的成败。在人员招聘这一领域，竞争对手的情报主要包括如下信息：

(1) 竞争对手正在招聘哪些人员，招聘的条件是怎样的。

(2) 竞争对手采取什么样的招聘方法。

(3) 竞争对手的招聘网站是什么样的，其中最有吸引力的地方是什么。

(4) 竞争对手的薪资水平怎样。

(5) 竞争对手有什么样的用人政策。

(6) 竞争对手的伯乐（负责招聘的人或者委托的招聘顾问）是谁。

在收集了上面这些信息之后，我们需要认真思考下面的问题：

(1) 人才为何选择了竞争对手而放弃了我方的录用？

(2) 潜在的应聘者为何访问对手的网站？

(3) 如果应聘者拒绝了我方的录用条件，会转向哪家公司？

(4) 是什么因素吸引应聘者选择了竞争对手？我方的不足在哪儿？

小提示

收集竞争对手情报，可以对被我方录用的员工进行调查，他们可能来自于竞争对手公司或者到竞争对手公司应聘过；也可以通过对竞争对手公司熟悉的人来了解情况或者请专业的招聘顾问帮助调查。另外，要时刻对竞争对手的活动保持敏感，如经常访问竞争对手的网站，研究竞争对手的招聘广告，关注媒体对竞争对手招聘活动的报道等。只要我们做有心人，就一定会获得有价值的信息。

案例

冯如生的人力资源规划

冯如生几天前刚调到五金制品公司的人力资源部当助理，就接受了一项紧迫的任务，要求他在10天内提交一份本公司5年的人力资源规划。冯如生虽然已经从事人力资源管理工作多年，但面对桌上那一大堆文件、报表，不免一筹莫展。经过几天的整理和苦思，他觉得要编制好这个规划，必须考虑下列各项关键因素：

(1) 本公司现状。公司共有生产与维修工人825人，行政职员143人，基层与中层管理干部79人，技术人员38人，销售人员23人。

(2) 据统计，近5年来职工的平均离职率为4%，没理由预计会有什么改变。不同类别的职工的离职率并不一样，生产工人的离职率高达8%，而技术人员和管理干部则只有3%。

(3) 按照既定的扩产计划，行政职员和销售人员要新增10%～15%，技术人员要增加5%～6%，中基层干部不增也不减，生产与维修工人要增加5%。

(4) 有一点特殊情况要考虑：最近本地政府颁布了一项政策，要求当地企业招收新职工时，要优先照顾妇女和下岗职工。本公司一直未曾有意排斥妇女或下岗职工，只要他们来申请，就会按同一种标准进行选拔，并无歧视，但也未给予特殊照顾。如今的事实却是，销售人员只有1名女性；中基层管理干部只有2名女性；工程师里只有3名女性；生产与维修工人中约有11%为妇女或下岗职工，而且都集中在最底层的劳动岗位上。

冯如生还有5天时间就得交出计划，其中包括各类干部和职工的人数、从外界招收的各类人员的人数以及如何贯彻市政府关于照顾妇女与下岗职工政策的计划。此外，五金制品公司刚开发出几种有吸引力的新产品，预计公司销售额5年内会翻一番，冯如生还得提出一项应变计划以备应付快速增长。

第三节　岗位分析与评价

一、岗位分析概述

岗位分析，也称职位分析，它是确定完成各项工作所需技能、责任和知识的系统过程，需要对岗位上每项工作的内容进行清楚、准确的描述，对完成该工作的职责、权利、隶属关系、工作条件提出具体的要求，并形成职务说明书。根据现代科学管理理论，岗位分析就是指科学地规划出组织体系中的各个岗位应该履行哪些职责，具备哪些知识，需要何种技能的管理过程系统。

岗位分析是企业实现科学管理的一个基本环节。在日常工作中，我们常常会提出一些问题，如市场营销部经理的职责和权限是什么，什么样的人才能担任这一工作，怎样评估他们的工作绩效等。要从本质上解决这些问题，就只能依靠科学的岗位分析。岗位分析并不是一项一劳永逸的、孤立的基础性工作，而是一个具有重复性的管理行为。在如下三种情形下，都要进行岗位分析这一人力资源管理工作：初创组织体系时，企业新增工作岗位时，新技术、新方法、新工艺、新系统的使用导致岗位工作内容变动时。

（一）岗位分析的内容

岗位分析的内容取决于岗位分析的目的与用途。一般来说，岗位分析是直接为企业员工招聘服务的。在招聘工作开始之前，企业就应该确定空缺岗位的性质、工作内容、任职资格。岗位分析是企业招聘工作的基本前提。高效、有针对性的岗位分析能够提高人员甄选的效度和信度，降低用人风险和招聘成本，并能够提高员工的工作适应性，优化企业的人力资源配置。基于此，岗位分析的内容一般包括以下几项内容。

1. 工作基本资料

（1）工作名称。工作名称必须明确，使人看到工作名称就可以大致了解工作内容。工作名称必须标准化，按照有关职位分类、命名的规定或通行的命名方法和习惯确定工作名称。如果已经完成了工作评价并且在工资上已有固定的等级，则名称上可加上等级。

（2）工作代码。各项工作按照统一的代码体系编码，使工作代码既能反映出工作岗位所属的部门，又能反映出工作岗位的上下级关系，能反映出该岗位的工作性质和其在组织中的地位更好。

（3）工作地点，即从事本岗位工作的员工的工作地点。有时又将工作地点和行政办公地点分开考虑，有的岗位工作地点和行政办公地点是不同的，应该设置两个项目分别进行考察。

（4）所属部门，即本岗位属于企业中的哪一个部门。

（5）直接的上下级关系，即本工作岗位的直接上级和其直接领导的下级的工作岗位的名称和相应的人数。

（6）员工数目，即企业中从事同一岗位的员工人数。如果同一岗位的员工人数经常变动，其变动范围应予以说明；如果员工采用的是轮班制，也应予以说明。由此可以了解员工的工作负荷及人力资源配置情况。

2. 工作内容

（1）工作任务，即应该完成的工作活动。应明确、规范工作行为，包括工作的中心任务、工作的独立性和多样化程度、完成工作的方法和步骤、使用的设备和材料等。

（2）工作责任，即承担该工作应负有的责任。通过对工作相对重要性的了解，赋予相应权限，保证责任和权利的对应，尽量用定量的方式确定责任和权利。工作责任主要包括对原材料和产品的责任、对机械设备的责任、对工作程序的责任、对其他人员工作的责任、对与其他人员合作的责任、对其他人员安全的责任。

(3) 工作量，即工作强度。目的在于确定标准工作量，如劳动的定额、工作量基准、工作循环周期等。

(4) 工作标准，即用来衡量工作好坏的依据。确定工作标准可以为考核和薪酬等人力资源管理活动提供依据。

(5) 机器设备，即从事本岗位工作的员工在实际工作过程中需要使用的机器、设备、工具等，其名称、性能、用途均应有详细的记录。

3. 工作关系

(1) 监督指导关系，即隶属关系，包括直属上级、直属下级、该工作制约哪些工作、受哪些工作制约。

(2) 职位升迁关系，即在该岗位工作的员工可以晋升或降级到企业中的哪些岗位，可以在哪些岗位之间进行同级调度等，为员工做好职业生涯规划。

(3) 工作联系，即本岗位在具体工作中会与哪些岗位或部门发生工作往来，发生联系的目标、方式是什么。

4. 工作环境

(1) 工作的物理环境，即工作地点的湿度、温度、照明度、噪声、振动、异味、粉尘、空间、油渍等，以及工作人员和这些因素接触的时间。

(2) 工作的安全环境，即从事本岗位工作的工作者所处工作环境的危险性、劳动安全卫生条件、易患的职业病、患病率及危害程度。

(3) 工作的社会环境，包括工作群体的人数、工作地点所在地的文化设施、社会风俗习惯等。

(4) 聘用条件，包括工作时数、工资结构、支付工资方法、福利待遇、该工作在组织中的正式位置、晋升的机会、工作的季节性、参加培训的机会等。

5. 任职条件

(1) 教育培训，即从事本岗位工作的员工所应接受的教育、培训经历、学历、资格等，一般可分为内部训练、职业训练、技术训练和一般教育四个方面。内部训练是由企业提供的培训；职业训练是由个人或职业学校所进行的培训，其目的在于发展普通或特种技能，并非为任何企业现有的某一种工作而进行培训；技术训练是指为掌握武器、器材的操作和维修保养技能所进行的训练；一般教育是指所接受的大、中、小学教育。

(2) 必备知识，即从事本岗位工作的员工对机器设备、材料性能、工艺过程、操作规范及操作方法、工具、安全技术等所必须具备的一些本岗位的专业知识。

(3) 经验，即从事本岗位工作的员工完成工作任务所必需的操作能力和实际经验。

(4) 素质要求，即从事本岗位工作的员工应具备的达到工作要求的职业性向，包括体能性向（如任职者应具备的行走、跑步、爬行、平衡的能力等）和气质性向（如任职者应具备的耐心、细心、沉着、勤奋、诚实、主动性、责任感、情绪稳定性等）。

以上所列项目，并非所有职位岗位分析时均须包含在内，企业可以根据实际需要选择相关分析内容。

（二）岗位分析的方法

1. 问卷调查法

问卷设计是一项非常专业的工作，必须将需要获得的信息转化为简单、明确的问题。通常，问卷可分为两类：第一类为结构性问卷，仅在设计好的问卷中选择答案；第二类为非结构性问卷，对设计好的问题做主观的陈述性表达。

问卷调查法的最大优点是规范化、数量化，方便用计算机对结果进行统计分析。缺点是设计比较费工；不像访谈那样可以面对面地交流信息，不容易了解调查对象的态度和动机等较深层次的信息；不易唤起调查对象的兴趣；除非问卷很长，否则不能获得足够详细的信息。

2. 观察法

观察法主要对工作实况做现场观察、交流，并记录有关工作信息。观察法主要适用于周期性、重复性较强的工作，分为直接观察法、自我观察法（工作日志）以及工作参与法三种。

研究者认为有经验的员工并不总是很了解自己完成工作的方式。许多工作行为已成习惯，员工做起工作来并未意识到工作程序的细节。因此，研究者主张采用观察法对工作人员的工作过程进行观察，记录工作行为各方面的特点，了解工作中所使用的工具设备、工作程序、工作环境和体力消耗情况。

一般来说，在具体实施过程中，之前进行访谈有利于观察工作的进行。观察时，可以用笔录；也可以用事先预备好的观察项目表，一边观察，一边核对。在运用观察项目表时，须事先对该工作有所了解，制定比较实用的观察项目表。

3. 技术会议法

这种方法是召集管理人员、技术人员举行会议，讨论工作特征与要求。管理人员和技术人员对有关的工作比较了解，尤其是比较了解有关工作的技术特征和工艺特征，他们的意见对获取有效的岗位分析资料很有用。另外，面谈法是与技术会议法很相近的一种方法，即通过面谈了解并记录员工对工作及职责的看法。

4. 工作日志法

工作日志法是指通过工作日志了解员工的工作情况。这种方法要求员工在一段时间内对自己工作中所做的一切进行系统的活动记录。如果这种记录记得很详细，便会提示一些其他方法无法获得或者观察不到的细节。

5. 关键事件法

关键事件法是由熟悉工作的专家找出工作中对绩效有重大影响的关键事件和行为。关键事件法是一种常用的行为定向方法，在大量收集关键事件后，可以对它们做出分析，并总结出工作的关键特征和行为要求。关键事件法既能获得有关工作的静态信息，也可以了解工作的动态特点。

以上提到的是一些定性的方法，另外还有一些定量的方法，如职位分析问卷、功能性岗位分析等。

小提示

在不同行业和领域，人力资源部门对这些方法的运用不尽相同，但在工作方法的选择标准上，已经达成了共识。

（1）要根据目标进行选择。当岗位分析需要达到不同的目标时，使用的方法也有所不同。例如，当岗位分析用于招聘时，就应该选用关注任职者特征的方法；当工作分析关注薪酬体系的建立时，就应当选用定量的方法，以便对不同工作的价值进行比较。

（2）要根据岗位特点进行选择。例如，有的岗位活动以操作机械设备为主，就可以使用观察法；有的岗位活动以脑力活动为主，运用观察法收集工作信息就不适合；有些岗位的工作者具有一定的书面表达能力，可以运用问卷调查的方法。

（3）根据实际需要进行选择。有些方法虽然可以得到较多的信息，但可能由于花费的时间或资源较多而无法采用。例如，运用专家访谈法可以较直接地从任职者处获得信息，访谈者与被访谈者之间可以进行交流，能够较深入地挖掘有关工作的信息，但花费的成本较高；而问卷调查，量本大、范围广和效率较高，很适合在企业现时情况下采用。

（三）岗位分析的步骤

1. 准备阶段

准备阶段是岗位分析的第一阶段，这一阶段主要完成以下几项任务：

（1）确定岗位分析的目的。也就是说，要明确分析资料到底是用来干什么的，是要解决什么问题。岗位分析的目的不同，所收集的信息和使用的方法也不同。只有确定了岗位分析的目的，才能正确确定调查的范围、对象、内容及收集资料的方法。例如，如果岗位分析的目的是为企业的文书性工作培训项目提供依据，则无须取得其他工作岗位的信息，一般来说，采用观察法和访谈法就可以了。

（2）成立岗位分析小组。为了保证岗位分析的顺利进行，在准备阶段还要成立一个岗位分析小组，从人员上为这项工作的开展做好准备。小组的成员一般由以下三类人员组成：一是企业的高层领导；二是岗位分析人员，主要由人力资源管理的专业人员和其他职能部门熟悉情况的人员组成；三是聘请的外部专家和顾问，他们具有丰富经验和专门技术，可以防止岗位分析的过程出现偏差，有利于保障结果的客观性和科学性。

（3）对岗位分析人员进行培训。为了保证岗位分析的效果，还要由外部的专家和顾问对本企业参加岗位分析小组的人员进行业务上的培训。

（4）掌握各种基础数据和资料。根据岗位分析的总目的、总任务，对企业各类职位的现状进行初步了解，掌握各种基础数据和资料。岗位分析过程中所要调查、收集的信息内容需与岗位分析的目的密切相关。例如，如果岗位分析是为了开发一项书面测试来评估应聘者的知识水平，分析者就应调查和收集关于该工作的具体任务信息以及完成每项任务所需要的知识技能的信息。

（5）建立有效的沟通体系。向参与岗位分析的有关管理人员、员工解释与说明岗位分析的目的、内容、作用及意义，使他们充分了解岗位分析的程序，建立友好的合作关系，对岗位分析有良好的心理准备。

（6）确定调查和分析对象。由于受时间、资金和人力的限制，不可能所有的岗位任职者都能参加岗位分析工作，选择岗位分析对象的合理性与岗位分析结果的准确度息息相关，在选择岗位分析对象时，一定要选择有代表性、典型性的工作进行分析。

2. 调查阶段

这一阶段主要是对整个工作过程和工作环境等主要方面进行正式的调查和研究。在调查阶段，应灵活运用各种岗位分析方法，对有关职务进行认真的调查研究。根据岗位分析的目的，有针对性地广泛深入收集有关工作活动、工作环境、工作对人员资格条件的要求等方面的信息资料。

这一阶段需要完成的任务主要有以下几项：

（1）设计岗位分析方案。岗位分析方案是岗位分析小组开展工作的依据。实施一次完整的岗位分析活动，往往需要调动大量的资源，需要花费相当长的时间，需要来自各方面人员的配合，所以，在实施之前需要制定一个方案，以便有计划、有条理地进行岗位分析。

（2）选择收集工作内容的相关信息的方法。依据岗位分析目的，确定收集什么样的工作内容信息。收集工作内容信息的方法有很多，如访谈法、观察法、工作日写实等。

（3）收集工作的背景资料。这些资料包括公司的组织结构图、工作流程图以及国家的岗位分类标准。如果可能，还应当找来以前保留的岗位分析资料。组织结构图指明了某一岗位在整个组织中的位置，以及上下级隶属关系和平级的工作关系；工作流程图指出了工作过程中信息的流向和相关的权限，这些都有助于更加全面地了解岗位的情况；岗位分类标准和以前的岗位分析资料也有助于更好地了解岗位的情况。在使用这些资料时要注意绝对不能照搬照抄，应当根据企业现时的具体情况，有选择地加以利用。

（4）收集岗位的相关信息。在完成以上工作之后，就可以开始正式收集岗位的相关信息。一般来说，岗位分析中需要收集的信息包括工作活动，在工作中使用的机器、工具、设备以及工作辅助用品，与工作有关的有形和无形因素，工作地点，以及工作对任职者的要求。

3. 分析阶段

这一阶段是岗位分析中的关键环节，主要任务是对所获得的调查结果进行整理，并做出深入全面的分析，还要仔细审核所收集的工作信息资料，归纳总结出岗位分析的要点。在这一阶段需要进行以下几项工作：

（1）整理资料。将收集到的信息按照职务说明书的各项要求进行归类、整理，看是否有遗漏的项目，如果有，要返回到上一个步骤，继续进行调查。

（2）审查资料。对资料进行归类、整理以后，岗位分析小组的成员要一起对所获工作信息的准确性进行审查，如有疑问，需要与相关的人员进行核实，或者返回到上一个步骤，重新进行调查。

（3）分析资料。如果收集的资料没有遗漏，也没有错误，接下来就要对这些资料进行深入的分析，也就是要归纳、总结岗位分析的必需材料和要素，揭示各个岗位的主要内容和关键因素。根据实践经验，在分析资料的过程中，如果觉得分析起来比较困难，就说明对岗位情况的了解还不是很深入，或者收集的资料还不是很全面，也需要返回到上一个阶段，再继续调查。

4. 结果描述阶段

这一阶段的主要任务是编写职务说明书并对整个分析过程进行总结，编写岗位分析报告。岗位分析报告作为整个岗位分析工作的总结，对在岗位分析过程中存在的问题进行探讨，并提出相应的改进意见和建议，最好能够有针对性地提出组织与岗位的改进方案，以使企业的各个组织和岗位运行得更加顺畅。

5. 结果运用阶段

结果运用阶段是对岗位分析的验证。只有通过实际的检验，才能知道岗位分析是否具有可行性和有效性，并且发现问题，从而不断完善岗位分析的运行程序。

这个阶段的主要工作就是根据岗位分析的结果，编写人力资源管理的各种应用文件，并培训文件的使用者，使他们能够按照文件的具体规定实施管理，将岗位分析的成果运用到实际工作中去。这些应用文件包括招聘录用文件、人员培训文件、人员发展和晋升文件、薪酬规划文件等。另外，岗位分析的工作人员在很大程度上影响着分析程序运行的准确性、运行速度及费用，因此，培训工作人员可以增强管理活动的科学性和规范性。

6. 运行控制阶段

控制活动贯穿于岗位分析的始终，是一个不断调整的过程，其目的是控制和纠正可能出现的各种偏差。事物是不断发展变化的，工作也如此。组织的生产经营活动是不断变化的，这些变化会直接或间接地使组织分工、协作体制发生相应的调整，从而使工作也随之变化。因此，一方面，工作必须根据实际情况进行调整；另一方面，岗位分析文件的适用性只有通过反馈才能得到确认，并根据反馈修改其中不适当的部分。控制活动是岗位分析中一项长期的、重要的活动。

（四）岗位分析的相关表单

1. 岗位分析调查表

岗位分析调查表（如表2—5所示）是以工作岗位为对象，利用调查方法收集与岗位有关信息的调查表格。岗位分析调查表有助于取得有关工作岗位的第一手资料。

表2—5　岗位分析调查表

要求：请如实填写下表，不得有任何隐瞒。

姓　　名：　　　　职　　务：

所属部门：　　　　直接上司：

1. 请准确、简明地列举你的常规性工作内容（超出10项可以另附纸填写，下同）。

(1) ______________________________。

(2) ______________________________。

(3) ______________________________。

……

(10) ______________________________。

2. 请准确、简明地列举出你的临时性工作内容。
3. 请列举你经常性的决策项目。
4. 请列举你工作范围所涉及，但你没有决策权的项目。
5. 请描述一下你的上司在工作中是如何对你实施监督的。
6. 你的哪些工作是不被你的直接上司监督的？
7. 请叙述你在工作中因为什么接触到哪些岗位的员工。
8. 请列举需要作为公司档案留存的文件和资料中，有哪些出自你手。
9. 完成你的工作，需要使用哪些办公设备和办公用品？
10. 你在人事方面具有哪些权限？
11. 你在财务方面具有哪些权限？
12. 你认为胜任你现在的工作，需要什么文化程度？
13. 你认为胜任你现在这项工作，需要几年相关工作经验？
14. 你认为胜任你现在这项工作，需要接受哪些培训？

15. 你认为哪种性格的人适合你现在这份工作?
16. 你认为胜任你现在这项工作，最重要的能力有哪些?
17. 你认为胜任你现在这项工作，最重要的知识有哪些?
18. 你认为胜任你现在这项工作的人应该具备什么样的心理素质?
19. 请描述你现在的工作环境，并指出你现在这项工作应该有什么样的工作环境。
20. 请描述你的工作关系（包括与上司、下属、平级合作者等的）。
21. 你对此岗位的总体评价是什么?
22. 如果有其他需要说明的，请写在下面。

2. 岗位分析计划表

岗位分析计划表（如表2—6所示）是对岗位分析的各环节进行计划和设计的表单，在计划表中，对岗位分析的对象、方法、步骤、时间等环节做出设计。

表2—6　　岗位分析计划表

计划目的：明确岗位分析的目的、意义、方法和步骤；确定岗位分析的方法；限定岗位分析的范围，并选择具有代表性的岗位作为样本；明确岗位分析的步骤，制定详细的岗位分析实施时间表；编写岗位分析计划书，并和有关人员进行岗位分析方面的宣传；在岗位分析计划书得到批准后，组建岗位分析小组，进入岗位分析的设计阶段。

为了提高企业人力资源管理工作的有效性和可靠性，有效地在下季度实施企业招聘计划，同时能够圆满完成今年的薪酬政策、激励政策和培训政策的调整工作，使人力资源管理岗位适应企业的发展趋势，特计划在2013年3月对企业某些部门重新进行岗位分析，具体计划如下。

1. 进行岗位分析的岗位
(1) 行政部行政文员。
(2) 市场部销售经理。
(3) 企业发展部公共关系经理。

2. 岗位分析样本
出于职务经验、职务完整性及其他相关因素的考虑，计划选取各部门人员职务为岗位分析样本：
(1) 行政部行政文员。
(2) 市场部销售经理。
(3) 企业发展部公共关系经理。

3. 岗位分析方法的选择
各样本岗位的性质不同，特采用不同的岗位分析方法：
(1) 行政部行政文员：问卷调查法、观察法、参与法相结合。
(2) 市场部销售经理：问卷调查法、面谈法相结合。
(3) 企业发展部公共关系经理：问卷调查法、面谈法、职务表演法相结合。

4. 岗位分析的步骤及时间安排
(1) 3月10日：召集相关人员进行座谈，宣传并解释岗位分析的目的、意义、作用及注意事项。
(2) 3月11日—12日：岗位分析小组成员分别进行岗位分析设计。
(3) 3月13日：小组成员对岗位分析设计方案进行讨论和修改。
(4) 3月14日—15日：小组成员分别具体实施岗位分析方案，收集岗位信息。
(5) 3月16日：小组成员分别进行岗位信息分析。
(6) 3月17日：小组成员分别编写岗位说明和岗位职责。
(7) 3月18日：小组成员对信息分析和编写的文件初稿进行相互讨论。
(8) 3月19日：针对岗位说明和岗位职责要求，与相关部门经理进行讨论。
(9) 3月20日：召集相关人员进行座谈，对岗位说明和岗位职责进行最终定稿。

5. 岗位分析小组构成
(1) 组长（常务副总经理）：____________。
(2) 副组长（人力资源部经理）：____________。
(3) 成员（人力资源部招聘专员和人力资源部薪酬专员）：____________。

人力资源部

3．岗位分析调研报告表

在员工填写岗位分析调查表并面谈后，应该形成一份岗位分析调研报告，作为岗位分析信息采集的汇总，所形成的即为岗位分析调研报告表（如表2—7所示）。

表2—7　岗位分析调研报告表

时间：　月　日 9:30—11:30	地点：××会议室
岗位分析人员姓名：	
被调研职务：开发部经理	员工姓名：×××
1．部门及个人需要做的工作 (1) 具体开发。 (2) 审查其他开发人员的开发文档。 (3) 安排调研及外出工作。 (4) 召集各部门开会。 (5) 组织技术讨论与学习。 (6) 向行政部申请本部门办公用品。 (7) 系统维护。 (8) 组织清理部门办公环境。 (9) 整顿部门纪律。 (10) 请假审批。 (11) 设备申请预批。 (12) 与部门人员沟通。 2．部门现行开发作业流程 (1) 收到要求调研的信息。 (2) 准备调研计划（包括确定调研时间、地点、调研提纲，第一次调研由市场部进行联系）。 (3) 实施调研。 (4) 整理调研报告。 (5) 做出需求规格说明书，要取得用户签字。 (6) 做出概要设计书、详细设计书。 (7) 修改概要设计书、详细设计书。 (8) 编码。产生的技术文档包括开发报告、变更报告、开发总结等。 (9) 测试及调试。产生的技术文档包括测试报告、软件问题报告等。 (10) 编写验收报告、使用说明书、维护手册。 (11) 组织验收。小项目由开发部组织，大项目由开发部、市场部联合组织。 (12) 交工。以文档的形式进行项目总结。 (13) 由相关开发人员进行软件维护。 3．工作中最难解决的问题 (1) 不必要的维护，浪费时间。 (2) 越权领导。 4．最容易职责不明的工作 5．建议	

二、职务说明书

工作分析的最后成果就是形成职务说明书，职务说明书是对某一工作的工作性质、工作任务、工作责任、工作内容、工作方法以及工作人员的资格条件等所做的书面记录。它是进行人员招聘、员工培训和绩效考核的依据，是人力资源管理的基础性工作。

职务说明书由工作说明和工作规范两部分组成。工作说明是对有关工作职责、工作内容、工作条件以及工作环境等工作自身特性所进行的书面描述；工作规范描述了工作对人的知识、能力、品格、教育背景和工作经历等方面的要求。工作说明和工作规范也可以分成两个文件来写。

(一) 职务说明书的内容

1. 工作说明

工作说明具体说明工作的目的与任务、工作的内容与特征、工作的责任与权利、工作的标准与要求、工作的时间与地点、工作的流程与规范、工作的环境与条件等问题。由于组织不同，工作说明的内容也不同。工作说明没有标准的格式，规范的工作说明书一般应包含以下内容：

（1）职位基本情况。职位基本情况包括工作名称、工作代号（或工号）、所属部门、工作关系等。工作名称是组织对该项工作活动所确定的名称。工作名称应简明扼要，力求反映工作的内容与责任。工作代号是组织对各种工作进行分类并根据分类结果确定的编号，以便进行工作的识别、登记、分类等管理工作。所属部门，即该项工作具体属于哪个部门。工作关系，即该项工作活动接受的监督、所施予的监督的性质与内容，或者该工作活动结果对组织的影响，通常是描述该工作的直接上级、直接下级或直接服务对象。

（2）工作条件。工作条件主要涉及三项内容：工作地点、工作环境、设备工具。工作地点是指任职者工作的地理位置；工作环境是指任职者工作的自然环境，如温度、湿度、粉尘、噪声、气味等；设备工具主要是指从事本职位工作所用的设备。

（3）职位关系。职位关系主要描述本职位的晋升路线及相应的条件，职位关系的描述可以让员工明确自己将来的发展，也可以帮助管理者对员工的职业生涯进行规划设计。职位关系一般包括四个方面：可晋升的岗位、可由何岗位转升至本岗位、可调动的岗位及降级岗位。

（4）工作职责。工作职责是对一项工作最终要取得的结果的陈述，即为了完成本项工作，任职者应在哪些主要方面开展工作活动并必须取得什么结果。这是工作说明的主体部分，必须详细描述。对工作责任的描述应遵循以下特征：将工作中的所有关键性的表现结合起来；工作主要职责的焦点应放在最后的结果上，而不是放在工作任务和具体的活动上，即不是描述如何履行职责，而是描述工作职责是什么；每一项职责应具有独特性；描述工作职责的同时应提出对该职责进行衡量的方法，或提出如何判断该工作取得了预测的结果；主要职责的描述一定要联系工作的实际，不应涉及上级工作职责和整个组织的职责。

2. 工作规范

工作规范是对任职者要求的说明，即为完成特定工作所必备的生理要求与心理要求等。主要包括的内容有：一般要求、工作经验、智力水平、技巧和准确性、生理要求及心理要求。

（1）一般要求。一般要求包括年龄、性别、学历水平等。学历水平可分为六个等级：研究生以上、大学本科、大学专科、高中或中专、初中、小学以下。

（2）工作经验。工作经验是指完成岗位工作、解决相关问题的实践经验，这些经验是圆满完成工作所必需的。工作经验的描述通常是使用圆满完成工作所需要的理论和实践知识的数量及复杂程度来衡量的。

（3）智力水平。智力水平涉及头脑反应、注意力集中程度和计划水平等方面的要求。智力水平条件对协调工作和处理工作中可能遇到的紧急情况是十分必要的。智力水平大致包括下列四种能力：独立能力，即独立工作、独立做出判断、独立制定工作计划的能力；判断能力，即根据一系列原始材料，自己做出决策的能力；应变能力，这是在处理突发事件时所必备的能力，在生产过程或人事管理中对有关问题做出适当的协调也需要这种能力；敏感能力，要求工作人员精力集中，反应迅速，避免工作失误或意外发生。

（4）技巧和准确性。技巧和准确性体现了工作人员达到工作要求的速度和精确程度及其所需要的手工工作或操作能力。技巧和准确性是有区别的：技巧与要求的速度及敏捷程度有关，与视觉及其他器官的反应有关；准确性则反映生产产品、调配设备的精确程度，通常用允许范围内的误差来表达。

（5）生理要求。生理要求包括健康状况、力量与体力、运动的灵活性、感觉器官灵敏度。力量与体力通常指任职者能承受举、提、推、拉的强度。运动的灵活性即手、脚、身体移动敏捷，能自由自在地控制身体各部分的能力。感觉器官灵敏度即说、听、看的能力，包括口头表达能力，交流信息的能力，精确辨别声音的能力，用眼睛感知物体的形状、大小、距离、动作、色彩或其他物理特征等的能力。

（6）心理要求。任何个人要完成工作任务，只有上述五个方面的条件还不够，必须要有相关的品德、兴趣与情趣做后盾。能力因素只决定能否做，而品德与心理素质决定是否愿意做，能否做好，决定能力因素能否得到发挥。例如，责任心、认真、仔细、严谨、虚心、随意、好动、外向等，都是对相关心理素质的一种描述。

3. 企业职务说明书的结构要素

规范的企业职务说明书从结构上包含以下要素：

（1）表头格式。表头格式注明企业中各职务的名称、归属部门、隶属关系、级别、编号等。

（2）任职条件。任职条件描述职务所需的相关知识、教育背景、培训经历和相关工作经验及其他条件。

（3）工作要求。工作需求主要描述该职务对一个合格员工在工作上的具体要求，主要从工作本身的性质、工作量、范围、时效性等方面进行全方位考虑。

（4）责任范围。责任范围描述该职务所承担的主要责任及影响范围。

（5）管理结构。管理结构描述实施管理的性质、管理人员或员工的性质，包括水平、类型、管理的多样性、职务权限、直接和间接管理员工的层次和数量，给任职者一个非常清晰的工作内容和管理范围。

（6）工作关系。根据职务在企业组织中的地位和协作职务的数量，工作关系描述完成此项工作需要与企业其他部门（人员）进行何种联系，描述其相互关系的重要性和发生频率等。

（7）操作技能。操作技能描述完成该项工作对任职者的灵活性、精确性、速度和协调性的要求，及所要求的技能水平，描述操作技能对此项工作的重要性，以及如何改善和提升技能。

这几项要素贯穿在企业所编制的职务说明书中，并非一定按顺序罗列。由于岗位不同，编写格式不同，编制出的职务说明书呈现不同的模式。职务说明书的外在形式是根据一项工作编制一份相应的书面材料，可用表格显示，也可用文字叙述。

(二) 职务说明书的编制

编制职务说明书一般都是先进行岗位分析、调查，发放大量的岗位调查问卷，再根据调查和分析的结果进行编制。职务说明书的详尽程度或具体项目需视职务说明书的使用目的而定。如果职务说明书是用来教导人员如何工作的，职务说明书对工作内容必须详加说明；如果编制职务说明书的目的是工作评价，则应着重说明工作职务的繁简及责任的轻重。

进行岗位调查能获得工作分析的第一手资料，但完全依靠调查结果编制出来的职务说明书是不能完全信任的。站在被调查者（员工）立场来讲，其出发点是怎样保全自己的利益，对很多问题会采取回避或自我保护的态度，可能给出不真实的回答。编制职务说明书应以科学的分析、研究、判断为主（要求编制者具有丰富的理论与实际操作经验），以摸底调查为辅，调查者最好为该岗位的主管，以求得真实的数据。

小提示

编制职务说明书要注意三方面的问题：

(1) 清晰。在职务说明书中，对工作的描述应清晰透彻，使任职者读过以后，可以明白其工作要求，而无须再询问他人或查看其他说明材料。避免使用原则性的评价，专业性的、难懂的词汇需要解释清楚。

(2) 具体。在措词上，应尽量选用一些具体的动词（如安装、加工、传递、分析、设计等），指出工作的种类、复杂程度，任职者需具备的具体技能、技巧、应承担的具体责任范围等。一般来说，由于基层员工的工作更为具体，其职务说明书中的描述也应更具体、详细。

(3) 精确。文字力求精确明了，用语浅显易懂，不要模棱两可。

(三) 职务说明书范例

职务说明书的编写并没有绝对固定的模式，需要根据具体的工作特点、目的和要求来选择。在实践中，通常有以下两种形式可供选择。

1. 叙述式职务说明书

叙述式职务说明书（如表 2—8 所示）是以对相关内容直接加以陈述的表达形式编写的职务说明书。

表 2—8　　招聘专员职务说明书

职务名称：招聘专员。
所属部门：人力资源部。
直接上级职务：人力资源部经理。
职务代码：XL－HR－021。
工资等级：9－13。
工作目的：为企业招聘适合的优秀人才。
工作要点：制定和执行企业的招聘计划；
　　　　　制定、完善和监督执行企业的招聘制度。
工作要求：认真负责、有计划性、热情周到。
工作职责：根据企业发展情况，提出人员招聘计划；
　　　　　执行企业招聘计划，制定、完善和监督执行企业的招聘制度；

制定面试工作流程；
安排应聘人员的面试工作；
应聘人员材料管理；
应聘人员材料、证件的鉴别；
负责建立企业人才库；
完成直属上司交办的所有工作任务。
衡量标准：上交的报表和报告的时效性和建设性；
工作档案的完整性；
应聘人员材料的完整性。
工作难点：如何提供详尽的工作报告。
工作禁忌：工作粗心，不能有效地向应聘人员介绍企业的情况。
职业发展道路：招聘经理、人力资源部经理。
任职资格：本科以上学历，曾从事人员招聘工作 2 年以上；
25～35 岁；
独立工作能力强，工作认真，责任心强，善于表达，积极热情；
英语达到国家四级水平，熟练使用 MS Office 软件。

2. 表格式职务说明书

表格式职务说明书（如表 2—9 所示）是将说明书的内容以表格化的形式表现出来。

表 2—9　××公司总经理（总裁）职务说明书

职位名称	总经理（总裁）	职位代码		所属部门	
职　　系		职位等级		直属上级	董事会
薪金标准		填写日期		核准人	

职位概要：

制定和实施公司总体战略与年度经营计划；建立和健全公司的管理体系与组织结构；主持公司的日常经营管理工作，实现公司经营管理目标和发展目标。

工作内容：

__%根据董事会或集团公司提出的战略目标，制定公司战略，提出公司的业务规划、经营方针和经营形式，经集团公司或董事会确定后组织实施；

__%主持公司的基本团队建设，规范内部管理；

__%拟订公司内部管理机构设置方案和基本管理制度；

__%审定公司具体规章、奖罚条例，审定公司工资、奖金的分配方案，审定经济责任挂钩办法并组织实施；

__%审核、签发以公司名义发出的文件；

__%召集、主持总经理（总裁）办公会议，检查、督促和协调各部门的工作进展，主持召开行政例会、专题会等会议，总结工作，听取汇报；

__%主持公司的全面经营管理工作，组织实施董事会决议；

__%向董事会或集团公司提出企业的发展规划方案、预算外开支计划；

__%处理公司重大突发事件；

__%推进公司企业文化的建设工作。

任职资格：

教育背景：企业管理、工商管理、行政管理等相关专业硕士以上学历。

培训经历：接受过领导能力开发、战略管理、组织变革管理、战略人力资源管理、经济法、财务管理等方面的培训。

经验：10 年以上企业管理工作经验，5 年以上企业全面管理工作经验。

技能技巧：熟悉企业业务和运营流程；在团队管理方面有极强的领导技巧和才能；掌握先进企业管理模式及精要，具有先进的管理理念；善于制定企业发展战略并具备把握企业发展全局的能力；熟悉企业全面运作流程、企业经营管理流程、各部门工作流程；具有敏锐的商业触觉，优异的工作业绩，良好的中英文写作、口语、阅读能力；具备基本的网络知识；熟练使用办公软件。

能力及态度：具有优秀的领导能力、出色的人际交往和社会活动能力；善于协调、沟通，责任心、事业心强；亲和力、判断能力、决策能力、计划能力、谈判能力强；为人干练、踏实；良好的敬业精神和职业道德操守，有很强的感召力和凝聚力。
工作条件： 工作场所：办公室。 环境状况：舒适。 危险性：基本无危险，无职业病危险。 直接下属＿＿＿＿＿＿＿＿间接下属＿＿＿＿＿＿＿＿ 晋升方向＿＿＿＿＿＿＿＿轮转岗位＿＿＿＿＿＿＿＿
注："＿％"指每一项工作职责在职位承担者的总工作时间中所占的百分比。企业根据自身情况自行填写。

三、岗位评价

不同的职务体现了不同的工作内容、难度和能力要求。不同的职务不仅在分工协作体系中具有不同的地位和作用，而且对组织的贡献程度也不同，这就造成了职务之间的价值差异。岗位评价的目的在于确定各个职务在组织中的相对价值，为确定不同员工在组织中的价值提供依据。岗位评价是职务管理的一个重要任务，对企业薪资分配、员工职业生涯发展等具有重大意义。

（一）岗位评价的依据

进行岗位评价是一项重要而又敏感的工作，不仅涉及企业的管理目标，而且影响员工的公平感和成就感。这一问题解决得恰当与否，直接影响员工的积极性和劳动生产率的高低。因此，进行岗位评价必须有令人信服的根据。

在实际工作中，岗位评价必须考虑三个方面的情况。

1. 岗位分析结果

职务说明书中对各个职务的工作任务、任职资格都有描述，这是对职务特点的直接描述，具有较强的客观性和可比性，是进行职务价值测评最直接、最重要的依据。

2. 市场相对价格

职务价值与职务薪资直接相关，必须结合劳动力市场上相关职务的薪资水平进行评价。也就是说，企业进行职务价值测评时，要与市场上同行业的其他企业进行比较，调查市场上普遍的职务报酬水平，通过报酬给付情况间接推断该职务的市场价值，作为本企业进行岗位评价的参考。

3. 企业管理政策

职务价值的大小与企业管理政策息息相关。例如，在我国著名企业中，华为技术公司重视研发，研发人员的职务价值就显得较高；TCL 公司重视市场销售，其营销人员在企业中的地位就比其他人员在企业中的地位更高。各个企业都有自己独特的竞争优势，这也必然影响企业的职务价值判断。

（二）岗位评价的指标

岗位评价是对工作及相关环境进行分析，以此来确定工作的相对价值。岗位评价的指标（如表 2—10 所示）一般根据四个要素（即工作技能、工作责任、工作强度和工作环境）进行划分，每个要素又分为若干项目。

表 2—10　　岗位评价的指标

要素	岗位评价指标	作用
工作技能	1. 文化教育水平 2. 专业技术理论知识 3. 操作技能 4. 作业复杂程度 5. 处理预防事故复杂程度	评价工作对文化、技术理论知识方面的要求 评价工作操作的技术复杂程度和对技能的积累程度的要求 评价工作操作工艺的复杂程度和工作间协调的要求 评价工作对预防事故和处理事故应具备的能力水平
工作责任	1. 产品或服务的质量责任 2. 原材料消耗责任 3. 经济效益责任 4. 安全责任	评价工作劳动对最终产品的责任大小 评价工作劳动对物质消耗的影响程度 评价工作劳动对经济效益的影响程度 评价工作劳动对安全生产的影响程度
工作强度	1. 体力劳动强度 2. 脑力消耗疲劳程度 3. 作业姿势 4. 工作时间长度 5. 工作轮班情况	评价工作劳动者的体力消耗程度 评价工作劳动者的脑力消耗程度和疲劳程度 评价工作劳动者的劳动姿势对生理器官疲劳程度的影响 评价工作劳动时间的利用程度和工作轮班制对劳动者体力的影响
工作环境	1. 组织环境 2. 微气候条件影响 3. 作业危险性 4. 有毒有害物质的危害 5. 噪声危害 6. 与人交往的环境	评价工作劳动者所处的组织氛围及在工作中与人接触的环境 评价工作劳动者所处的自然环境对劳动者的影响 评价工作对劳动者或他人可能引起的危险 评价工作劳动者接触有毒、有害物质及粉尘物对健康的影响 评价噪声对劳动者身体健康的危害程度

这些要素的具体内容大体上包括工作职位对劳动者的专业技术和业务知识的要求、所消耗体力的要求、应承担的责任和接触有毒有害物质对身体健康的影响程度等。而且，每个要素中的每个项目要划分出一定的标准，以此来衡量每个项目对工作的影响。

有了岗位评价的指标，还必须确定岗位评价指标的权重及评分标准。例如，对“工作技能”，应确定每一指标在这一部分所占的权重，只有这样才能给予计分，从而确定“工作技能”在岗位评价中的比重。每个企业自身所处的环境不同，岗位评价指标的权重和评分标准也应有所不同，要注意每一指标的权重和评分应具有一定的效度和信度。

（三）岗位评价的方法

进行岗位评价最主要的方法有四种：岗位排列法、岗位分类法、因素比较法、要素计点法。

1. 岗位排列法

岗位排列法是根据一些特定的标准（如工作的复杂程度、对组织的贡献大小等），对各个岗位的相对价值进行整体比较，进而将岗位按照相对价值的高低排列次序，这是一种非量化的岗位评价方法。

岗位排列法是一种简单的岗位评价的方法，发展到现在，已经形成三种比较常用的方法：简单排列法、定限排列法和成对排列法。

（1）简单排列法。这是比较常规的方法，给评估者一套索引卡，在每张卡片上标明各项工作的特点，然后让评估者进行高低排序。

（2）定限排列法。定限排列法又称两极分配法。它将一个企业相对价值最高与最低的工作选出来，作为高低界的标准，然后在此限度内，再选出次高、次低的，以此类推，直至最后一个，进而显示岗位与岗位之间的高低差异。

（3）成对排列法。成对排列法又称两项比较法。它与定限排列法不同，成对排列法将所有岗位进行两两比较，找出价值较高的一个，最后得出所有岗位的排列。例如，在剪切机工与电工的比较中，电工被认为价值较高，填写在方格中；继续分析，在剪切机工与冲床工的比较中，剪切机工又被认为价值较高；如此继续分析下去，当所有岗位都被两两比较时，表格中出现次数最多的价值最高，以此类推。显然，成对排列法和定限排列法比简单排列法更为准确和科学。

岗位排列法与其他岗位评价方法相比，具有简单方便、易理解和易应用的优点。它也有一些严重的缺点：首先，在应用这种方法时，对工作岗位进行排序所使用的标准经常定义得比较宽泛，没有明确的补偿因素，在排序过程中受主观因素影响较大。其次，虽然它能够排列各种工作相对价值的相对次序，但是无法回答相邻两个岗位之间的价值差距是多少。最后，它的使用范围非常有限，只适用于结构稳定、规模较小的组织，而对于现代的、大规模的、结构较复杂的组织则无能为力。

2. 岗位分类法

岗位分类法是通过制定一套岗位级别标准，将岗位与标准进行比较，将所有岗位归到各个级别中。应用岗位分类法进行岗位评价时，首先，对岗位进行分析，得到岗位说明和岗位规范信息。其次，建立一个岗位级别体系，这是最关键的一步。建立岗位级别体系包括确定等级数量、为每一个等级确定定义和描述。最后，将组织中的各个岗位归到合适的级别中去。

岗位分类法也是一种简单明确，容易理解、接受和操作的岗位评估方法，它强调工作类别的差异，而不是单个工作的差异，尤其适合公共部门及大公司的管理人员和专业技术人员。这种方法具有很大的灵活性，当组织中的岗位数量增加时，那些新增加的岗位可以很容易地被定位在合适的位置上；当一种岗位要求发生变化，它就可能需要被重新划分到较高或者较低的岗位级别中去。

这种方法也有一定的局限性。首先，岗位的等级划分和界定存在一定的难度，受主观性影响较大。其次，这种方法缺乏对各个岗位的整体评价，缺乏岗位分类的明确标准，缺乏说明把某个岗位划入某个等级而不是其他等级的证据。最后，这种方法对岗位的评价较粗略，它只能指出哪个岗位在哪一级别，而对岗位之间价值的量化关系无法明确。

3. 因素比较法

因素比较法首先根据岗位状况选择影响岗位价值的相关要素，对这些要素进行层次划分，然后选择典型岗位，根据岗位相关要素的排列顺序和水平高低，进行比较和综合，最后确定其价值大小。通常包括如下步骤：

（1）选择评价要素。按照国际公认的岗位评价依据，一般都采用四类要素，即工作责任、工作强度、工作技能和工作环境。在这四类要素的基础上可进一步细分，如工作责任可分解为成本控制、风险性等方面的要求，工作技能可分解为知识、学历等各方面的要求。

（2）确定典型岗位。从企业所有岗位中选出典型的标本岗位，一般应是位置重要并且涵盖了较多工作人员的岗位。

（3）对标本岗位进行要素分析和评价，确定其所含要素的排列顺序和分值高低，以此为依据确定标本岗位的价值。

（4）对照标本岗位的价值排列，对其他岗位进行评价。

因素比较法相对于前两种方法而言，较为客观完善，可以根据特殊情况，对有特殊意义的岗位要素进行灵活的选择和定义，有较强的针对性。

4. 要素计点法

要素计点法是目前国内外应用最广的一种工作评估方法，它是选取若干关键性的薪酬要素，并对每个要素的不同水平进行界定，同时给各个水平赋予一定的分值（即点数），然后按照这些关键的薪酬要素对岗位进行评估，得到每个岗位的总点数，以此决定职位的薪酬水平。在很多情况下，要素计点法从单个要素发展到两维或者三维的要素，运用交叉表的方式表现要素等级之间的关系。一个要素会被分解成子要素，有两个或三个子要素共同说明一个关键性的岗位维度。

要素计点法具有量化的特点，容易为岗位确定分值。评价指标和它们的等级被明确界定，从而减少了评价错误和评价中的偏见，但是开发这一方法比较费时，费用也比较高。另外，这种方法缺乏选择评价项目的明确原则，项目的评分数是该相乘还是相加，也没有理论上或统计学上的依据。

案例

花旗银行的岗位再设计

花旗银行发现办公室负责处理金融交易的员工出现了严重的工作延误和高失误率。管理者经过分析认为，问题的根源在于该领域的岗位设计不合理，为了使每个人能从事简单的常规工作，岗位被划分得很细。实际上，每个组织的成员都是由各种不同的岗位联系起来的，岗位因其包含的任务不同而各异。有的岗位是常规性的，其任务是标准化的、经常重复的；有的岗位则需要大量变化、多样化的技能；有的岗位限定员工遵守严格的程序；有的岗位则对员工如何工作给予充分的自由。划分很细的岗位反而使员工增加了失误率。因此，花旗银行对岗位进行了再设计：

（1）增加岗位技能的多样性，使员工可使用各种不同的技能从事工作。如果一个岗位只要求员工进行十分简单、重复性的工作，员工就会感到厌倦，觉得自己是在“打杂”，而不是从事有意义的工作，从而降低效率。岗位技能多样性对员工本身就是一种激励。

（2）进行岗位轮换。早期的管理者在设计岗位时都秉持专业化的观念，把岗位设计得尽可能简单，如生产工人在装配线上从事简单的流水线工作，办公室职员在计算机终端前进行标准化的操作等。这种岗位设计的优点是组织可以获得专业分工带来的经济性，每个员工在自己的岗位上都能成为一名熟练工。但是，这种岗位设计降低了岗位的技能多样性，员工会对工作反感，效率必然受到影响。为了避免岗位专业化带来的缺陷，管理者可以在组织中进行岗位轮换。岗位轮换，即制定培训计划，让员工在一个岗位上从事两三个月的工作，再换到另一个岗位上。这样，员工就会处于不断变化之中。岗位轮换拓宽了员工的工作领域，减轻了他们的厌倦感和单调感，好处是明显的。但是，岗位轮换也存在缺点。将一个员工从他熟悉的岗位转入一个陌生的岗位，这需要增加培训成本，生产效率也会随之下降。因此，岗位轮换只能小规模地进行，同时，最好征得员工的同意，非自愿的岗位轮换可能适得其反。

(3) 进行岗位深化。岗位深化要求管理者把现有的分得过细的岗位组合起来，形成一个新的、工作内容更加宽泛的岗位。其基本要求是赋予员工更大的责任，允许员工对他们从事的工作施加更大的控制，员工可以有更多的自主权去从事一项完整的工作；任务不再进行横向分割，而是实行纵向一体化。

(4) 做岗位反馈。理想的岗位设计要求员工在做工作的时候就能自动得到反馈，而不是从管理者那里得到反馈。例如，让员工直接与客户接触，员工在完成工作的时候就能够自动地从客户那里得到反馈。在新设计的岗位上，花旗银行的员工可以直接与客户接触，从头到尾负责一笔交易，员工的工作延误和高失误率的问题便得到了控制。

本章小结

本章主要介绍了招聘的内外部环境分析、人力资源需求的影响因素、岗位分析的内容和方法、职务说明书的内容和编制，并在此基础上提出了岗位评价的依据、指标和方法。

重点概念

招聘计划　招聘内外部环境　岗位分析　职务说明书　岗位评价

复习思考题

1. 招聘的内外部影响因素分别包括哪些?
2. 影响人力资源需求的因素有哪些?
3. 简述岗位分析的步骤。
4. 职务说明书包括哪些内容?
5. 岗位评价的指标包括哪些?

实训题

某单位计划招聘客服 10 人，销售代表 10 人，行政人员 5 人。

要求：试拟订一份招聘计划，具体包括招聘目标、信息发布时间和渠道、招聘小组成员名单、选择方案及时间安排、新员工上岗时间、招聘费用预算和招聘工作时间表等内容。

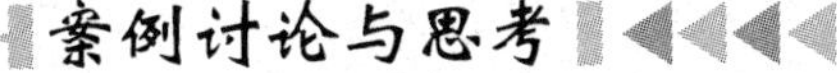

案例讨论与思考

洗衣店的职务说明书

詹妮弗根据自己对洗衣店的了解，认为她所要做的第一件事就是为洗衣店的管理人员编写职务说明书。

詹妮弗在大学所学的一般管理课程和人事管理课程都强调了职务说明书的重要性，但在学习时，她一直不相信职务说明书在企业的运行中会有如此重要的作用。在她上班的最初几周内，她多次发现每当她问及洗衣店的管理人员为什么违反既定的公司政策和办事程序时，这些人总是回答“因为我不知道这是我的工作内容”或“因为我不知道应该这么做”。詹妮弗这时才知道，只有花大力气编写职务说明书并制定一整套标准和程序来告诉大家应该做些什么以及如何去做，才能使这一类问题得到解决。

从总体上说，洗衣店的管理人员负责指挥店里的所有活动，其内容包括生产、服务质量的监督，顾客关系的维护，营业额的增长，以及通过有效地控制劳动力、物资、能源等方面的成本实现利润的最大化。在完成这些工作的同时，洗衣店管理人员的任务和职责还包括店铺的外观和清洁、现金管理、事故控制、价格掌握、库存管理、机器维修、衣物的接受与清洗、雇员安全、人力资源管理、不良事件控制等。

讨论与思考：

1. 洗衣店管理人员的职务说明书应该包括哪些内容？
2. 詹妮弗用何方法才能收集到编写职务说明书所需要的信息？

第三章

招聘计划和策略

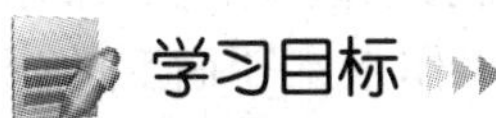

学习目标

● 理解招聘策略

● 掌握招聘计划的主要内容

导入案例

实践中的招聘问题

天鸿公司是一家发展中的公司，它在16年前创立，现在拥有10多家连锁店。在过去的几年中，从公司外部招聘来的中高层管理人员，大约有60%不符合岗位的要求，工作绩效明显低于公司内部提拔起来的人员。在过去的2年中，公司外聘的中高层管理人员，有10人不是自动离职就是被解雇。从外部聘请来的商业一部经理因年度考核不合格而被免职，终于促使董事长召开了一个由行政副总裁、人力资源部经理出席的专题会议，分析频繁更换这些外聘的管理人员的原因，并试图得出一个全面的解决方案。

人力资源部经理就招聘流程做了一个回顾。公司是通过职业介绍所，或者在报纸上刊登广告来获得合格的应聘者；人员挑选的工具包括1份申请表、3份测试（1份智力测试和2份个性测试）、有限的个人简历检查以及必要的面试。

行政副总裁认为，在录用时，犯了判断上的错误，某些职员的简历看上去挺不错，但是工作几个星期之后，他们的不足就明显地暴露出来。

董事长则认为，根本的问题在于没有根据工作岗位的要求来选择适用的人才，“从表面上看，几乎所有我们录用的人都能够完成领导交办的工作，但他们很少在工作上有所作为，有所创新”。

人力资源部经理提出了自己的观点，他认为公司在招聘时过分强调人员的个性，而并不重视应聘者过去在零售业方面的记录，如在 7 名被录用的部门经理中，有 4 人是来自与其任职无关的行业。

行政副总裁指出，大部分被录用的职员都有某些共同的特征。例如，他们大都在 30 岁左右，而且经常跳槽，曾多次变换自己的工作；他们都雄心勃勃，但并不十分安于现状；在加入公司后，他们中的大部分人与同事的关系不是很融洽，与直接下属的关系尤为不佳。

会议结束的时候，董事长要求人力资源部经理彻底解决公司目前在人员招聘上存在的问题，采取有效措施从根本上提高公司人才招聘的质量。

思考：

1. 天鸿公司管理人员的招聘有什么问题？造成这些问题的原因是什么？

2. 您对该公司管理人员的招聘有哪些更好的、更具体的建议？还有什么改善的办法吗？

引导案例显示的是招聘失败的问题。可以看出，要在众多的应聘者中准确地把优秀人才识别出来，并不是一件简单的事情。天鸿公司招聘失败的主要原因是企业人力资源管理的流程存在问题及招聘中出现的种种失误或错误。企业需要意识到，在招聘、筛选、录用的整体流程中，一个“点”的失误可能会给以后企业人力资源管理工作带来“面”的损失。而科学招聘计划的制定、合理招聘策略的选择将有助于企业避免这一问题。本章将详细介绍招聘计划的内容、制定方法以及招聘策略的选择。

第一节　招聘准备工作

一、招聘信息的收集和整理

员工招聘是一个有目的、有计划的企业行为，招聘活动的展开应建立在人力资源规划和岗位分析的基础之上。人力资源规划决定了企业在未来一段时间里为达成战略目标，预计要招聘的职位、部门、数量、时限、类型等。岗位分析则对企业中各职位的责任、所需的资质进行分析，为招聘提供主要的参考依据，同时也为应聘者提供关于该职位的详细信息。人力资源规划和岗位分析两项基础性工作使招聘能建立在比较科学的基础上，三者之间的关系如图 3—1 所示。

企业在完成了岗位分析、人力资源规划这些基础性工作后，实施招聘的首要步骤就是进行招聘信息的收集和整理，目的是要明确自身的需求，以此为依据决定是否要进行招聘，何时进行招聘，以及招聘的对象、渠道、方法等一系列的问题。所谓招聘信息的收集和整理，就是在招聘活动实施之前，企业先在各部门内部对人力资源的需求状况进行调查，使人力资源部门掌握哪些岗位需要人员，以及获得这些人员大致需要吸引多少应聘者，然后制定合理的招募范围与规模，保证招聘工作有的放矢、有条不紊地按计划实施。

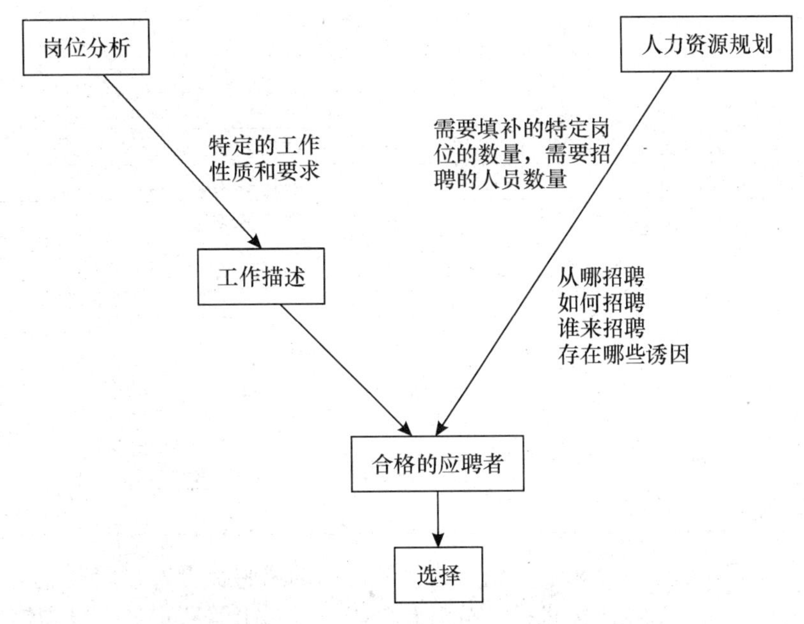

图 3—1　岗位分析、人力资源规划与招聘之间的关系

一般而言，招聘需求通常由用人部门提出，由各部门经理根据本部门下一阶段的人力资源需求状况提出需求人员的数量、职位、要求等。用人部门的增员申请可能会与人力资源规划有一定的出入，人力资源规划是为了保证未来人力资源的供给与企业战略目标的一致性，而用人部门的增员申请则反映了用人部门的实际需要。用人部门在出现人员短缺时会定期填写招聘申请表（如表 3—1 所示），交给人力资源部门。通常，招聘需求的产生主要有三种情况：一是企业为实现人才的战略储备而招聘新员工；二是现有人员数量无法满足工作需要，企业需要增加新员工；三是填补现有的职位空缺。

表 3—1　　招聘申请表

<table>
<tr><td>申请部门</td><td colspan="3"></td><td colspan="2">部门经理（签字）</td><td colspan="2"></td></tr>
<tr><td rowspan="2">申请原因</td><td>□ 员工辞退</td><td colspan="2">□ 员工离职</td><td>□ 业务增量</td><td colspan="2">□ 新增业务</td><td>□ 新设部门</td></tr>
<tr><td colspan="8">说明：</td></tr>
<tr><td rowspan="4">需求计划</td><td colspan="3">使用时间</td><td colspan="4">职务名称与人数</td><td>上岗时间</td></tr>
<tr><td colspan="3">临时使用（小于 30 天）□</td><td rowspan="3">职务</td><td>1</td><td></td><td rowspan="3">人数</td><td></td></tr>
<tr><td colspan="3">短期使用（小于 90 天）□</td><td>2</td><td></td><td></td></tr>
<tr><td colspan="3">长期使用（小于 180 天）□</td><td>3</td><td></td><td></td></tr>
<tr><td rowspan="7">聘用标准</td><td colspan="3">利用现有职务说明书</td><td colspan="5">□ 可以利用　□ 不能利用　□ 局部更改
□ 尚无职务说明书，需编写</td></tr>
<tr><td rowspan="3">工作内容</td><td>1</td><td colspan="6"></td></tr>
<tr><td>2</td><td colspan="6"></td></tr>
<tr><td>3</td><td colspan="6"></td></tr>
<tr><td rowspan="3">工作经验</td><td>1</td><td colspan="6"></td></tr>
<tr><td>2</td><td colspan="6"></td></tr>
<tr><td>3</td><td colspan="6"></td></tr>
</table>

聘用标准	专业知识	1			
		2			
		3			
	语言表达			性格要求	
	开拓能力			写作能力	
	电脑操作			外语能力	
其他标准					
薪酬标准	基本工资		其他收入		其他津贴
中心总监批示	签字： 日期：				
行政中心批示	签字： 日期：				
总经理批示	签字： 日期：				

企业用人部门提出招聘需求后，由人力资源部门的招聘负责人、用人部门的上级主管到用人部门复核申请，对招聘需求进行分析和判断，并写出复核意见，以确定招聘新员工的必要性。有时职位空缺或内部人手不够并不一定非要招聘新员工，而可以采用其他方式解决，如将其他部门富余的人员调配进来、现有人员加班、对工作内容进行重新设计、将某些工作外包等。即使的确需要招聘新员工，也需要决定是招聘正式员工还是临时员工。某些非长期工作或较简单的工作，可以招聘临时员工来完成。例如，旅行社等业务具有季节性特点的企业，在旺季时可以通过招聘临时员工来满足人员的需求，公司不必为他们支出许多福利费用，节约人力资源管理成本。

事实上，企业会根据一定时期的业务发展情况编制人员预算，形成人员预算表（如表3—2所示）。招聘的需求也需要在人员预算的控制之下，但实际工作的需要和业务的变化也会导致人员需求发生一些变化，这些需求变化情况，往往需要用人部门和人力资源部门根据对实际情况的分析做出决定。

表 3—2　　人员预算表

工作岗位	职务	分类	现有员工数	合理员工数	员工需求量	备注
		正式工				
		临时工				
		兼职工				
		正式工				
		临时工				
		兼职工				
		正式工				
		临时工				
		兼职工				
总计		正式工				
		临时工				
		兼职工				

二、应聘申请表的设计

企业收到的应聘人员的简历格式往往五花八门，企业面试或审批人员无法很快找到需要的内容，影响工作效率。所以，企业在组织招聘面试前，最好事先设计和印刷应聘申请表（如表 3—3 所示），让应聘者填写。

企业面试或审批人员通过对应聘申请表的审查，可以较多地了解应聘者的基本情况，为面试和测试等筛选工作提供必要的信息资料，既便于面试时对应聘者做出初步评价，又便于面试后对所有应聘材料进行统一管理。

应聘申请表内容的设计要根据工作岗位的内容而定，设计时还要注意有关法律和政策。例如，有的国家规定种族、性别、年龄、肤色、宗教信仰等不得列入表内。

（一）应聘申请表的内容

（1）个人情况，包括姓名、年龄、性别、婚姻状况、地址及电话等。

（2）工作经历，包括目前的任职单位及地址、现任职务、工资、以往工作简历及离职原因。

（3）教育与培训情况，包括本人的最终学历与学位、所接受过的培训。

（4）生活及个人健康状况。生活状况包括家庭成员结构，健康状况由医生证明。

（5）应聘者的自我评价，包括能力、技术专长、性格特点、兴趣爱好等。

（6）其他可以帮助企业预测应聘者实际工作绩效的信息。

如果应聘者是高等院校的应届毕业生，他们基本上都可以提供自荐材料，其内容也比较全面，有的还包括该毕业生在校期间所修课程的成绩和学校领导对其在校表现的综合考察意见等，这些都是对应聘者进行评价的有用信息。

表 3—3　　**应聘申请表**

应聘职位：____________

基本资料					
姓名		性别		年龄	
籍贯		民族		政治面貌	
联系电话			电子信箱		
邮寄地址				邮政编码	

家庭情况			
家庭成员	姓名	年龄	现在工作单位及职务 （若退休在家，请填退休前的单位名称）
父亲			
母亲			
兄弟姐妹			

教育背景（从高中写起）				
期间		学校名称	专业	升学方式 （保送/统招/自考/成教）
起	至			

学习成绩			
请用总成绩、年级排名以及是否有挂科来描述你本科或研究生阶段的学习成绩。			
英语	四级成绩：________ 六级成绩：________ 其　　他：________	第二外语	语种：________ 水平描述：________

资质证书		
证书名称	颁发机构	获得时间

列举你最主要的工作、实习、兼职经历			
起止时间	单位	主要职责	收入水平

主要参与或组织的课外活动（如任班级干部、院校干部时，组织的各种活动、大型竞赛等）		
起止时间	担任的职务	主要职责及取得的成绩

最关键的两项兴趣与爱好

开放性问题
1. 最近三五年内，最让你感到自豪的成绩或成就是什么？请简要陈述取得该成绩或成就的过程（150字之内）。
2. 你的职业发展目标是什么？为什么设立这样的目标（200字之内）？
3. 请总结一下你的优点和缺点（100字之内）。

（二）编制应聘申请表的个人资料项目

编制应聘申请表时，应重点考虑应聘者的个人资料，主要包括基本资料、一般背景、教育情况、就业经验、社交活动、兴趣爱好、个性及态度等，如表 3—4 所示。

表 3—4　　编制应聘申请表的个人资料

基本资料	就业经验
身体健康状况 居住状况（独居、伙居、自宅） 住处 家乡所在地 最近的迁居次数 居于现址的时间 国籍 出生地 身高和体重 性别	专业与应聘岗位是否对口 过去的就业次数 以前的工作履历 特定的工作经验 有无推销经验 有无创业经验 是否曾为本公司的职员 居于现职之资历 以往每个工作的留用期间 目前最低的生活费 要求的待遇
一般背景	**社交活动**
父亲的职业 母亲的职业 兄弟姐妹及其他亲属的职业 配偶是否在外地工作 双亲事业上的成就	是否为俱乐部会员（如社团、同学会等） 聚会的参与次数 在组织内担任什么职务 是否当过会长 有无教会团体经验
教育情况	**兴趣爱好**
本人及配偶的教育水平 家中亲属的教育水平 学费来源 修过哪些科目 研究哪类学问 高中或大学的主修科目 在校期间，有何喜欢或不喜欢的科目 毕业时间 就读的学校 学位 奖学金受领情况	喜欢外勤工作还是内勤工作 有何嗜好 闲暇期间喜欢做什么 爱好的运动有哪些 调剂身心的最主要方式
	个性及态度
	迁徙的意愿 自信心 五种基本的个人欲求 动机 工作偏好
	其他
	公司与应聘者协议的雇用期限 应聘者前任雇主对该员工的评估

（三）设计要求

（1）应聘申请表的设计要以职务说明书为依据，每一栏目均应有一定的目的，不要烦琐、重复。

（2）应聘申请表的设计要符合国家的法规和政策。

（3）应聘申请表的内容要全面，包括所需了解的所有信息。

（4）应聘申请表的内容设计要考虑应聘者的立场。

第二节　招聘计划的主要内容

人们常说“不打无准备之仗”，做任何工作都要有准备，企业的招聘工作也不例外。对于企业，特别是招聘人数较多或常年招聘的企业，制定明确的招聘计划非常必要，它可以使整个招聘活动朝着预定的方向前进，以避免工作的盲目性。招聘计划书是指用人单位对聘用新员工的程序、时间、要求等做出安排的文书。此种文书通常是企业人事管理部门在招聘员工时向企业主管领导提出的书面报告，同时也要向社会公布，便于应聘者了解企业录用员工的标准。做好招聘工作计划书，有利于企业有计划地对招聘者进行考核、考察，也有利于应聘者做好应聘的各项准备工作。

招聘计划的主要内容包括明确招聘标准、选择招聘渠道、确定招聘时间、做出人员招聘决策、招聘经费预算等。

一、明确招聘标准

在成功的企业中，人才录用的标准往往是企业核心竞争力的标准。招聘是一个为空缺岗位填补人员的过程，为了寻找合适的人才，依据岗位特征和所需的人才规格，确定招聘标准是非常重要的。依据这些标准，可以帮助企业准确预测应聘者未来的成绩。除了规范的工作说明外，一些企业纷纷建立起胜任力模型作为选择人才的标准，如世界著名的AT&T公司和IBM公司、国内的华为集团和中集集团。

胜任力模型是近年来随着我国人力资源管理理论和实践能力的不断提高而引进的一个全新的概念，是指在组织中成功担任某一职位所需的知识、技能及个性特质的特殊组合。它清晰地描述了在一个特定的组织中从事某项工作需要什么样的能力、知识与个性特质，以及什么样的行为表现对工作的高绩效有最显著、直接的影响。它能够具体指明从事本项工作的人需要具备什么能力才能良好地完成工作。

胜任力模型对个人能力进行了合理分解，包括以下几个层面：知识，即某一职业领域需要的信息（如人力资源管理的专业知识、财会专业知识）；技能，即掌握和运用专门技术的能力（如英语读写能力、计算机操作能力）；社会角色，即个体对社会规范的认知与理解；自我认知，即对自己身份的认识和评价（如权威感）；特质，即某人所具有的性格特征或典型的行为方式（如喜欢冒险、循规蹈矩等）；动机，即决定外显行为的内在稳定的想法或念头（如想获得权力、追求名誉等）。

员工个体所具有的胜任力特征有很多，但企业不一定需要员工具备所有的胜任力特征，企业会根据岗位的要求以及组织的环境，明确员工在岗位上的胜任力，确保其发挥最大潜能的胜任力特征，并以此为标准挑选员工。

 案例

该应聘者能胜任吗

某饭店在面试饭店销售员时，要求应聘者讲述过去的销售情况。应聘者回答说："实际上，我是当时那个饭店最好的销售员之一，销售出去的客房是别人的好几倍，而且特别擅长处理难题。"从这个人的回答，你能否判断出他以往的行为表现？他的个人评价可以作为胜任的依据吗？

二、选择招聘渠道

任何一个确定的招聘计划中，招聘渠道的选择都是非常重要的组成部分。企业选择的招聘渠道及方式将决定什么样的人能了解到招聘信息，进而直接影响应聘者的数量和质量。企业应按照招聘对象和招聘标准，根据成本—收益来选择一种效率最高的招聘渠道。

(一) 按招聘对象来源分析与选择

根据招聘对象的来源方式，可将招聘渠道分为内部招聘和外部招聘。所谓内部招聘，就是企业出现职位空缺时，主要通过提拔内部员工来解决招聘问题；外部招聘则主要从本单位外部寻找、吸引应聘者，以填补本组织空缺职位。对两种招聘渠道进行选择时，应综合考虑两者的优劣。

内部招聘的优势在于选拔的有效性和可信性较高，而且员工对组织的忠诚度也较高，了解组织及其运作方式，能更快地进入角色，并能在组织中形成积极进取、追求成功的气氛。内部招聘也存在着一些明显的弊端，比如内部竞争不利于组织的团结，有时甚至出现"提拔一个，走了两个"的局面；组织因缺乏新人和新观念的输入，而逐渐产生一种趋向僵化的思维意识，不利于组织的长远发展；内部招聘有可能会出现"裙带关系"等不良现象，不利于个体创新和企业的成长，尤其对中小型企业，更是如此。

外部招聘相对于内部招聘而言，成本比较大，而且筛选难度大、时间长，招聘进来的员工需要花费较长的时间来培训和定位，才能了解组织的工作流程和运作方式，因而存在较大的风险，但它恰好能弥补内部招聘的不足。新员工会带来不同的价值观和新观点、新方法，可以在无形中给组织原有员工施加压力、激发斗志，从而产生"鲶鱼效应"；同时，外部招聘也是一种很有效的交流方式，企业可以借此在潜在的员工、客户和其他外界人士中树立良好的形象。

综上所述，内部招聘和外部招聘各有优势与不足。组织在进行新员工招聘时，要进行综合考虑，发挥各自的优势，避免不足。尤其是高层管理人员的引进，应更为慎重，一旦决策失误，将会严重影响组织的发展。如果企业想维持现有的强势组织文化，不妨从内部招聘；如果企业想改变或重塑现有的组织文化，可以尝试从外部招聘。当然，人员的选拔和招聘渠道还要考虑到文化的差异，如美国的企业倾向于外部招聘，而日本的企业则倾向于内部招聘。

(二) 招聘渠道的分析与选择

招聘岗位、人员需求数量与人员要求的不同，以及新员工到岗时间和招聘费用的限

制，决定了招聘对象的来源及范围，决定了招聘信息发布的方式、时间与范围，也决定了招聘渠道的不同。

1. 选择适合招聘对象的招聘渠道

不同的招聘渠道各有利弊，其适合招聘对象的特点也不一样，各种渠道的主要适应对象如表 3—5 所示。

表 3—5　　不同招聘渠道适应的招聘对象

招聘渠道	适应对象	不太适应的对象
发布广告	中下级人员	
借助一般中介机构	中下级人员	热门、高级人才
猎头公司	热门、尖端人员	中下级人员
上门招聘	一般人员	有经验的人员
推荐	专业人员	非专业人员

2. 根据单位和岗位特点选择招聘来源和渠道

每个单位都有自己的特点，对员工的要求也各不相同，成功的招聘必须符合企业自身的要求。此外，岗位类型的不同，招聘的来源和方法也有差异。根据国外资料的统计分析，单位在招聘办公室员工时，大都采用内部提升的方法，招聘其他员工时，则采用外部招聘的方法。

(三) 媒体的选择

可选择的发布信息的媒体很多，传统媒体有广播、电视、报纸、杂志等，现代媒体有网络等。媒体的特点是传播范围广、速度快，吸引的应聘者数量大、层次丰富，组织选择的余地大。无论组织决定选择哪种媒体，在做决定前以下问题都是必须认真考虑的。

1. 各种媒体的具体特点

各种媒体广告都有其不同的特点和适用情况。例如，报纸的发行量大，信息传递迅速，广告所占版面的大小可以灵活选择，但阅读对象较杂，保留时间也较短。一般情况下，报纸比较适合在某个特定地区、应聘者数量较多的招聘。

2. 根据受众特点进行选择

一个媒体的受众的质量和数量，直接关系到潜在应聘者的数量和质量。在选择何种媒体做广告时，一定要慎重考虑其受众的情况。

3. 根据媒体的广告定位进行选择

选择媒体要看所选择的媒体有没有类似的广告，这样不仅可以节约成本，而且更有可能选择到适合的人员。

三、确定招聘时间

招聘时间的确定要以招聘计划和招聘策略为依据，对招聘的开始时间、过程时间进行预测和计划，制定出合适的招聘工作时间安排，以确保被录用人员能及时上岗。

确定人员招聘时间是人员甄选的重要工作，合理地选择和安排招聘时间能够减少职位空缺带来的损失。

(一) 在人才供应高峰期招聘

人才供应本身是有规律的。通常每年的一二月份是社会人才的供应高峰期，每年的三四月份和六七月份是高校人才的供应高峰期。按照成本最小化原则，企业应根据所要招聘人员的类型，选择最佳的招聘时间，即应避开人才供应的低谷，在人才供应的高峰期进行招聘，这时的招聘效率最高。同样，如果要招聘体力劳动型工人，最好在农闲时节招聘。

（二）做好招聘流程时间安排

从招聘到新员工上岗是需要时间的，而且招聘过程所需的时间因职业的差异而不同。一般来说，企业计划招聘时间要根据本企业的招聘流程制定。招聘流程通常包括以下步骤。

1. 收集个人应聘资料

应聘者投递应聘资料的途径不同，一般电子邮件速度最快，信件最慢。企业可根据实际接收方式进行时间估算。

2. 筛选个人应聘资料

企业在收到足够多的应聘材料后会进行初次筛选，将明显不符合要求的资料剔除，然后通知初选合格的应聘者进行下一阶段的测试。企业可根据应聘材料的数量，估算所需时间。

3. 测试应聘者

企业会采用笔试、面试、心理测试或其他测试方法对应聘者进行考核。企业可根据考核的方式和性质，确定所需的时间。

4. 录用决策

企业对应聘者的考核结果进行评价，综合协调人力资源部门和直接用人部门经理的评估结果，做出最后的聘用决定。这一环节的时间可根据人力资源部门和直接用人部门经理的工作安排来确定。

5. 上岗准备

聘用人员报到、上岗及企业的各项安排都需要时间，企业在计划招聘时要考虑到。

用一个例子来说明招聘时间的选择。某企业欲招聘 30 名推销员，据预测，招聘中每个阶段的时间占用分别为：征集个人简历需 10 天，筛选简历及邮寄面谈邀请信需 4 天，做面谈准备需 7 天，企业做出聘用决定需 4 天，接到聘用通知的候选人做出接受与否的决定需 10 天，受聘者到岗参加工作需 21 天，前后耗费 56 天的时间。而招聘广告必须在招聘前 2 个月登出，即如果招聘 30 名推销员的到岗工作时间是某年的 6 月 1 日，则招聘广告必须在 4 月 1 日左右登出。一般企业招聘流程的时间安排如表 3—6 所示。

表 3—6　企业招聘流程的时间安排

顺序	招聘的各个阶段	平均天数（天）
1	信息发布，收集求职材料到面试预约	5
2	面试预约到面试结束	5
3	补充调查到录用审批	5
4	通知录用到人员报到	15
5	岗前培训	15
合计		45

一般来说，要想保证新聘任的职员能够准时上岗，在招聘计划中就应对时间进行严格规划，常用的招聘日期的计算公式为：

招聘日期=用人日期—准备周期

招聘日期=用人日期—培训周期—招聘周期

公式中，培训周期是指对新员工进行上岗培训的时间；招聘周期是指从应聘者报名开始，确定候选人名单、面试，直到最后录用的时间。

四、做出人员招聘决策

在员工的招募选拔中，虽然每个环节都很重要，但最关键的一步是对应聘者做出接收或拒绝的决定。招聘决策是依照人员招聘的原则，避免主观武断和不正之风的干扰，把选拔阶段多种考核和测验结果组合起来，进行综合评价，从中择优确定录用名单。虽然招聘决策是招聘工作开花结果的阶段，但是为了保证工作的顺利进行，在招聘计划中需要事先确定招聘决策的依据、方法、注意事项等问题。

（一）对应聘者的评价

企业在招聘时，对应聘者的评价多集中在应聘者能做什么及愿意做什么两个因素上（如图 3—2 所示）。一个人要在工作中取得好的业绩，这两个因素都是必需的。“能做”一般是通过应聘者的知识、技能以及获得新知识和技能的能力来判断；“愿做”则是通过应聘者的动机、兴趣及品质来推断。

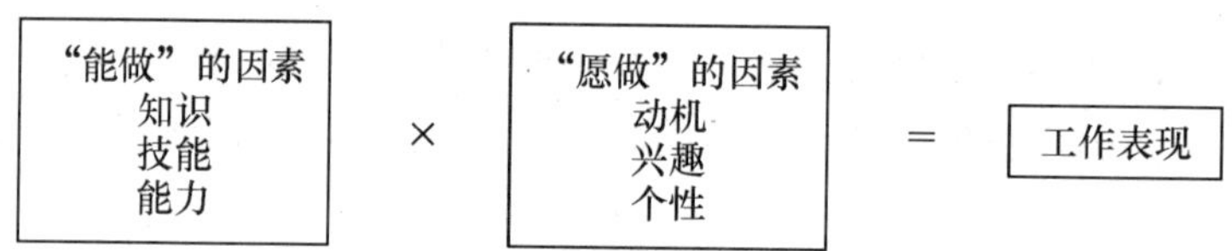

图 3—2 “能做”与“愿做”的因素

确定一个人能做什么较之愿做什么要容易得多。“能做”的因素可以从测试得分和经核实的信息中轻易获得；而“愿做”则只能依据面试的回答和应聘申请表中的问题来推测。

（二）制定招聘决策的依据

虽然人员选拔环节中的所有方法都可以用来选择潜在的雇员，但决定最终使用哪些选拔方法，一般要综合考虑时间限制、信息与工作的相关性、费用等因素。对相对简单或无须特殊技能的工作，可以采用一种方法选拔，如招聘打字员，根据应聘者打字测试成绩就足以做出招聘决定。但是对于管理职位或是重要的职位，必须采用群体决策法，至少需要三个人一起做出招聘决策，这三个人一般包括待聘岗位的直接上司、人力资源部的工作人员、负责人事工作的高层管理人员，有时还包括待聘者将来的同事。

（三）制定招聘决策的方法

除了上述问题外，管理者还必须考虑应该采用什么方法做出招聘决策，通常使用的方法有两种：诊断法和统计法。

1. 诊断法

此方法主要根据决策者对某项工作任职资格的理解，在分析应聘者所有资料的基础上，凭主观印象做出决策。每个面试者对应聘者的优缺点会有不同的评价，不同的人可能会对同一个应聘者做出不同的决定。这样，“谁是最终的决定者”就显得非常重要。这种方法较为简单，成本较低，得到广泛的使用。但是由于主观性强，决策者的素质和经验在科学合理的判断中起着重要的作用。

2. 统计法

与诊断法相比较，统计法所做的决定可能更客观些。这种方法将面试、心理测试以及其他过程所得的定量数据（如分数或名次），与它们各自的权重值结合起来，合计分数最高的人将被选中。使用统计法选择应聘者时，可以采用三种不同的模型：补偿性模型、非补偿性模型、混合模型。

（四）确定招聘决策者

一般来讲，用人部门是招聘录用的最终决策者，但招聘不同层次与类型的人员，决策者也不同，不同规模企业的招聘录用决策者存在着很大的差异。

对不需要特别专业技能的一般基层员工（如保洁员、服务员等），其基本素质与工作态度是影响工作业绩好坏的主要因素，其录用决策，可以由人力资源部门直接做出。需要具备一定的专业技能才能胜任的工作职位招聘，就应该主要由用人部门做出招聘决策，人力资源部门只提供决策建议。用人部门决策者的职位层次取决于招聘岗位的层次，一般由该岗位的直接上级提出录用意向，间接上级给予审批。如果是招聘中层以上管理人员或者招聘关键岗位人员，必须由总经理审批。

一般情况下，规模较小的企业由企业负责人直接参与招聘，亲自录用每一位员工；而规模较大的企业，企业负责人只参与高级管理人员、关键岗位人员的招聘录用工作。

（五）注意事项

在做出最终招聘决策时，应当注意以下几个问题。

1. 尽量使用全面衡量的方法

企业要录用的人员必须是能够满足单位需要，符合应聘岗位素质要求的人才。因此，必须根据单位和岗位的实际需要，针对不同的能力要求，给予不同的权重，然后录用那些得分最高的应聘者。

2. 减少做出招聘决策的人员

做出招聘决策的人员必须少而精，并选择那些直接负责考察应聘者工作表现的人以及那些会与应聘者共事的人进行决策。参与决策的人太多，会增加招聘决策的困难，造成争论不休的局面，浪费时间和精力。

3. 不能求全责备

在做招聘决策时不要吹毛求疵，专挑小毛病，总是对应聘者不满意。必须分辨哪些能力对完成工作是不可缺少的，这样才能录用到合适的人选。

五、招聘经费预算

合理的经费预算是保证招聘工作顺利开展的前提条件之一。经费预算既可以防止招聘工作占用过多的资金，又可以保证招聘工作有足够的经费，尤其是进行异地招聘时，不会因经费短缺而使招聘工作陷入僵局。

在招聘过程中发生的各种费用，我们称之为招聘成本，招聘成本的高低是招聘工作好坏的衡量标准之一。因此，招聘经费预算应以招聘成本的策略选择结果为依据，并尽可能准确地估算每项活动所需的费用。招聘成本包括在招聘过程中招募、选拔、录用、安置和培训等各个环节发生的费用。

（一）招募成本

招募成本是为吸引和确定企业所需内、外人力资源而发生的费用，主要包括招募人员的直接劳务费用（如工资与福利等）、直接业务费用（如参加招聘洽谈会的费用、差旅费、招聘代理费、专家咨询费、广告费、宣传材料费、办公费、水电费等）、间接管理费用（如行政管理费、临时场地及设备使用费）等。

（二）选拔成本

选拔成本由对应聘人员进行鉴别选择，以做出录用决策的过程中所产生的费用构成，如会务费、专家咨询费、试卷资料印刷费、体检费等。选拔成本随着应聘人员所从事的工作的不同而不同。一般来说，外部人员的选拔成本高于内部人员，技术人员高于操作人员，管理人员高于一般人员。总之，选拔成本随着待聘人员职位的增高及对企业影响的加大而增加。

（三）录用成本

录用成本指经过招募、选拔后，把合适的人员录用到企业中所发生的费用，包括录取手续费、调动补偿费、搬迁费和旅途补助费等。一般来讲，被录用者职位越高，录用成本越高。

（四）安置成本和培训成本

安置成本包括为新员工提供工作所需的装备条件的费用、安排新员工的工作所必须发生的各种行政管理费用等。培训成本包括各种培训费用、培训者时间损失等。

以上所列举的费用并不一定在所有的招聘活动中都会发生，在编制招聘预算时，应根据工作的客观需要做出客观估算，以便申请到足够的招聘经费。如果招聘经费不足，就应该追加申请资金或在制定招聘工作计划时缩短时间或简化招聘程序，并在招聘过程中节省经费开支，以降低招聘成本。招聘成本的降低必须以保证招聘的效率和效果为前提，否则就失去了提高招聘工作经济效益的意义。要降低招聘成本，必须适当控制招募阶段的应聘率和筛选阶段的产出率。应聘率和产出率的计算公式如下：

$$应聘率=\frac{需要招聘的人数}{应聘者人数}$$

$$产出率=\frac{筛选合格的人数}{筛选前的人数}$$

例如，某企业需招聘 1 名部门经理，招募时有 20 人应聘，则应聘率为 1/20。筛选的第一阶段从 20 人中选出 5 人，则第一阶段的产出率为 1/4。筛选的第二阶段从 5 人中选出 2 人，则产出率为 2/5。

虽然应聘人数增多能增加可选人数，企业易于招聘到合适的员工，但应聘人数过多会相应增加筛选的工作量，筛选阶段所需的时间就会拉长，招聘费用会相应增加，使招聘成本上升。因此，在招募过程中应聘者人数并不总是越多越好。但如果应聘人数过少，“矮子当中选将军”，又会影响筛选的效果。由此可见，降低招聘成本与提高招聘效果在一定程度上是相互矛盾的。招聘成本的策略选择，关键是要把握好一个“度”，力争在保证招聘效果的前提下，适度地控制招聘成本。

在做招聘经费预算时，还应根据所招聘员工的类型和职位级别的高低，确定不同的招聘成本。不同的人员需采用不同的招募方法和筛选方法，招募费用和筛选费用必然存在较大的差异。例如，招聘一名普通的职工，筛选过程比较简单，招聘费用和招聘成本就低；招聘一名高级管理人员，需在很大范围内进行，筛选过程也较为复杂，尤其是委托中介或猎头公司招募时，必然造成费用的提高和成本的上升。

此外，招聘经费预算还应考虑招募方法和筛选方法的有效性，不能为了降低招聘成本而影响招聘工作的正常开展。例如，一个中等规模的公司有几个高级管理人员的岗位空缺，其管理层认为请专业招聘机构花费太大，决定在报纸上做广告，但三个月的招聘广告并没有吸引到合格的申请人。最后，公司不得不请专业招聘机构，结果在几周内就招到了合适的人选。费用低的招聘方法浪费了金钱和时间，而成本较高的方法却节省了招聘的费用和时间。

案例

企业招聘计划书

一、人员需求

本次招聘计划人数为________名，其中：

销售代表________名，要求本科以上学历，35岁以下；

软件工程师________名，要求本科以上学历，30岁以下；

行政管理人员________名，要求大专以上学历，女性，30岁以下；

业务主管________名，要求硕士研究生学历，具有5年以上管理经历，45岁以下。

二、招聘小组

组长：________，公司人力资源部部长。

副组长：________，公司综合部部长。

成员：________，销售部副部长；

________，生产部副部长；

________，行政管理科科长。

三、信息发布渠道

(1) ________日报，1月18日—20日。

(2) ________晚报，1月18日—20日。

(3) 本公司网站，网址：________________。

四、招聘工作方案及时间安排

1. 销售代表

负责人：________，销售部副部长。

资料筛选：________月________日。

初试（笔试）：________月________日。

复试（面试）：________月________日。
2. 软件工程师
负责人：________，生产部副部长。
资料筛选：________月________日。
初试（笔试）：________月________日。
复试（面试）：________月________日。
3. 行政管理人员
负责人：________，行政管理科科长。
资料筛选：________月________日。
初试（笔试）：________月________日。
复试（面试）：________月________日。
4. 业务主管
负责人：________，公司人力资源部部长。
资料筛选：________月________日。
初试（笔试）：________月________日。
复试（面试）：________月________日。

五、新员工的上岗时间

2月1日左右。

六、费用预算

本次招聘需经费________元，其中：
广告费用________元；
招聘人员补助费用________元；
会议费用________元。

七、时间安排

________月________日，撰写招聘广告；
________月________日，联系刊登广告；
________月________日，接待应聘者；
________月________日，通知应聘者参加笔试；
________月________日，笔试；
________月________日，通知应聘者面试；
________月________日，面试；
________月________日，发放录用通知书；
________月________日，新员工持通知书报到；
________月________日，正式上班。
（时间安排亦可用表格列明）

________公司人力资源部
年　月　日

小提示

企业招聘计划书的主要内容包括拟聘用的岗位、应聘人员的条件、招聘组织、招聘时间安排、招聘的程序等。制作企业招聘计划书的基本要求如下：

（1）对拟聘的岗位和条件要做出充分说明，便于应聘人员选择是否竞聘。特别是聘用条件，应当尽量详细具体。例如，有的岗位可能适合于女性，有的可能适合于男性，应当在条件中列明，加强可操作性。

（2）时间安排既要有利于企业的运作，也要有利于应聘人员应聘。

（3）招聘组织通常要选择与招聘录用岗位相关的部门参与招聘考核工作。哪个部门需要人，则应由哪个部门作为主要负责人，审核应聘人员的相关资料并组织笔试、面试。

第三节　招聘策略

所谓策略，一般是指为了达到企业的总目标而采取的行动计划。企业的招聘策略是为解决企业对人力资源的需求而进行的具体招聘行动计划，是招聘工作计划的具体体现，是为了实现招聘计划而采取的具体策略。一个好的招聘策略能起到画龙点睛的作用，为了招聘工作计划的实现和招聘工作的顺利进行而采取的具体策略包括招聘人员选择策略、招聘时间确定策略、招聘地点选择策略等。

企业招聘工作总是受诸多内外因素的影响，充分掌握和应对这些影响因素，就是要正确地制定招聘策略或正确地进行招聘策略选择，制定出符合实际的工作计划，采用合适的招募和甄选方法，最大限度地提高招聘工作效率。招聘策略选择对招聘工作计划的制定和招聘工作的顺利进行，都是非常关键的。

一、招聘人员选择策略

招聘人员的选择是招聘（特别是外部招聘）成败的关键。招聘人员是应聘者了解组织的窗口，比起招聘材料，招聘人员更加重要。为了吸引更多的合格应聘者，选择的招聘人员应该具备下列特征。

（一）良好的个人品格和修养

招聘人员的行为举止不仅反映出个人的修养水平，更重要的是，他们代表着企业，代表着一种企业文化，从他们身上可以反映出企业的风范。招聘人员必须给人以正直、公正和良好修养的印象，使每位应聘者在与他们的交流中形成对企业的良好印象。同时，招聘人员是为企业寻找所需的人才的，不可因个人的偏见或应聘者的外表、习惯、家庭背景等非评价因素影响评价的结果。公正、客观的评价意味着能够合理评价应聘者。

（二）具备相关的专业知识

这是对招聘人员的基本要求，尤其在面试中，专业知识的提问被看做一种面试技巧，招聘人员需要具备这方面的知识。至少在一个招聘人员小组中，招聘人员的知识组合不应存在专业缺口。在目前的实践中，许多人力资源岗位上的管理人员的专业并不是人力资源管理，而是理工科类。这样的背景给他们在招聘时了解技术人员的技术水平提供了一定的帮助。招聘小组的成员不仅应有人力资源部门的人员，还应有待招聘岗位的部门主管。

（三）拥有丰富的社会工作经验

招聘过程在很多情况下是一个非量化评价的过程，它的完成和质量在很大程度上依赖于招聘人员所具有的工作经验。借助工作经验的直觉判断往往能够把握应聘者的特征，同时，这也是掌握和提高甄选技能的保证之一。

（四）具有良好的自我认知能力

心理学研究表明，人们评价他人总是习惯带有主观色彩。作为招聘人员，若不能够对自我有一个全面的、准确的认识，就无从去准确评价他人。

（五）善于处理人际关系

招聘的过程在很大程度上是人际交往过程。在与应聘者的交往中，应该善于利用相关的人际关系的知识去判断应聘者处理人际关系的能力。

（六）能够熟练运用各种甄选技巧

甄选有一定的技巧性，招聘人员必须熟练掌握并运用各种甄选方法和技巧，以达到准确、简捷地对应聘者做出判断和评价的目的。在人员招聘时，应该注重应聘者的综合素质，而不仅仅是懂技术就可以。如果不能掌握甄选技巧，将很难考察应聘者的综合素质。

（七）能有效地控制面试的进程

有时应聘者是一些很难控制的人，他们的行为或言论可能会干扰招聘的正常进行，要求招聘人员具备某种驾驭能力，能够控制招聘进程。

（八）了解企业状况及职位要求

对应聘职位和企业状况进行深入、全面的了解，有助于提高招聘工作的质量，从而选拔出真正需要的人才。

上述条件是较为理想的状态，有时无法在一位招聘人员身上集中反映出来，这就需要考虑到招聘人员的组合问题。经组合的招聘人员小组应满足这些条件，否则将无法保证招聘工作的质量。

二、招聘时间确定策略

在招聘过程中，招聘时间不仅是制定招聘工作计划的要素之一，而且对招聘成本有很大的影响。如果招聘时间长，招聘成本肯定会增加。因此，为满足企业对人力资源的需求，保证新员工及时到岗，需要对招聘时间做出恰当的安排。

招聘时间确定策略就是要在保证招聘质量的前提下，确定一个科学合理的时间安排，包括两项任务：一是选择招聘开始的时间，二是确定整个招聘过程所需的时间。招聘开始的时间是企业决定招聘并开始招聘准备工作的日期。确定招聘开始的时点应考虑以下几个因素。

（一）对人力资源需求的缓急程度

企业的人才需求是根据市场要求不断变化的，一旦工作岗位发生空缺，进行招聘是最合适的。这种空缺的发生可能是老职工退休——自然减员引起，也可能是有人跳槽——人员流动引起，更可能是业务的扩展需要新人补充。如果企业对人力资源的需求非常迫切，尤其是企业出现岗位空缺且已经影响工作的正常开展时，招聘工作就应该立即开始，可能还要缩短准备工作和招聘过程的时间。如果企业根据人员规划，在半年或更长的时期内才需要补充员工，则不必急于投入招聘准备工作，以免造成人力、物力和财力的不必要浪费，引起招聘成本的上升。

小提示

某个工作岗位无人出任，该岗位即成为空缺。真正的空缺需要通过招聘人才弥补，而不是通过内部调剂或加班可以克服。确认岗位空缺是招聘的前期准备。有时候，我们把可以通过雇用临时工或工作外包解决的岗位空缺称为应急性空缺，把不能雇用临时工解决的岗位空缺称为核心岗位空缺，关键岗位和敏感部门的空缺一般都是第二类。当岗位空缺被确认时，招聘就必须进行，否则，企业的运行和发展就会受到制约。

（二）招聘过程所需时间

这段时间主要用于招聘工作的组织与实施。如果企业需要招聘的人数很多，招聘过程很长，招聘人员的层次较高，就尽量将招聘开始的时间安排得早一点，以保证有充足的时间进行招募、筛选和培训。

招聘过程所需时间是从开始招聘准备工作到招聘结束所需要的时间，主要包括准备、招募、筛选和聘用四段时间。准备工作主要用于落实招聘人员，组织招聘面试小组，对职务说明书和岗位规范进行分析，制定招聘工作计划等。招募所需时间是从发出信息，解答应聘者的咨询，到收集应聘材料的时间。筛选所需时间是指一系列筛选工作的时间。聘用所需时间包括岗前培训和试用期考察的时间。

（三）人才市场供给的季节性变化

每年高等院校学生毕业，都会使人才市场供给情况发生季节性变化。如果企业需要从高等院校毕业生中招聘员工，则要在学生毕业前的几个月就开始招募，或抓住有一定季节性的人才交流会的机会。

一般来说，人才市场每年有两个旺季：一是每年的1—2月，二是每年的7—8月。第一个旺季是一个财政年度刚结束，各企业都会有新的年度规划，这时必然会涉及人力资源需求的变化。而企业员工也因年度结束，领到了一年的年终奖，开始考虑跳槽换工作。第二个旺季是企业年中对年度计划进行调整，同时许多员工（与毕业就职的时间有很大关系）的劳动合同一般都是在这时到期，员工考虑跳槽换工作。无论是企业的人力需求，还是人才本身要寻觅新的发展机会，都会导致人才市场中人才供需两旺。

招聘时间确定策略应根据经费预算、招募和筛选所采用的方法等因素确定。如果经费预算高，可安排较多的应聘者，进行精挑细选，但时间也不可过长，否则会使应聘者失去耐心而另谋高就。如果招聘经费预算低，则应采取简化的招聘程序以缩短时间，但时间安排也不可太短，否则无法保证筛选、测试的信度和效度。

三、招聘地点选择策略

招聘地点选择策略也是关系到企业能否招聘到合适员工的重要因素。选择招聘地点时应对企业所需人员的类型、人才市场所在的地点及调节范围、招聘地点人才的分布、供求状况、招聘成本等因素加以综合分析。

如果采用校园招聘的方法，可选择高等院校比较集中的地区，也可以去专业对口的院校。一般应考虑以下三个因素：高等院校的专业设置及名声，高等院校与企业的距离，企业过去在该院校招聘的成功率。如果院校没有企业所需要的专业，企业就没有必要去该院校进行招聘。招聘也要考虑高等院校的名声，名声好的院校培养出的人才的各项素质相对较高，有助于提高招聘效果，完成招聘任务。如果企业与高等院校的距离太远，可能会因旅途的劳顿影响招聘工作人员的工作效率，同时还会造成招聘成本的提高。如果企业在某院校的招聘效果几年来一直很好，该企业的形象已深入人心，则招聘的成功率会很高；如果以前的成功率一直不高，那么再去该院校进行招聘显然是不明智的。

如果采用人才市场的招聘方法，则需要根据所要招聘的人员类型来确定选择何地的何种人才市场。人才市场按区域可分为全国性的人才市场、省市级的人才市场和县区级的人才市场。选择的规则有以下几点：

（1）如果要招聘高级管理人员或专家教授，就要扩大招聘范围，选择全国性或省市级，乃至世界范围的人才市场进行招聘。例如，美国把在世界范围内争夺科技人才作为一项国策，这使其在第二次世界大战后的经济得到飞速发展。我国海南建省初期，曾在全国开放式地广招省一级的高级管理人员。近几年，我国许多地方政府还经常组织招聘团到国外开展人才引进工作，重点招聘出国留学人员，吸引他们回国就业。

（2）在跨地区的市场上招聘中级管理人员和专业技术人才。我国已经建立了不少跨地区的人才交流市场，举办人才交流活动，为招聘单位和应聘人才在更大范围内进行双向选择创造了有利的客观条件。

（3）如果要招聘普通工作人员和技术工人，在招聘单位所在地区的人才市场进行招聘就可以。

（4）选择人才市场还应考虑招聘地点的人力资源分布和供求状况。如果企业所在地的人力资源供求状况与外地相差无几，则不必舍近求远。两地相距太远，不仅会增加招聘成本，应聘者也可能会考虑到生活习惯差异、气候和家庭搬迁等一系列复杂的问题而不愿意去很远的地方工作，从而影响招聘工作的开展及整个招聘工作的成效。

案例

通用电气公司的招聘策略

通用电气公司从外部招收人员（这里仅指工程技术、业务与管理人员）主要通过3个途径：

（1）从劳务市场上招收人员。劳务市场相当于专业介绍所，掌握着失业人员的情况。通用电气公司与当地的劳务市场关系很密切。应聘者本人提出申请并附推荐信，公司对应聘者进行面试考核，重点考核他们的工作经历、实际绩效、工作表现，学历一般只作参考，但如果是名牌大学毕业生则予以优先考虑。有时，通用电气公司会给应聘者试用机会，试用合格后再决定是否录用。

（2）从其他公司“挖”人。这部分人主要是关键技术人员或高级管理人员。美国与欧洲国家不同，公司与职员之间没有合同或协议的束缚，职员因各种原因不愿继续在本公司工作的，可随时离开，只要提前一定时间通知公司即可，不受约束。各公司都利用这一点物色合适的人才，一般通过中间人联络所需人才，但成功后支付中间人一定的报酬。对于公司的关键人物，公司总是千方百计地挽留，了解其想离开的原因，尽量解决他们的问题。公司深知这种人离开公司不仅对目前工作造成损失，更重要的是很可能为本公司树立强硬的竞争对手。

(3) 招收大学毕业生。美国每年大约有 35 000 名优秀大学毕业生申请到通用电气公司工作，其中约有 20 名被通用电气公司录用。平均成绩 B 以上的学生可以领到公司的简历表和招录简章，通过公司严格的面试考核后才录取。每年美国各大公司都去学校挑选学生，竞争十分激烈。通用电气公司每年派出 100 多人到全国各大学校挑选毕业生。

为了保证人员质量，通用电气公司在挑选学生时，采取两步面试的办法：第一步，由集团人事部门去校园筛选面试；第二步，请初试入选的学生到公司由用人单位面试，根据制定出的考核标准、评分标准和面试要求，整合各项评分，定出总分，择优录用。考核标准分为四大类：第一类是与人交往共事的技能，第二类是专业道德观念，第三类是组织能力，第四类是技术能力。

本章小结

在开始实施招聘活动之前，企业要做好相关的招聘准备工作，完成人力资源规划和岗位分析的有关工作，做好招聘信息的收集和整理，必要时还要制作应聘申请表等。在此基础上，企业要制定周密详细的招聘工作计划，对招聘对象、标准、渠道、时间等内容事先进行科学合理的安排，并做好人员招聘预算。为了招聘工作计划的顺利开展，企业还要采取具体的招聘策略，包括招聘人员选择策略、招聘时间确定策略、招聘地点选择策略等。

重点概念

招聘计划　招聘策略　应聘申请表

复习思考题

1. 岗位分析、人力资源规划与招聘之间有何关系？
2. 招聘计划主要包括哪些内容？
3. 如何制定招聘预算？
4. 试述招聘策略的内容。

实训题

运通建筑工程公司从事房地产项目建设与管理工作，最核心的部门是项目管理部，该部门有 10 个项目经理，每个人独立承接项目，有的项目经理同时承接几个项目。2002 年年初以来，公司业务不断扩大，目前的项目经理有些应接不暇。项目管理部经理陈先生与人力资源部经理李先生经过讨论，初步准备招聘若干名项目助理，协助项目经理的日常工作。按照李先生对项目助理这一职位的分析，首先，此职位需要对各种项目文件（如招投标书、设计图纸、合同等）进行规范化管理，合适的人选要具备一定的档案管理技能；其次，希望项目助理能够承担工程项目的付款工作，此职位还需要有一定的财务知识；最后，工程建设需要各种各样的材料，必须及时保证材料的供应，项目助理要具有建筑材料的相关常识。在对外联络中，除了与材料供应商联系外，项目助理还需与政府有关部门打交道，并需要经常帮助项目经理做一些传递信息、收集信息和组织会议等沟通工作。一个优秀的项目助理经过一定的培训和锻炼可以胜任项目经理的职务，因此，项目助理一职是晋升为项目经理的良好阶梯。

要求：假如你是运通建筑工程公司人力资源部负责招聘的主管人员，请根据李先生对项目助理这一职位的分析结果，制定相应的招聘计划。

案例讨论与思考

耐顿公司的失败招聘

NLC 化学有限公司是一家跨国企业，主要以研制、生产、销售医药和农药为主。耐顿公司是 NLC 化学有限公司在中国的子公司，主要生产、销售医疗药品。随着生产业务的扩大，为了对生产部门的人力资源进行更为有效的管理开发，2000 年年初，子公司总经理把生产部经理于欣和人力资源部经理国建华叫到办公室，商量在生产部设立一个处理人事事务的职位，主要负责生产部与人力资源部的协调工作。总经理希望通过外部招聘的方式寻找人才。

在走出总经理的办公室后，人力资源部经理国建华开始了一系列工作。在招聘渠道的选择上，国建华设计了两个方案：一个方案是在本行业的专业媒体中做专业人员招聘，费用为 3 500 元，有利条件是对口的人才比例会高些，招聘成本低，不利条件是企业宣传力度小；另一个方案是在大众媒体上做招聘，费用为 8 500 元，有利条件是宣传力度很大，不利条件是非专业人才的比例很高，前期筛选工作量大，招聘成本高。国建华初步选用第一种方案，但总经理看过招聘计划后，认为公司在中国处于初期发展阶段，不应放过任何一个宣传企业的机会，于是选择了第二种方案。

其招聘广告刊登的内容如下：

您的就业机会在 NLC 化学有限公司下属的耐顿公司。

职位：发展迅速的新行业的生产部人力资源主管。

职责：主管生产部和人力资源部两部门的协调工作。

抓住机会！充满信心！

请把简历寄到：耐顿公司人力资源部。

在一周内的时间里，人力资源部收到了 800 多份简历。国建华和人力资源部的人员在 800 多份简历中筛出 70 份有效简历，经筛选后，留下 5 人。于是，他将此 5 人的简历交给了生产部经理于欣，并让于欣直接约见他们进行面试。部门经理于欣经过筛选后认为可从李楚和王智勇两人中做选择。他们将所了解的两人资料做了对比，如表 3—7 所示。

表 3—7　　对比表

姓名	性别	学历	年龄	以前的工作表现	结果
李楚	男	企业管理学学士学位	32 岁	有 8 年一般人事管理及生产管理经验，在此之前的两份工作中均有良好的表现。	可录用
王智勇	男	企业管理学学士学位	32 岁	7 年人事管理和生产管理经验，以前曾在 2 个单位工作过，第 1 位主管评价很好，没有第 2 位主管的评价资料。	可录用

从表 3—7 可以看出，李楚和王智勇的基本资料相当。但值得注意的是，王智勇在招聘过程中，没有上一个公司主管的评价。公司通知两人，一周后等待通知。在此期间，李楚在静待佳音；而王智勇打过几次电话给人力资源部经理国建华，第一次表示感谢，第二次表示非常想得到这份工作。

生产部经理于欣在反复考虑后，来到人力资源部经理室，与国建华商谈何人可录用。国建华说："两位候选人看来似乎都不错，你认为哪一位更合适呢？"于欣说："两位候选人的资格审查都合格，唯一存在的问题是王智勇的第二家公司主管给的资料太少，虽然如此，我也看不出他有何不好的背景，你的意见呢？"

国建华说："很好，于经理，显然你我对王智勇的面谈表现都有很好的印象，人嘛，有点圆滑，但我想我会很容易与他共事，相信在以后的工作中不会出现大的问题。"

于欣说："既然他将与你共事，当然由你做出最后的决定。"于是，公司最后决定录用王智勇。

王智勇来到公司工作了六个月，工作期间，经观察发现王智勇的工作不如期望的好，指定的工作他经常不能按时完成，有时甚至不能胜任其工作，引起了管理层的抱怨，认为他不适合此职位，必须加以处理。

然而，王智勇也很委屈，来公司工作了一段时间，招聘所描述的公司环境和各方面情况与实际情况并不一样；原来谈好的薪资待遇在进入公司后又有所减少；工作的性质和面试时所描述的有所不同，也没有正规的职务说明书作为岗位工作的依据。

讨论与思考：

1. 在耐顿公司的此次招聘工作中，哪些原因导致招聘的失败？你认为最根本的原因是什么？

2. 你如何评价人力资源部经理在此次招聘中的行为？

3. 你认为应该如何避免类似问题的出现？

第四章

招聘的渠道选择

学习目标

- 了解传统和现代招聘渠道的异同
- 了解招聘渠道选择的影响因素
- 理解招聘渠道选择的原则
- 掌握内外部招聘的途径、方法
- 掌握内外部招聘的优缺点

导入案例

小张的烦恼

小赵和小张一同在W公司的销售部门工作，小赵比小张先来公司三年。小张刚进入W公司工作时，小赵出于销售团队建设的考虑，给予小张无微不至的关怀和帮助。尤其是小张初来乍到，客户资源很少，销售业绩欠佳时，小赵主动给小张介绍客户并告诉他一些实战方面的营销技巧。小张对小赵感激不尽，经常请小赵吃饭。一来二去，两个人就成了非常要好的朋友。由于小张的不断努力和小赵的帮助，很快二人的销售业绩基本旗鼓相当，而且小张的业绩发展趋势有超过小赵的迹象，但由于两人关系密切，对此小赵并无防范和嫉妒之心。

然而，一件意想不到的事情打破了这个美好的局面。公司的销售主管突然被人高薪“挖”走，公司高层震惊不已，要求销售经理尽快在销售队伍中采取内部招聘的方式招聘一名销售主管，人力资源部门负责协助工作。于是，销售经理和招聘主管马上发布了此消息。小张和小赵由于近些年来出色的业绩，通过层层选拔成为此次招聘的热门人选。销售经理对两人的档案和近三年的销售业绩进行全面衡量，认为小张的发展潜力更大，决定录用小张为销售主管。在得知这一消息后，小张显得非常高兴，而小赵却感到很沮丧。在接下来的一个月里，小赵一直在这种沮丧与压抑中度过，最后决定离开公司，寻求新的发展。小张也过得并不快活，由于管理能力不足，资历又浅，很难管理好整支销售队伍，每天身心疲惫地工作着。

思考：

1. W 公司录用小张为销售主管的选择是否正确？
2. W 公司招聘渠道的选择是否合理？
3. 如何选择适合公司的招聘渠道？

引导案例反映了 W 公司招聘渠道选择的失败。招聘渠道的选择有固有的标准和规律，影响因素也很多，招聘渠道选择的失败，会直接导致后续工作变得徒劳，甚至使招聘工作陷入停滞。本章将详细介绍招聘渠道选择的相关知识以及内外部招聘的方法和优缺点等。

第一节　招聘渠道概述

招聘计划完成后，下一个步骤就是选择招聘渠道。招聘渠道是让潜在的应聘者获知企业招聘信息的方式和途径，有时也称为招聘方法或招聘途径。

随着社会的发展，组织可选的招聘渠道日益丰富。除了传统的报刊广告、电视广告、电台，数量众多的人才中介服务机构、猎头公司以及专业的人才招聘网站等逐渐成为组织招聘的重要渠道。人才市场招聘或校园招聘等也是组织常用的招聘渠道。有的公司还采用熟人推荐、应聘者自荐的招聘渠道。

一、传统和现代招聘渠道的比较

招聘渠道有很多种，如报纸及杂志广告、电视广播、招聘会、人才猎取、人才服务中心、员工推荐、校园招聘、网络招聘等。这里提到的传统招聘渠道是指除网络招聘外的其他招聘渠道，而现代招聘渠道特指网络招聘。在这里我们选取了招聘会、报纸及杂志广告、人才猎取这三种有代表性的招聘渠道与网络招聘进行比较。

（一）传统和现代招聘渠道在招聘成本上有差异

招聘成本的分析是决定招聘工作何时、何地及如何开始的重要因素。一般来说，招聘成本是指平均招收一名员工所需的费用，它包括内部成本、外部成本和直接成本。内部成本为企业内招聘专员的工资、福利、差旅费支出和其他管理费用。外部成本为外聘专家参与招聘的劳务费、差旅费。直接成本为广告、招聘会支出，招聘代理、职业介绍机构的费用等。网络招聘和传统的招聘渠道在内部成本、外部成本方面的差别不是很大，这里着重分析招聘的直接成本。

1. 招聘会

每周在各个地方的人才市场举行的小型招聘会，直接费用比较少，一般是 300～1 000 元/摊位；大型招聘会（如每年的春季人才市场）的费用较高，一个摊位至少也要

2 000 元。

2. 报纸及杂志广告

这种招聘渠道的费用也很高，其费用高低受版面大小、位置、色彩、报刊覆盖面等因素影响。

3. 人才猎取

人才猎取是近几年才出现的新兴事物，在一些中小城市还不普遍，但在北京、上海等大城市已经成为猎取高级人才的首选。这种招聘渠道的费用很高，按照国际惯例，应提取招聘者年薪的 30%作为招聘费用。

4. 网络招聘

企业可以根据本企业的实际情况选择不同的招聘方案。大多数企业都在人才网站进行注册，成为会员，由人才网站为他们提供服务。例如，发布人才招聘启事，查询人才简历，提供中介服务、人事规划服务、人事诊断服务等。这种招聘方式的费用较低，一般为 300～2 000 元/月。企业如果有自己的网站也可以在自己的网站上发布需求信息，这种方式的直接成本更低，但影响力有限。

（二）传统和现代招聘渠道在时间投入上有区别

在各种传统招聘方式中，只有人才猎取这种方法不需要投入大量时间，但它是以高费用为代价的，其他的传统招聘方式一般都需要投入大量的时间对应聘者的简历进行筛选。网络招聘可以节省很多时间，一方面，通过电子邮件邮寄简历要比传统的通信方式更加迅速、高效，应聘者也可以通过邮件与用人单位交流；另一方面，工作人员可以从筛选简历的繁杂工作中解脱出来。例如，51job 网站推出的“网才”招聘软件如同一个虚拟的招聘员，提供了包括应聘者信息登记、初步筛选、来信回复和信息分档存储等一揽子解决方案。它允许人事经理建立自己的筛选标准，对应聘者进行初步过滤，并对退、留邮件设置不同的标记，自动回复和存档，将处理简历的速度由原来的每天三四十份迅速提升到每天两三百份。

（三）现代招聘渠道在招聘效果上有优势

企业招聘渠道的选择是招聘效果的关键。一般来说，传统的招聘方式都有一定的局限，有的适合招聘高级人才，有的适合招聘中级人才。而网络招聘适用面很广，上到高层管理人员，下到一般的办公室职员，都可以采用这种招聘渠道，并且它不受时间、地域限制，从而更有利于选拔到优秀人才。

从招聘的成功率来看，网络招聘也更胜一筹，利用招聘会招聘人才往往会出现如下情况：一连参加了十几场招聘会，花费了大量的人力、物力、财力，却没有找到一个合适的人选。这是合适的应聘者与用人单位之间信息闭塞造成的。在招聘会上有限的应聘者无法满足用人单位对高级人才的需求，因此，越来越多的人事经理将目光投向了网络招聘。

二、招聘渠道选择的影响因素和原则

招聘渠道的选择不仅要考虑信息发布的成本，还必须综合考虑招聘职位的不同、职位空缺的数量、填补空缺的时间限制等因素。

(一) 招聘渠道选择的影响因素

(1) 招聘渠道的目的性，即招聘渠道的选择是否能够达到招聘的要求，如能职匹配、协调互补等要求。

(2) 招聘渠道的经济性，即在招聘到合适人员的情况下，所花费的成本最小，包括直接成本和间接成本。

(3) 招聘渠道的可行性，即选择的招聘渠道符合企业的实际情况，可操作性强。

(二) 招聘渠道选择的原则

(1) 高级管理人才选拔应遵循内部优先原则。

(2) 当外部环境剧烈变化时，企业必须采取内外结合的人才选拔方式。

(3) 快速成长期的企业应广开外部渠道。

(4) 企业文化类型的变化决定了选拔方式。

小提示

招聘和求职永远有不可调和的矛盾，招聘成本的控制及人员流失率的降低又是人力资源管理者们必须衡量的重要指标。所以，与其花大气力做大规模的人员招聘，倒不如思索如何充分整合现有人员的配置，以有限的人力完成日益增长的企业业务需求。

第二节　内部招聘和外部招聘

当公司出现职位空缺需要招聘员工时，既可以从公司内部挑选合适的员工来填补空缺，也可以从社会上招聘新员工。内部招聘和外部招聘作为公司人员招聘的两大来源，各有其优缺点。

一、内部招聘

(一) 内部招聘的途径

1. 晋升选拔

晋升选拔，即企业中有些比较重要的职位需要招聘人员时，选择那些可以胜任某空缺工作岗位的优秀员工，从一个较低的职位晋升到一个较高的职位的过程。晋升选拔又叫内部晋升。内部晋升具有可信性高、适应能力强、激励性更佳和费用率低等优势，要注意在晋升的标准和程序方面尽量减少主观偏见的影响，做到公平、公正。

2. 人员重聘

一些组织由于经营效果不好或者机构重组等会暂时让一些员工离开工作岗位，如下岗、长期休假、停薪留职等，待组织情况好转、机构重组完成后，如果他们恰好是内部空缺需要的人员，再重新聘用这些员工。

3. 内部公开招聘

组织可以通过内部公告的形式进行公开招聘，如在公司网站的内部主页、公告栏发布招聘启事，或以电子邮件的方式向全体成员通告，符合条件的员工可自由应聘。内部选拔、评价、录用的程序和标准与外部招聘一样，只有经过选拔、评价，且符合任职资格的员工才能予以录用。为了保证正常的工作秩序，员工应聘内部职位必须经过原任主管的同意，并且一旦应聘成功，应该给予一定的时间进行工作交接。

4. 岗位轮换

岗位轮换建立在职位管理和员工职业生涯规划管理体系的基础之上，需要建立一套完善的职位管理体系，明确不同职位的关键职责、职位级别、职位的晋升轮换关系。岗位轮换一般适用于中层管理人员。

5. 临时人员转正

企业有时会雇用临时人员，这些临时员工也可以成为补充职位空缺的来源。当正式岗位出现空缺，而临时人员的能力和资格又符合所需岗位的任职要求时，可以考虑临时人员转正，以补充空缺。临时人员的转正要注意在各项手续上符合人事管理的政策、法规规定，以免引起不必要的麻烦。

(二) 内部招聘的方法

1. 工作公告法

这是最常用的一种内部招聘方法，通过向员工通报现有的工作空缺，从而吸引相关人员前来申请这些空缺职位。工作公告中应包括空缺职位的各种信息，如工作内容、资格要求、上级职位、工作时间及薪资等级等。发布工作公告时应注意，公告应置于企业内部人员都可以看到的地方，以便有资格的人员有机会申请这些职位；公告应保留一定的时间，避免有些人因工作外出而看不到；应使所有的申请人都能收到有关的反馈信息。

2. 档案记录法

在企业的人力资源部，一般都有员工的个人档案，从中可以了解员工在教育、培训、经验、技能及绩效等方面的信息。通过这些信息，企业的高层和人力资源部门就可以确定符合空缺职位要求的人员。使用这种方法进行内部招聘时，要注意两个问题：一是档案资料的信息必须真实可靠、全面详细、及时更新，保证备选人员的质量；二是确定出人选后，应当征求本人的意见，看其是否愿意进行调整。

(三) 内部招聘需注意的问题

内部招聘作为一种重要的招聘渠道，对充实员工队伍有积极的作用，但一旦操作不慎，就会出现“近亲繁殖”、过度竞争等不良后果。在实施内部招聘时，必须注意以下方面：

(1) 必须以明确的岗位标准、任职资格为基础。

(2) 必须事先建立清晰的内部招聘规则、流程，并提前公示。

(3) 必须事先对组织现有人员进行盘点、分析，确保组织内符合应聘条件的人员达到一定数量，以避免无人应聘。

(4) 确保招聘信息传达给所有人员。

(5) 关注部门负责人对本部门应聘人员的态度。

(6) 对通过内部招聘录用或选拔的人员，必须有完善的试用、辅导安排和规则。

(7) 关注应聘失败的人员，避免他们的流失或消极的工作状态。

二、外部招聘

案例

盛田昭夫的选择

1947 年，还是一名大学生的“音乐家总裁”大贺典雄，致信当时的索尼主席盛田昭夫，批评索尼的录音机不能满足音乐家的需要，从而让盛田昭夫发现了他成长为卓越企业家的潜质。盛田昭夫告诉大贺典雄，只要加入索尼，有朝一日他会成为索尼的总裁。虽然大贺典雄拒绝了邀请，但盛田昭夫没有放弃努力，花了 6 年时间终于说服大贺典雄加盟。此后，大贺典雄又陆续从别的公司挖来了大约 40 名精英。回首往事，盛田昭夫说：“那时索尼公司还很小，我们可以从别的公司挖人。现在是大公司，这样做就不合适了。”盛田昭夫认为，现在的索尼再四处寻找人才就会让原有的员工失去晋升机会，也会损害他们的忠诚度。

（一）外部招聘的途径

1. 广告招聘

通常，用来刊登招聘广告的媒体有报纸、杂志、电视、印刷品等。要针对职位候选人的差异性，选择不同的媒体发布广告。不同的媒体有不同的优缺点及适应范围，下面将各种广告媒体进行比较（如表 4—1 所示），供参考。

表 4—1　几种主要广告媒体的优缺点及使用条件

媒体类型	优点	缺点	恰当的使用条件
报纸	标题短小精练；广告大小可灵活选择；发行集中于某一特定的地域；各种栏目分类编排，便于积极的应聘者查找。	容易被未来可能的应聘者所忽视；集中的招聘广告容易导致竞争的出现；发行对象无特定性，企业不得不为大量无用的读者付费；广告的印刷质量一般较差。	当想将招聘限定于某一地区时；当可能的应聘者大量集中于某一地区时；当有大量的应聘者在翻看报纸，并且希望被聘用时。
杂志	专业杂志会到达特定的职业群体手中；广告大小富有灵活性；广告的印刷质量较高；有较高的编辑声誉；时限较长，应聘者可能会将杂志保存起来再次翻看。	发行的地域太广，如果希望限定招聘区域则通常不能使用；广告的预约期较长。	当招聘较为专业的职业岗位时；当时间和地区限制并非最重要时；当与正在进行的其他招聘计划有关联时。
广播、电视	不容易被观众忽略，能够比报纸和杂志更好地让那些不是很积极的应聘者了解到招聘信息，可以将应聘者来源限定在某一特定地区，极富灵活性，比印刷广告更有效地渲染雇用气氛，较少因广告集中而引起招聘竞争。	只能传递简短的、不是很复杂的信息；缺乏持久性，应聘者不能回头再了解（需要不断地重复播出才能给人留下印象）；商业设计和制作（尤其是电视）不仅耗时而且成本很高；缺乏特定的兴趣选择；为无用的广告接受者付费。	当处于竞争的情况下，没有足够的应聘者看印刷广告时；当职位空缺有许多种，而在某一特定地区又有足够应聘者时；当需要迅速扩大影响时；当在两周或更短的时间内足以对某一地区展开“闪电式轰炸”时；当用于引起应聘者对印刷广告的注意时。

续前表

媒体类型	优点	缺点	恰当的使用条件
印刷品（招聘现场的宣传资料）	能够引起现场人员对企业的兴趣，极富灵活性。	作用有限，要使此种措施见效，必须保证应聘者能到招聘现场来。	在一些特殊场合（如为劳动者提供就业服务的就业交流会、公开招聘会、定期举行的就业服务会）布置的海报、标语、旗帜、视听设备等；当应聘者访问组织的某一工作地时，向其散发招聘宣传资料。
网站广告	不受时间、空间的限制，方式灵活、快捷；可以与招聘及人力资源管理的其他环节形成整体；成本不高。	潜在候选人可能会看不到职位空缺信息。	适用于有机会使用电脑和网络的人群；不论是急需招聘的职位还是长期招聘的职位都适合。

小提示

利用广告招聘，不仅要把握媒体的特点，还要注意广告的结构。一般来说，广告的结构要遵循 AIDA 原则。第一个 A 代表注意（attention），即广告要吸引人的注意。在报纸的分类广告中，那些字与字之间距离比较大，有比较多空白、空间的广告显得比较突出，能够引起人们的注意。I 代表兴趣（interesting），即要能引起应聘者对工作的兴趣，这种兴趣可能是由工作本身的性质、工作活动所在的地理位置、收入等引发出来的。D 代表欲望（desire），即要能引起应聘者申请工作的愿望，需要在对工作感兴趣的基础上，再加上职位的优点，如工作带来的成就感、职业发展前途、旅行机会或其他一些类似的长处。最后一个 A 代表行动（action），即广告要能够鼓励应聘者积极采取行动，如“今天就打电话来吧”，“请马上联系我们”等，这些话语都有让人马上采取行动的力量，也是招聘广告中不可忽略的部分。

2. 职业介绍机构

我国的职业介绍机构既有公共的，也有私人的。总体来看，私人职业介绍机构产生较晚，在经营上尚存在一些不规范的问题，发展受到一定的限制。通常，企业只是在招聘临时员工时才会利用私人职业介绍机构。

我国的公共职业介绍机构相对私人机构来说，可谓相当发达。在计划经济体制下，我国就存在劳动局和人事局的传统分割，现在的公共职业介绍机构也分化为劳动力市场和人才市场，企业一般在劳动力市场上招聘“蓝领”工人，在人才市场上招聘“白领”员工。

职业介绍机构作为一种专业的就业机构，自然掌握比单个企业更多的人力资源的资料；而且招聘筛选的方法比较科学，效率较高，可以为企业节省时间。另外，职业介绍机构作为第三方，能够坚持公事公办、公开考核、择优录用，公正地为企业选择人才。

但正因为职业介绍机构不是企业本身，因而不能清楚了解企业对人才的要求，在进行筛选时，可能会使素质较低的应聘者在初选阶段就被直接推荐给需要聘用他们的企业，监督人员又可能不做过多的考察就相信职业介绍机构的挑选，最终聘用不合格的人。另外，企业必须支付中介费，从而增加招聘的费用。因此，在招聘普通员工时，利用职业介绍机构效果会比较好，而招聘高级或专业技术人员则效果不佳。

在职业介绍机构中，有一类特殊的组织，即猎头公司。猎头公司是专门为雇主“搜捕”和推荐高级主管人员和高级技术人员的公司。猎头公司的联系面很广，而且它特别擅长接触那些正在工作并对更换工作还没有积极性的人。它可以帮助公司的最高管理当局节省很多招聘和选拔高级主管等专门人才的时间。但是，猎头公司的费用很高，一般为所推荐的人才年薪的1/4～1/3。

小提示

借助猎头公司寻找人才的企业需要注意许多问题：第一，必须向猎头公司说明自己需要哪种人才及理由。第二，了解猎头公司开展人才搜索工作的范围。美国猎头公司协会规定，猎头公司在替客户推荐人才后的两年内，不能再为其他客户把这位人才挖走。所以，在一定时期内，猎头公司只能在逐渐缩小的范围内搜索人才。第三，了解猎头公司直接负责指派任务的人员的能力，不要受其招牌人物的迷惑。第四，事先确定服务费用的水平和支付方式。通常是开始时支付1/3作为定金，在完成招聘过程最后期限的前30天左右支付另外的1/3聘金，最后的1/3聘金在完成招聘工作的60天内支付。在出现意外的情况下，所支付的费用可能还不止这些。第五，选择值得信任的人。这是因为为公司搜索人才的人不仅会了解本公司的长处，还会了解到本公司的短处，所以一定要选择一个能够为公司保密的人。第六，向这家猎头公司以前的客户了解这家猎头公司服务的实际效果。

3. 网上招聘

互联网的出现给社会生活的方方面面都带来了革命性的变化。对招聘工作而言，网上招聘的兴起导致招聘工作的变革。企业通过商业性的职业招聘网站发布招聘信息，或者在自己公司的主页上发布招聘信息，都为招聘工作带来了极大的便利，同时也节省了成本。

4. 校园招聘

大学校园是专业人员与技术人员的重要来源。在大学或学院进行招聘，已经成为我国越来越多的企业或公司喜欢运用的招聘手段。一般来说，对学校毕业生的招聘方法主要是一年一次或两次的人才供需洽谈会，供需双方直接见面，双向选择。除此之外，组织也可以有针对性地到一些院校召开专门招聘会，在学校中散发招聘广告等，有的则通过定向培养和委托培养的方式直接从学校获得所需要的人才。

案例

宝洁的校园招聘

曾经有一位宝洁的员工这样形容宝洁的校园招聘：“宝洁的招聘实在做得太好，在求职这个对学生比较困难的关口，宝洁让我带着理想主义来到了该公司。”

宝洁的校园招聘首先开始于派送招聘手册，以达到吸引毕业生参加其校园招聘会的目的；然后邀请大学生参加其校园招聘会，以校领导讲话、播放招聘专题片、宝洁公司招聘负责人详细介绍公司情况为程序，使应聘学生在短时间内对宝洁公司有较为深入的了解和更多的信心；最后是应聘者网上申请阶段，通过访问宝洁（中国）的网站，点击“网上申请”来填写自传式申请表并回答相关问题。

5. 人才招聘会

人才招聘会是通过举办供需见面会来招聘人员的招聘方式。招聘会可以进行面对面的交流，做出初步的选择，然后将大量的信息带回，以方便进一步的筛选。人才市场组织的招聘会往往会受到招聘会本身宣传力度的局限，应聘者的数量和质量难以保证。人才招聘会是比较传统的，也是被广泛使用的招聘方式。招聘会一般可以分为两大类：一类是专场招聘会，即只有一家企业专门组织、举行的招聘会；另一类是大型综合性人才招聘会，即由某些中介机构组织的，有多家单位参加的招聘会。专场招聘会有的是面向特殊群体举行的，如面向学生的校园招聘会、面向技术人员举行的招聘会等；有的是应企业需要而专门开办的。

6. 员工推荐与应聘者自荐

当企业出现职位空缺时，通常采用内部员工推荐的方法来填补，即人力资源部门将有关工作空缺的信息告诉现有员工，请他们向企业推荐潜在的申请人。员工推荐可以节省招聘人才的广告费和付给职业介绍所的费用，还可以得到忠诚而可靠的员工。对毛遂自荐的应聘者，公司应该礼貌地接待，最好让人力资源部门安排简单的面谈。对应聘者的询问信，公司应该予以礼貌而及时的答复。这不仅是对自荐者的尊重，还有利于树立公司声誉和今后的业务开展。

7. 招聘告示

一般认为，招聘告示是招聘媒体形成以前广泛采用的招聘方式，在中小企业、服务行业进行劳动力招聘时，采用得比较多。招聘告示一般张贴于店面门口、店面周边或者人流量大的场所。这种方式的特点是简单易行，满足企业对文化层次不高、经济条件不好的人员的招聘需求。其缺点，一是影响公司形象，二是影响市容、市貌。

各种招聘渠道都具有相应的优势和劣势，招聘单位在实际操作过程中，需要根据自身情况进行分析和选择，这里对招聘渠道的优劣势做出相应的比较（如表 4—2 所示）。

表 4—2　　各招聘渠道优劣分析

招聘渠道分类	细分	优点	缺点	整体分析
校园定向招聘	学校信息栏海报	成本较低。	不是很正规，没有校方的肯定与支持。	大四上学期初，即 9—10 月实施比较合适。
	学校组织招聘会	成本较低，信誉度等方面都有所保障。	竞争比较激烈，很多其他企业也在疯狂招人。	时刻保持与校方就业办的联系，随时准备参加。
	校企联合专场	人数能得到极大满足，也能提高企业知名度。	成本稍高。	最好在校方准备招聘会前期举行。

续前表

招聘渠道分类	细分	优点	缺点	整体分析
媒体广告招聘	电视和广播媒体	感染力强，渗透力强，影响面广。	成本高。	一般不适合中小型企业。
	杂志周刊	保存性好。	时效性差。	一般不适合招聘广告的投放。
	报纸	时效性好，传播范围广。	成本较高。	是比较适合企业招聘的一种方式。
网络招聘	企业网站招聘	成本低。	网站的点击率是关键。	点击率不高的情况下，可以作为一种守株待兔的方式；点击率较高时，可行性则高得多。
	专业人才网络	信息传播范围较广，主要适合招聘年青人。	成本较高。	这是伴随网络日益普及而产生的一种新的媒体招聘形式，招聘信息可以定时定向投放，发布后也可以管理，其费用相对比较低廉，理论上可以覆盖到全球。
	相关论坛等	成本低。	需要一定的人力和时间发帖。	一般不提倡此种招聘方式。
现场招聘会	人才市场现场招聘	总体上效率比较高，可以快速淘汰不合格人员，可以控制应聘者的数量和质量。	受到展会主办方宣传推广力度的影响，应聘者的数量和质量难以得到有效保证。	常用于招聘一般型人才。
	大型招聘会现场			
猎头公司招聘	猎头公司招聘	可以利用其储备人才库、关系网络，在短期内快速、主动、定向寻找企业所需要的人才。	收费比较高，通常为被猎成功人员年薪的 1/4～1/3。	猎头面向的对象主要是企业中高层管理人员和企业需要的特殊人才，其具体操作基本上由企业的高管直接负责。
企业内部招聘	企业内部招聘	有利于增加员工的能动性。	人员供给的数量有限，易“近亲繁殖”，形成派系；组织决策时缺乏差异化的建议，不利于管理创新和变革。	这种方式通常适用于那些对人员忠诚度要求比较高且熟悉企业情况的岗位，内部招聘主要用于内部人才的晋升、调动、轮岗。
员工推荐	员工推荐	招聘成本小，应聘人员与现有员工之间存在一定的关联相似性，基本素质较为可靠，可以快速找到与现有人员素质技能相近的员工。	选择面比较窄，往往难以招到能力出众、特别优异的人才。	适合需求不是太大的专业人士和中小型企业。

续前表

招聘渠道分类	细分	优点	缺点	整体分析
招聘告示	招聘告示	招聘成本不高，简单易行，满足企业对文化层次不高、经济条件不好的人员的招聘需求。	影响公司形象，有违“禁止胡乱张贴广告、告示”的要求。	这是招聘媒体形成以前广泛采用的招聘方式，中小企业、服务行业进行劳动力招聘时，采用的比较多。通常情况下，招聘告示张贴于店面内。

案例

网上“广种”竟是“薄收”

刚刚毕业于西安交通大学经济信息管理专业的学生叶虹说：“要找工作，当然免不了去招聘会，不过我只去过一次招聘会，在拥挤的人群中基本上是以汗水浸透、疲倦不堪收场，之后我就改为网上投简历了。它不仅查询方便，信息量大，选择面广，不受时间、地点的限制，而且可节省一大笔打印、印制自荐书的费用，也免去了奔波之苦。”为了能在网上找到自己满意的工作，叶虹用搜索引擎找到许多网上求职站点。上面有许多用人信息，按地区、按工种都可查询，相当方便。叶虹发简历时秉承“多多益善”的原则，对自己心仪的公司，从经理级别的职位到业务员级别的职位一个不落地“全面发送”，觉得这样就可以增加保险系数。如果遇到特别中意的公司，在第一次发出简历没有面试消息后，她总会将简历重复发送一遍。一转眼，叶虹上网求职已有一个多月，她遗憾地说：“我每天都上网查看我的电子邮件，但落花有意，流水无情，我真是害了‘单相思’，好长时间过去了仍毫无音信。有时信箱里虽然也‘躺’着几封回函，但都是一些人才培训信息以及公司广告之类的无用信息。”许多应聘者与叶虹一样认为网上的信息来得方便，殊不知只求量的“广种”，其结果往往会是“薄收”，效果并不好。首先，如果不合“硬”条件，在第一轮过滤条件时就会被刷下来。其次，这样会让人力资源部门认为你不明确自己的定位，缺乏明确的求职意向，不具备职业素质。最后，尽量避免在三天之内重复发送简历至一家公司，这种行为很可能引起公司的反感，从而过滤掉你的邮件。请记住每个公司的招聘流程不尽相同，有些公司给出回应较快，而有些公司在1～2个月甚至更长的时间才能给出回应。

(二) 外部招聘的方法

1. 广告招聘

广告招聘，即组织通过媒体，以发布广告的形式获得所需的人选。好的广告可以起到一箭双雕的效果，一方面能吸引所需的人员前来应聘；另一方面扩大了本单位的知名度。在招聘广告中，应介绍本单位及有关部门职位的情况、职位的要求和待遇、联系方法及电话等。一定要选择合适的媒体，以达到预期的目的。例如，要招聘一名计算机业务人员，将广告登在电子或计算机类报刊上要比登在农业报或机械报上的效果好得多。

2. 院校预定

每年都有成千上万的学生从大中专院校毕业。有的单位已经与有关院校挂钩，预定本单位所需的人员；有的单位甚至在相关院校设奖学金，为自己培养专业人才。这种有目的的预定方法，是与单位、企业的人力资源规划分不开的。单位根据自身的人力资源规划，在一两年甚至更长的时间以前，就同院校在培养人才方面进行了沟通，这样培养出来的大学生到了工作岗位上便能较快地熟悉业务，进入状态。这种招聘一般适于招聘专业职位或专项技术岗位的人员。

3. 人才交流

随着经济的发展、社会的进步，人才流动的现象越来越普遍，越来越活跃。为了适应这种需求，许多城市出现了人才交流中心或职业介绍所等。这些机构扮演着双重角色，既为企业、单位选人，同时也为应聘者选工作单位，在这里几乎可以找到所有需要的人员。一些大城市出现的不少猎头公司，更可以为企业、单位寻觅到急需的管理人员、专业技术人员，甚至是总经理、副总经理等高级管理人员。

三、内外部招聘的优缺点比较

招聘人才的方式多种多样，各有所长，适应的条件各异。从内部招聘和外部招聘看，它们的利弊可归纳如下。

（一）内部招聘

当产生职位空缺时，人力资源部门可通过内部招聘的形式优先从内部选拔人员。内部招聘具有明显的优点，但同时也有着较大的局限性。

1. 内部招聘的优点

（1）激发员工的内在积极性。随着经济的发展和人们观念的更新，人们的需求已逐步从对货币报酬的狂热转移到一些非货币报酬上来。在非货币报酬中，有工作本身的报酬（包括工作的挑战性、趣味性等）和工作环境的报酬（包括企业的知名度和社会美誉度、企业的发展前景、个人的发展空间、有能力而公平的领导、健康舒适的工作环境、融洽的人际关系等），其中人们最关心的是个人发展空间和工作的挑战性。内部招聘本身就具有鼓舞员工内在积极性的功能，企业一旦启动内部招聘，员工就感受到企业真正给自己提供了发展空间，感受到晋升的可能，并激发出推销自己、引起组织注意和信任的希望。

（2）招聘成本低。内部招聘的费用要比外部招聘低得多。内部招聘可以使企业节省如广告费、会务费、猎头公司代理费等开支。如果我们把管理者对外来者的聘用、分配和新员工熟悉企业所花费的间接成本考虑进去，节省的费用就更多。

（3）规避用人风险。组织对内部招聘所选拔的人员有着更充分的了解和考察，能够减少错误的招聘决策，有效规避用人方面的风险，招聘成功率更高。

（4）缩短适应时间。内部获取的人力资源熟悉企业，熟悉企业的工作环境和工作流程，熟悉企业的领导和同事，了解并认可企业的文化、核心价值观等，所需的指导和训练会比较少，能够迅速进入角色，减少了由于陌生而必须缴纳的各种“学费”（包括时间、进度和可能的失误等）。

（5）促进人力资源配置的合理化。组织对应聘者的思想和技能有比较充分的了解，知道哪位候选人适合哪个岗位。而员工对组织的历史、现状、目标使命以及存在的问题了解得较为清楚，可以减少与组织的磨合时间，较快地胜任本职工作。同时，内部招聘能够引导组织内人力资源的合理流动，促进人力资源配置的合理化，从整体上提高人力资源的效益和产出。

（6）内部员工具有丰富的社会资源。企业内部的员工具有丰富的社会关系，尤其是在同行业的人才当中，员工可以借助自己的人际关系推荐人才。例如，一个在旅游行业工作的人很可能认识较多的在其他旅游公司工作的优秀人才，通过他们的举荐更能揽到优秀的人才。

2. 内部招聘的缺点

（1）可能会出现“近亲繁殖”的弊端。如果内部招聘的操作程序不规范或有裙带关系，不讲“公开、公平、公正”原则，有些职位的候选人可能会被领导“内定”；有时甚至会为某些人创造出一些职位，因人设岗。

（2）缺少创新意识。长期在企业工作的员工的思考方式、工作方法及行为方式都形成了一定的模式，思想会受到一定的禁锢，缺乏创新意识，从而影响工作效果，进而影响企业的活力和竞争力。另外，过多的内部招聘可能形成封闭的组织文化，降低组织对外部环境变化的敏感性和适应能力。

（3）可能会产生不稳定因素。首先，内部招聘在一定程度上容易造成内部部门之间的矛盾。有时，一名优秀的员工可能会被几个部门竞争；有的部门经理比较受人欢迎，员工也会倾向于到其部门；职位之间待遇上的差别，员工会选择薪资高的职位。其次，内部招聘可能导致员工之间的过度竞争，影响员工之间以及部门之间的关系。最后，内部招聘可能会造成员工的不满和工作积极性的下降。那些申请了却没有得到职位或者没有得到空缺信息的员工可能会感到不公平、失望甚至不满，从而影响工作的积极性。

（4）“人职匹配”的问题。一般来说，公司会晋升在现有职位绩效优异的员工，而他们仅仅是在过去的工作中表现优秀，非常适应过去的职位要求，成绩只能代表过去，他们在新的职位上却不一定合适。

（二）外部招聘

外部招聘是根据一定的程序和标准，从企业外部的众多候选人中选拔符合空缺职位要求的人员。当内部招聘不能满足企业对人力资源的需求时，就需要考虑从企业的外部挑选合格的员工。

1. 外部招聘的优点

（1）能够给企业带来新思想。外部招聘上岗的人员可以带来新的思路、新的工作方法和流程，从而使企业充满活力；他们没有被太多的条条框框束缚，工作起来可以放开手脚，从而给企业带来较多的创新机会；也可避免组织的僵化和停滞，避免“近亲繁殖”出现。

（2）招聘选择面更宽。组织选择的余地较大，特别是组织在初创和发展快速期，易于组织配备所需的人力资源。组织可以百里挑一、千里挑一，甚至万里挑一，故可以挑选到素质较高的各种人才。

（3）有利于完善“能岗匹配”。以次充优和过度使用内部人才是内部招聘的主要弊端，外部招聘利于遵循“能岗匹配”的原则，避免了过度使用不成熟的人才。

（4）“鲶鱼效应”。外聘人才可以在无形中给组织原有员工施加压力，形成危机意识，激发斗志和潜能。压力带来的动力可以使员工通过标杆学习而共同提高职业技能。

（5）有利于提升组织形象。通过对外招聘的方式，组织可以积极地与外界进行交流，有利于组织在潜在的员工、客户和其他外界人士中产生积极的影响，树立良好的企业形象。

2. 外部招聘的缺点

（1）招聘成本较高。无论是招聘高层次人才，还是中低层次人才，都必须经过媒体广告直到录用等诸多环节。企业需要支付这诸多环节所产生的一系列费用，包括招聘人员的费用、广告费、测试费、专家顾问费等。

（2）影响内部员工的积极性。从外部招聘中高层员工会打击内部员工的积极性，进而产生不合作态度。企业没有内部招聘机制，将外部招聘形成制度和习惯，内部员工就会认为没有发展前途，工作积极性大大降低。

（3）进入“角色”较慢。外部招聘人员对组织的情况不了解，或了解太少，进入工作状态较慢，文化的融合也需要时间，而融合的时间会部分地影响工作的进展。组织对招聘进来的人员的能力把握不准确，可能选错人，导致工作绩效上的损失。

（4）对组织薪酬体系的影响。外聘人员可能由于本身的稀缺性，要求较高的待遇，打乱企业的薪酬激励体系。过多的外聘人员甚至可能稀释或改变组织文化。

（5）录用决策的错误。外部招聘的录用决策不同于内部招聘，组织在此过程中所掌握的信息量要远远少于内部招聘。对外部人员的了解和考察不够充分，可能导致错误的录用或其他风险。

本章小结

招聘渠道选择的影响因素有招聘渠道的目的性、招聘渠道的经济性、招聘渠道的可行性。招聘渠道分为内部招聘和外部招聘两种形式。内部招聘的途径有晋升选拔、人员重聘、内部公开招聘、岗位轮换、临时人员转正。内部招聘使用晋升选拔、人员重聘、岗位轮换等方法。外部招聘实施的方法则有广告招聘、院校预定、人才交流。

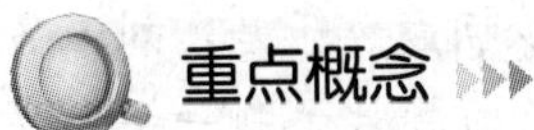

重点概念

招聘渠道　　渠道选择　　内部招聘　　外部招聘

复习思考题

1. 试对传统和现代招聘渠道进行比较。

2. 招聘成本包括哪些方面？
3. 招聘渠道选择的原则是什么？
4. 内外部招聘的途径分别有哪些？
5. 各主要招聘渠道的优缺点分别是什么？
6. 为什么说内部招聘可能会产生不稳定因素？

实训题

某企业拟招聘销售主管10人，但在选择招聘渠道时，用人部门与人力资源部门出现了矛盾，用人部门坚持选择外部招聘，人力资源部门认为应该从内部选拔。在企业召开的一次办公会议上，用人部门与人力资源部门展开了激烈的争论。

要求：把全班分为若干组，每组6人左右，每两组为一个实训单元，其中一组模拟用人部门，另外一组模拟人力资源部门。学生在论证己方观点时需言之成理、言之有据，深刻理解内外部招聘的优缺点，正确选择招聘渠道。

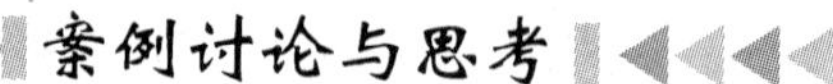

案例讨论与思考

某设计院的选聘

某工业设计院是一家国有大型设计单位，拥有800多名工程技术人员，该院二室共有15名成员。室主任张池是位经验丰富的高级工程师，他手下有3名高级工程师和多名较年轻的工程师和助理工程师。张池知识渊博，为人正派，在同事中享有极高的威信。在他的领导下，二室的同志团结协作，多次受到院部的表扬和嘉奖。

不久前，张池被市里调走了。二室主任一职待填补。二室有三位资深的高级工程师，但究竟哪一位将担此任呢？

王工：45岁，在三人中最年轻，美国麻省理工学院的博士，业务能力很强，富有创新精神。回国5年多来，设计工作一直很出色，他设计的项目中有3项已获得部里颁发的优秀奖，有1项已获得市里的特等奖。他尊重同事，协作精神强，室里同事认为他是最理想的人选。

李工：45岁，虽业务平平，但和院长私交颇深，他们是同乡，平时来往密切。

刘工：54岁，来本院工作已近30年，业务能力尚可，但没有什么创造性。此人四平八稳，从不与别人争吵，是位有名的"老好人"，对各级领导都恭顺谦卑，在领导的眼里，是"听话"的人，但在室里引起不少人的非议。

一周后，设计院正式任命刘工为二室的主任。这实在大出室里同志们的意料，在室里引起了很大的震动，表示"不可理解，不可思议"。

过了几天，院长布置给二室一项为某省设计一家中型造纸厂的任务。该厂地处穷乡僻壤，刘工安排李工去。李工说，手头的任务虽快结尾了，但还有不少问题。于是，刘工又硬着头皮去找王工。王工说："我手头的一项任务也是十分紧迫的，而且只干到一半，离不开。"

几天后，刘工宣布院长的一项新指示："院长给我室一个新的项目，设备要从美国引进，项目开始和进行过程中都要到美国去，院长和我商量，决定由李工担当此任，并给李工专门配备一名外语学院毕业的英文翻译……"几个青年业务尖子再也按捺不住，纷纷提出质问："王工业务能力最强，英语没话说，对美国又熟悉，如让他担此任务，出国不用翻译……"王工本人也感到不可理解，接着王工和几位较年轻的业务尖子均告病未来上班。

待王工和几位年轻的业务尖子来上班时，刘主任搬来了院长，院长不但不问他们的身体情况，反而劈头大声批评："无论你们是真病还是假病，一律扣一个月的奖金……"不等院长说完，王工站起来说："院长，不用扣奖金了，工资我不要了，这是我的辞职报告……"紧接着，几个业务尖子也纷纷递交了辞职报告。随后，他们去了一家乡镇企业，在那里心情愉快，均得到了重用，他们搞出的几项设计，让设计院二室望尘莫及。

讨论与思考：

1. 该设计院选聘人员的程序和标准是否规范？
2. 如果你是该设计院的院长，将通过什么渠道和程序来选择二室的主任？为什么？
3. 该设计院在人力资源开发与管理中存在哪些问题？该如何解决？

第五章

面　试

学习目标

- 了解面试的含义
- 理解面试的作用与种类
- 理解面试评价标准的确定
- 掌握面试的实施阶段
- 掌握面试的提问技巧
- 掌握面试评价的具体操作方法

导入案例

YC 公司的招聘面试

星期一早上，在上海 YC 公司（中国）总部的一间办公室里，负责人力资源管理的副总经理陈先生正考虑着一会儿要进行的招聘高级研究人员的一些事项。他的办公桌上放着 3 个人的材料，包括个人简历、相关证书以及一些素质测评的结论。这 3 个人是从 107 名应聘者中选拔出来的，每个人都有独到之处。

A：男，29 岁，应届博士生，毕业于名牌大学。其毕业论文中关于氟化玻璃的硬度与纯度的研究与公司下一步的技术开发方向十分吻合。去年 A 曾到 YC 公司在中国的有力对手 AK 公司的一个实验室里实习过一个月。陈先生派人了解过他的情况，那个实验室的人高度评价了 A 在专业方面的悟性和工作能力，但对他的骄傲自大颇有微词。“有才华的人总免不了有些骄傲的。”陈先生想。

B：女，35 岁，硕士。目前是一家省级科学院的副研究员，在新型材料的市场调研和应用研究方面是专家。想进 YC 公司就职主要为解决夫妻两地分居的问题。

C：男，33 岁，硕士，自由职业者，有关于氟化玻璃的两项专利。

10 分钟后，陈先生和其他 4 位专家一起开始了对 A、B、C 3 人的面试。谈话中，除一些话题与个人情况密切相关外，有几项重要的提问对 3 人是相同的，但回答大相径庭。

面试主要内容记录如下：

问：为什么要做氟化玻璃这个项目？

A：无所谓，是导师帮助定的，定了我就做。其实换个题目我照样能做好，我有这份信心。

B：这是当前和今后几年里市场上的热点项目，技术上处在领先地位，获利很高。

C：我做是因为我喜欢，我喜欢研究那些透明的晶体。目前，我国的技术与国外相比还是不行，你注意了吗？国产的氟化玻璃总是有杂质，肉眼看都很明显。

问：能否比较一下本公司与你以前工作过的单位？

A：没法比。我实习过的那家公司糟透了，无论人员素质还是技术水平，都太落后，我的才能只有在 YC 这样的大公司里才能发挥出来。

B：差不多。贵公司的技术条件与我们研究所差不多，不过，资金实力更雄厚一些。

C：没法比较，我没有属于过哪家公司。但贵公司可以提供给我继续工作的资金和场所、仪器，所以我们还应该就待遇问题进一步谈谈。

问：你愿意和什么样的人相处？

A：什么样的都行，或者反过来，什么样的都不行。说实话，我不认为与什么人相处能对我的工作有所帮助，别人不可能帮得了我，我的工作主要靠我自己的努力。

B：我希望与不太自私的人共事。这样大家才能协作得好，才有利于组织目标的实现，越是大公司越应注意这一点。但不必担心，就我个人来说，一般情况下，我能和大家合作好的。

C：与别人共事时不可能总是融洽的，但我希望与我共事的人能以工作为重，否则我会很气愤。这会影响工作的。

问：如果你的研究项目失败，你会怎样？

A：再换一个就是。我说过，不管做什么我都会成功的。

B：多找一找原因，并从技术、市场、材料、仪器等方面，研究有无做下去的必要。如果有前景、有市场，当然应该继续做下去。

C：我研究过了，这个项目的前景非常好。我会不遗余力地做下去，我不怕失败、不怕困难。

面试结束了，陈先生面对面试记录，陷入了沉思。

思考：

1. 如果由你来拍板，你会录用谁？为什么？
2. 如果必须要放弃一个人，你会放弃哪一个？为什么？

引导案例描述了 YC 公司高级研究人员的面试情况。从案例中可以看出，面试对企业招聘有着至关重要的作用。面试考官在面试中起着主导作用，任务是实施面试，以确定最后的人选。面试过程中有很多重要的技巧，包括提出面试问题、观察和分析应聘者在面试中的各种行为表现、对应聘者进行评价等。企业招聘到的人才素质的高低与面试考官所掌握的面试技巧有着很大的关系。本章将详细介绍面试的含义、作用、种类，面试的实施以及面试结果的评价等。

第一节 面试概述

一、面试的含义及作用

(一) 面试的含义

面试是一种在特定场景下，以面对面交谈与观察为主要手段的甄选技术方法。对面试一词的理解，可以从以下几个方面入手：

(1) 与一般性的交谈、面谈不同，面试是经过专门设计的，而面谈与交谈强调的只是面对面的直接接触形式与情感沟通的效果，并非经过精心设计。

(2) 面试不是在自然情境下对应聘者的观察和考察，而是在特定场景下进行的，面试场所是按一定要求设置的。

(3) 面试不像一般的口试，它不仅强调口头语言的测评，也包括对非口头语言行为的综合分析和判断，通过“问、听、察、觉、析、判”等多种方式对应聘者的能力水平进行测评。

(4) 面试不是万能的，它不是测评一个人的所有素质，而是根据招聘职位的特点，有选择地针对其中一些必要的素质进行测评，如体态、仪表、举止、口头表达能力、反应能力、应变能力、敏感性、情绪稳定性、知识的广度和深度、实践经验与专长、工作态度与求职动机、兴趣爱好与活力等。

(二) 面试的作用

与其他测评方式相比，面试具有以下几个作用：

(1) 可以考察到笔试甄选手段难以考察到的内容。笔试以文字为媒介，考察一个人的知识水平、素质能力，但很多素质特征很难通过文字表现出来，如一个人的仪表风度、口才、反应的敏捷性等。这些无法用文字形式表达的素质特征，可以通过面试来考察。而且，文字性的笔试、问卷等测试往往很难考察出应聘者不愿表露的某些隐情，而在面对面的面试中，可能就会暴露出来。

(2) 可以弥补笔试的失误，并有效剔除高分低能者和冒名顶替者。

有些人在笔试过程中没发挥好，仅以笔试成绩作为录用依据，这些人就没有机会被录用了。但如果辅之以面试形式，就给了这些人再次表现的机会。

笔试还存在一定的局限性，笔试中难免有高分低能者甚至冒名顶替者。例如，在一些省市的干部录用考试中，有些人笔试成绩很高，但面试时言语木讷，对所提问题的回答观点幼稚、没有深度；有的则只能背书本知识，分析问题和解决问题的能力很差。

(3) 面试可以测评应聘者的多方面素质。从理论上讲，只要精心设计、时间充足、手段得当，面试可以准确地测评出应聘者的任何素质。如果心理测验中的问卷是测评应聘者智力、心理、品德等的有效手段，把这些心理测验中的问题以口头问答的形式表现出来，往往会收到与笔试不同的效果。如果高频率地利用信息量，其测评质量会更高。如果在面试中引入无领导小组讨论、角色扮演、管理游戏等情景模拟的人员甄选手段，还可考察应聘者的组织能力、领导能力等；如果引入工作演示的方法，还可直接考察出一些应聘者的实际工作能力。甚至对应聘者的身体状况，也可以通过面试获取大量信息。

二、面试的发展趋势

面试用于人员甄选古已有之，在我国可以追溯到先秦时期甚至更早。孔子、汉代的刘劭、三国时期的诸葛亮对面试已经有相当的研究。面试后来以"策问"这种特殊的形式，普遍运用于科举取士中。国外在人员聘用过程中，同样将面试作为重要的手段。如今，面试被广泛运用，我国和许多发达国家均将面试作为国家公务员录用的重要环节。

从近年来的实践来看，面试呈现出了以下几种发展趋势。

(一) 面试形式的丰富化

面试早已突破那种两个人面对面、一问一答的模式，呈现出丰富多彩的形式。从单独面试到集体面试，从一次性面试到分阶段面试，从非结构化面试到结构化面试，从常规面试到引入演讲、角色扮演、案例分析、无领导小组讨论等情景面试。

(二) 面试程序的结构化

过去，对面试的过程缺乏有效把握，面试的随意性大，面试效果也得不到有效保证。为了改进这一点，目前，面试的操作过程已逐步规范起来，面试的起始阶段、核心阶段、收尾阶段要问些什么、要注意些什么，事先一般都有一个具体的方案，以提高面试过程和面试结果的可控性。

(三) 面试提问的弹性化

过去，许多面试基本等同于口试。主考官提问的问题一般都是事先拟订好的，应聘者只需抽取其中一道或几道回答即可，主考官一般不再根据回答问题的情况提出新问题。主考官评定成绩仅依据事先拟订的具体标准答案，对回答的内容进行评分。实际上这只不过是化笔试为简单的口述形式而已。现在则不同，面试中主考官问题的提出虽源于事先拟订的思路，却是为适应面试过程的需要而自然提出的，也就是说后一个问题与前一个问题是自然相接的，问题是围绕测评的情景与测评的目的而随机出现的。最后评分时，不仅依据回答内容的正确与否，还要结合应聘者的总体表现及整个素质状况进行评定，充分体现了因人施测与发挥主考官主观能动性的特点。

(四) 面试结果的标准化

过去，对面试的评判方式与评判结果没有具体要求，可比性差。近年来，面试结果的处理方式逐渐标准化、规范化，基本上都使用表格、等级标度与打分形式等。

(五) 面试测评内容的全面化

面试的测评内容已不仅限于仪表举止、口头表述、知识面等，现已发展到对思维能力、反应能力、心理成熟度、求职动机、进取精神、身体素质等全方位的测评。

(六) 面试考官的内行化

过去，面试主要由人事部门主持。现在，面试过程一般由人事部门、具体用人部门和人事测评专家共同组成的面试考评小组主持。而且，许多单位向用人部门人员提供面试评价技术的培训，向人事部门人员提供专业知识的培训，并进行面试前的集中培训，使面试考官的素质有了很大提高。"一流的伯乐选一流的马"，面试考官的素质对提高面试的有效性、保证面试的质量起着极为关键的作用。

三、面试的种类

按不同的标准，面试可分为不同的类型。

(一) 按应聘者的数量分类

根据应聘者的数量，面试可分为单独面试和集体面试。

1. 单独面试

单独面试，即主考官与应聘者单独面谈，这是最普遍、最基本的一种面试方式。单独面试的优点是能提供一个面对面的机会，让面试双方较深入地交流。单独面试又有两种类型：一是只有一个主考官负责整个面试过程，这种面试大多在较小规模的单位录用较低职位人员时采用；二是由多位主考官参加整个面试过程，但每次均只与一位应聘者交谈，公务员面试大多属于这种形式。

2. 集体面试

集体面试又叫小组面试，即多位应聘者同时面对主考官的情况。在集体面试中，通常要求应聘者做小组讨论，相互协作解决某一问题，或者让应聘者轮流担任领导主持会议、发表演说等。这种面试方法主要用于考察应聘者的人际沟通能力、洞察与把握环境的能力、领导能力等。

无领导小组讨论是最常见的一种集体面试方法。在不指定召集人，主考官也不直接参与的情况下，应聘者自由讨论主考官给定的讨论题目，这一题目一般取自于拟任工作岗位的专业需要，或是现实生活中的热点问题，具有很强的岗位特殊性、情景逼真性和典型性。讨论中，众考官坐在离应聘者有一定距离的地方，不参加提问或讨论，通过观察、倾听，为应聘者进行评分。

(二) 按面试内容设计的侧重点分类

根据面试内容设计的侧重点不同，可将面试分为常规面试、情景面试和综合性面试。

1. 常规面试

所谓常规面试，就是我们日常见到的、主考官和应聘者面对面以问答形式为主的面试。在这种面试条件下，主考官处于积极主动的位置，应聘者一般是被动应答的姿态。主考官提出问题，应聘者根据主考官的提问进行回答，展示自己的知识、能力和经验。主考官根据应聘者对问题的回答以及应聘者的仪表仪态、身体语言、在面试过程中的情绪反应等对应聘者的综合素质做出评价。

2. 情景面试

情景面试突破了常规面试时考官和应聘者那种一问一答的模式，引入了无领导小组讨论、公文处理、角色扮演、演讲、答辩、案例分析等人员甄选中的情景模拟方法。情景面试是面试形式发展的新趋势。在这种面试形式下，面试的具体方法灵活多样，面试的模拟性、逼真性强，应聘者的才华能得到更充分、更全面的展现，主考官对应聘者的素质也能做出更全面、更深入、更准确的评价。

3. 综合性面试

综合性面试兼有前两种面试的特点，而且是结构化的，内容主要集中在与工作职位相关的知识、技能、能力等个性心理特征和其他素质上。

(三) 按面试目的分类

根据面试目的的不同，可将面试分为压力型面试和非压力型面试。

1. 压力型面试

压力型面试是将应聘者置于一种人为的紧张气氛中，让应聘者接受诸如挑衅性的、非议性的、刁难性的刺激，以考察其应变能力、压力承受能力、情绪稳定性等。在典型的压力型面试中，考官以穷究不舍的方式连续就某事向应聘者发问，且问题刁钻棘手，甚至逼得应聘者穷于应付，考官以此种“压力发问”方式逼迫应聘者充分表现出面对难题的机智灵活性、应变能力、思考判断能力、气质性格和修养等方面的素质。

2. 非压力型面试

非压力型面试是指面试考官在和谐的面试氛围中对应聘者进行的面试，大多数岗位需要在无压力的状态下进行面试，这有助于考察应聘者的真实能力和素质。

(四) 按面试结构化程度分类

面试按结构化程度划分，可分为结构化面试、非结构化面试和半结构化面试。

1. 结构化面试

结构化面试是指面试题目、面试实施程序、面试评价、考官构成等方面都有统一明确的规范的面试。结构化面试由多名考官按照预先设计的试题向应聘者提问，根据应聘者的回答，给出应聘者在各个测评要素上的得分，各个测评要素的得分总和就是应聘者结构化面试的最后成绩。成绩的高低由应聘者的回答中反映出来的综合分析能力、语言表达能力、应变能力等要素测评结果决定。

2. 非结构化面试

非结构化面试是对与面试有关的因素不做任何限定的面试，也就是没有任何规范的随意性面试。在非结构化面试中，对面试过程的把握、面试中要提出的问题、面试的评分角度与面试结果的处理办法等，主考官事前都没有精心准备与系统设计。非结构化面试类似于人们日常生活中的非正式交谈。除非面试考官的个人素质极高，否则很难保证非结构化面试的效果。目前，非结构化的面试越来越少。

3. 半结构化面试

半结构化面试是指只对面试的部分因素有统一要求的面试，如规定有统一的程序和评价标准，但面试题目可以根据面试对象而随意变化。半结构化面试是在预先设计好试题的基础上，由主考官向应聘者提出一些随机性的试题，也可以说它是结构化面试和非结构化面试的综合体。这种面试可以使用人单位全面考察应聘者的人际交往能力和沟通能力。半结构化面试越来越得到广泛的使用。

以上三种面试的优势和劣势如表 5—1 所示。

表 5—1　　结构化面试、非结构化面试和半结构化面试的比较

面试类型	优势	劣势
结构化面试	客观、公正、可量化，不同面试考官的面试结果具有可比性，可大规模施测。	灵活性弱。
非结构化面试	灵活性强。	主观性强，偶发因素影响大，受面试考官个人偏好影响，难以防范应聘者社会赞许倾向和表演行为。
半结构化面试	兼具二者优势。	受面试考官影响较大，评价结果的客观性、可比性受其结构化程度影响。

第二节 面试的实施

一、面试的程序

通常，面试发生在心理测验等其他测评方式之后，通过对应聘者进行不同的考试和测验，就他们的知识、能力、性格、职业倾向、个人素质等多方面加以评定和甄选，从中选出优良者进入面试程序。

面试包括三个阶段的工作：面试准备阶段、面试实施阶段和面试结果应用阶段。面试的程序如图 5—1 所示。

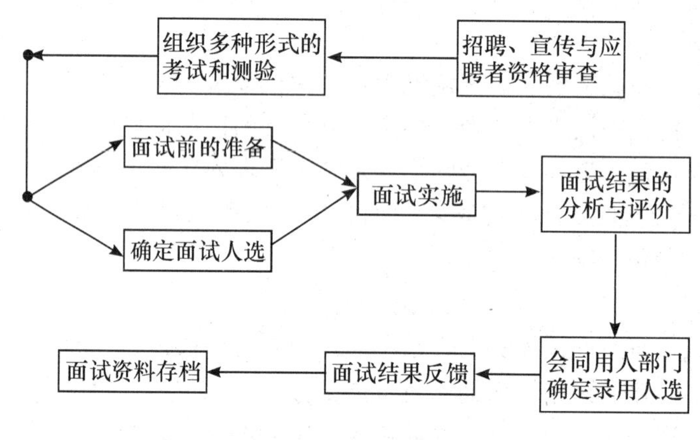

图 5—1 面试的程序

（一）面试准备阶段

准备阶段包括两方面的工作：一是确定参加面试的人选，并发出面试通知书（如表 5—2 所示）；二是进行面试前的多项准备工作。

表 5—2 **面试通知书范例**

____先生/女士： 感谢您应聘本公司×××职位，您的学识、经历给我们留下了良好的印象，为了彼此进一步的了解，请您于 月 日 时 分前来本公司参加面试。 如您时间不方便，请事先与×××先生（小姐）联系。 此致 敬礼 人事部 敬启 地址： 电话： 年 月 日

面试前的准备工作包括以下几个方面。

1. *确定面试考官*

面试考官通常由人事部门主管、用人部门主管和独立评选人三部分组成。无论什么人担任面试考官，都要求他们能够独立、公正、客观地对每位应聘者做出准确的评价。

小提示

对面试考官的要求：

(1) 良好的个人品格和修养。

(2) 具备相关专业知识 。

(3) 丰富的社会工作经验。

(4) 良好的自我认识能力。

(5) 善于把握人际关系。

(6) 熟练运用各种面试技巧。

(7) 能有效地面对各类应聘者，控制面试进程。

(8) 能公正、客观地评价应聘者。

(9) 掌握相关的人员测评技术。

(10) 了解组织状况及职位要求。

2. 选择合适的面试方法

第一节讲过面试的多种类型，面试考官应根据具体情况选择最合适的方法。

3. 设计评价表和面试问话提纲

在面试过程中，需要对每位参加面试的应聘者进行评价，应根据岗位要求和每位应聘者的实际情况设计评价表（如表 5—3 所示）和有针对性的面试问题提纲。

表 5—3 **面试评价表（范本）**

<table>
<tr><td>面试职位</td><td></td><td>姓名</td><td></td><td>年龄</td><td></td><td>面试编号</td><td></td></tr>
<tr><td>居住地</td><td colspan="3"></td><td colspan="2">联系方式</td><td colspan="2"></td></tr>
<tr><td>时间</td><td></td><td colspan="2">毕业学校</td><td colspan="2"></td><td>专业</td><td></td></tr>
<tr><td>学历</td><td></td><td colspan="2">期望月薪</td><td colspan="2"></td><td>专长</td><td></td></tr>
<tr><td colspan="8">工作经历</td></tr>
<tr><td colspan="8"></td></tr>
<tr><td colspan="3">问题</td><td colspan="3">回答</td><td colspan="2">评价（分数）</td></tr>
<tr><td colspan="3" rowspan="2">1</td><td colspan="3" rowspan="2"></td><td colspan="2">5 4 3 2 1</td></tr>
<tr><td>理由</td><td></td></tr>
<tr><td colspan="3" rowspan="2">2</td><td colspan="3" rowspan="2"></td><td colspan="2">5 4 3 2 1</td></tr>
<tr><td>理由</td><td></td></tr>
<tr><td colspan="3" rowspan="2">3</td><td colspan="3" rowspan="2"></td><td colspan="2">5 4 3 2 1</td></tr>
<tr><td>理由</td><td></td></tr>
<tr><td colspan="3">综合议价（分数）
A B C D E</td><td colspan="3">考官评语</td><td>分数
总计</td><td></td></tr>
</table>

4. 安排合适的面试时间

面试官要估计并预定完成面试所需的时间，安排好自己的工作和面试的时间，确保面试时不受干扰。面试时间尽量选择应聘者方便的时间，最好安排在晚间或周末。

安排面试的时间还要考虑到人的生理周期。通常来说，面试官和应聘者的反应能力在上午 11 点左右达到高峰，下午 3 点左右出现低谷，在下午 5 点时会达到另一个高峰。面试时间应尽量安排在生理高峰时间，避开低谷时间，以提高面试准确率。

5. 安排合适的面试地点

要选择适宜的场所供面试使用。在许多情况下，不适宜的面试场所及环境会直接影响面试的效果。如果公司比较偏远，有条件时应尽量选择交通便利而且体面的酒店或咖啡馆。异地面试应选择市中心地区知名度较高的酒店或咖啡馆。高层职位面试尽量不要在写字楼办公室，最好选择高档酒店或咖啡馆。如果座位靠近窗口，要将窗帘拉上，避免强光，面试官应背向阳光，让应聘者面对阳光；保持面试房间良好的通风和适宜的温度；应该向应聘者提供茶水或咖啡，但不必提供食物，那样面试官和应聘者既吃不好，也谈不好。

6. 做好面试的行政安排

与应聘者预约面试时间，确定面试时间表；通知应聘者面试的详细地点和紧急联络方式；礼貌地要求应聘者面试时携带照片、相关证书原件等以备查验；面试前要再次确认面试时间和地点；准备招聘宣传资料、公司及产品的介绍资料；准备招聘职位的职位说明书；准备名片、面试笔记和评估表单等。

（二）面试实施阶段

面试准备完成后，就进入了面试过程的实施阶段。这一阶段是面试工作程序中最主要的一个环节，它依靠面试考官的面试技巧有效地控制面试的实际操作。它一般包括准备、接触、了解背景、询问有关工作的问题、向应聘者提供某些信息、结束等过程（如表 5—4 所示）。

表 5—4　　面试的基本过程

过程	面试官	应聘者	主要作用
准备	将应聘者的材料放在案头并浏览，回顾面试计划并对某些问题做一些必要的记号。	注意穿着打扮，早早到面试处报到，等待面试并回顾自己回答问题的要点。	双方都给对方以好的印象，表示相互尊重。
接触	握手欢迎，自我介绍，请应聘者就座并适当寒暄。	握手，在“请坐”时坐下，用简短的语言概括介绍自己（开场白）。	消除应聘者的紧张情绪、恐惧感。
了解背景	询问应聘者个人情况、家庭情况、社会背景、受教育情况。	自述。	核实材料中的有关内容，考察应聘者的社交能力、团队合作能力是否与将就职的工作团体相适应，考察其灵活变通性。
询问有关工作的问题	询问应聘者的职业经历、职业计划以及调换工作的原因，了解应聘者曾受过的培训，就该职位了解应聘者有关的技能和专业知识。	提供工作经历、个人技能的有关情况，尽力表达申请此职位的动机和信心。	在主动性、自我评价、主要能力、调换工作的理由、自我发展的愿望等方面得出结论，并核实其书面材料。
向应聘者提供某些信息	向应聘者介绍企业及各部门、各工作岗位的情况，回答应聘者的提问。	询问有关工资福利、提升机会的情况，了解公司背景等。	让应聘者了解组织，避免对未来的工作有误解。
结束	稍作总结，表示面试结束；起身握手告别，示意应聘者可以出去了。	等待面试官示意结束，询问下一步如何做，起身告别。	正式结束面试。

(三) 面试结果应用阶段

面试结束后，就进入面试的结果应用阶段。这个阶段的主要工作包括面试结果的分析与评价、确定最后的人选、面试结果的反馈及面试资料的存档。面试结果的分析与评价主要是针对应聘者在面试过程中的实际表现做出结论性评价，为录用人员的取舍提供依据。面试结果的反馈有两种途径：一是由人事部门将人员录用结果反馈到组织的上级和用人部门；二是逐一将面试结果通知应聘者本人，其中既包括录用人员，也包括未录用人员，对未录用人员表示组织的辞谢。最后一个环节是将所有面试资料存档备案，以备查询。至此，面试工作全部完成。

二、面试考官的资格要求和规范

(一) 面试考官的资格要求

面试考官是面试的测评者，是对应聘者的素质进行评价的人，在面试中扮演着十分重要的角色。面试考官的任务是实施面试，包括设计面试问题、对应聘者进行提问、观察和分析应聘者在面试中的表现及对应聘者进行评价等。面试考官各方面的素质、性格特征、工作能力等直接影响着面试的质量。一般来说，面试考官应具备以下资格条件：

(1) 必须具备良好的个人品格和修养，为人正直、公正。在面试过程中，面试考官代表着公司，是公司文化的象征，他们应使每位应聘者在彼此的接触中感受到彼此的价值。

(2) 应具备相关的专业知识，在面试的小组中，面试考官的知识组合不应有缺口。在面试评价过程中，定性评价往往多于定量评价，这要求考官们具有丰富的社会工作经验，能借助工作经验的直觉正确把握应聘者的特征。

(3) 了解组织状况及职位要求，这样才能帮助公司选出真正需要的人才。

(4) 面对各类应聘者，能熟练运用各种面试技巧，控制面试的进程。在面试的过程中，面试考官应能了解和感受应聘者心理上的恐惧和焦虑，妥善舒解应聘者的紧张情绪，营造轻松的气氛，同时应具有某种驾驭能力，使面试过程和目的免受破坏。

(5) 能公正客观地评价应聘者，不受应聘者的外表、性格和背景等各项主观因素的影响。面试考官需具有良好的自我认识能力。心理学研究表明，人们总是习惯以自我为标准去评价他人，作为面试的考官，如果不能对自我有一个健全、正确的认识，就无法正确地评价他人。

(6) 要求面试考官掌握相关的人员测评技术，能对录用与否做出果断的决定。

(二) 面试考官易犯的错误

面试是面试考官和应聘者的互动过程，在这个过程中，面试考官由于自身的素质、个性和心理，可能会对应聘者产生错误的判断，从而影响面试的有效性。具体地讲，面试考官易犯的错误主要有以下几种情况。

1. 第一印象

第一印象也称为首因效应，即面试考官根据开始几分钟的印象，甚至是面试前从资料（如笔试、个人简历等）中得到的印象对应聘者做出评价。如果面试考官对应聘者的第一印象很好，就会有意无意地证明这个人确实不错；反之，则会努力证明这个人确实不行。

2. 对比效应

对比效应，即面试考官相对于前一个接受面试的应聘者来评价目前正在接受面试的应聘者的倾向。如果第一个应聘者得到极好的评价，而第二个应聘者的评价为“一般”，则面试考官对第二个应聘者的评价往往比本应给予的评价低；如果第一个应聘者的表现一般，而第二个应聘者表现出色，则他得到的评价可能会比他本应得到的评价高。

3. 晕轮效应

晕轮原指月亮被光环笼罩时产生的模糊不清的现象。晕轮效应是一种普遍存在的心理现象，即对一个人进行评价时，往往会因为对其某一品质特征的强烈、清晰的感知而掩盖其他方面的品质。“爱屋及乌”、“情人眼里出西施”都是晕轮效应的典型例子。在面试中，面试考官可能会因为一个人反应敏捷而有意无意地认为其聪明、能力强，也可能会因为一个人反应较慢而不经意地认为其不够聪明、能力差。

4. 刻板印象

刻板印象是指有时对某个人产生一种固定的印象。例如，认为老年人一定是保守的人，认为穿牛仔裤的人一定是思想开放的人。这种刻板印象往往会使面试考官不能客观、准确地评价应聘者。

5. 不了解岗位要求或缺乏经验

缺乏经验的面试考官不能敏感地把握面试中的有用信息，还特别容易受到上面四种心理效应的干扰。不了解岗位要求的面试考官只能选出自己认为合适的人，而不是真正适合招聘岗位的人。当招聘岗位具有较高的技术性时，面试考官对这方面知识的缺乏更容易使其做出错误的决策。

6. 草率决定

很多面试考官往往过于相信自己的直觉或经验。有人声称5分钟就能读懂一个人，这样的面试效果很令人担忧。即使偶有成功，恐怕也是机缘巧合，真正的面试效度还是源于科学、认真的准备以及严谨的工作态度。

7. 非言语行为的影响

研究表明，目光接触、摇头、微笑这类动作较多的应聘者容易得到较高的评价。另外，应聘者的个人魅力以及性别对面试考官也会有影响，而这些跟工作的要求有时并不相关。

8. 忽略尊重

有些大公司知名度高、福利待遇好，招聘时门庭若市，面试考官便有人才很多、随便挑的想法，以至于不尊重应聘者的人格，在面试时有意无意地贬低应聘者的才能及过去的成就，故意提些问题为难应聘者。这样，不但不能了解应聘者，反而使应聘者产生对立、戒备情绪，甚至破坏公司的形象，使其招不到真正想要的人才。

(三) 如何避免面试考官的主观错误

1. 确定面试考官

为了避免面试考官的主观错误，在进行面试时，用人单位一般会组建一个面试评价小组（或称面试评委会）。面试评价小组一般由3～7（一般是奇数）人组成，其人员来源一般为：用人单位人事部门负责人，用人单位相关业务部门负责人，用人单位主管领导，面试评价方面的专家、学者，与用人单位专业相关的高水平的专业技术人员。在面试评价小组的人员构成上，要考虑专业优势互补，并注意人员的年龄结构，做到老、中、青相结合，以避免某一年龄层次人员太多而可能造成的偏差。

2. 培训面试考官

为了避免面试考官的主观错误，在面试前，要对面试考官进行培训。面试考官的培训工作主要由有关的专家、人事经理来负责。培训的内容包括：面试过程的把握、提高面试效果的手段、面试的提问和倾听技巧、面试的评分要素与评分标准、面试案例剖析与讨论、面试情景模拟等。

三、面试问题的类型与各阶段安排

（一）面试问题的类型

面试中的常见问题一般分为以下几个方面：个人情况、应聘动机、专业情况、工作能力、工作经验、人际关系、工作态度、兴趣与爱好及其他方面，如表 5—5 所示。

表 5—5 面试中的常见问题

1. 个人情况	(1) 你的基本情况怎样？(2) 你有什么特长和爱好？(3) 你的优缺点是什么？
2. 应聘动机	(1) 你应聘的动机是什么？(2) 你了解我们单位吗？(3) 你找工作首先考虑的因素是什么？(4) 你的理想是什么？(5) 你在工作中追求什么？个人有什么打算？
3. 专业情况	(1) 你喜欢你的专业吗？为什么？(2) 你学过的科目与我们的工作有什么关系？(3) 你最喜欢或最不喜欢什么课程是什么？为什么？(4) 你对自己的学习成绩是否满意？
4. 工作能力	(1) 你的适应能力如何？(2) 大学里你做过最成功的事情是什么？(3) 你参加过什么样的课外活动？
5. 工作经验	(1) 你大学毕业后的第一份工作是什么？(2) 你在这家企业里取得了哪些你自己认为值得骄傲的成就？(3) 你在主管部门中，遇到过什么困难？你是怎么处理和应付的？
6. 人际关系	(1) 你喜欢与什么样的人交往？(2) 你喜欢独立工作还是与别人合作？为什么？(3) 你喜欢什么样的领导？
7. 工作态度	(1) 你喜欢领导还是被领导？(2) 如果因为某事受到批评，你怎么办？(3) 你想怎样取得成功？
8. 兴趣与爱好	(1) 你喜欢什么运动？(2) 你怎么消磨闲暇时间？(3) 你经常参加体育锻炼吗？
9. 其他方面	(1) 你是不是打算继续学习？(2) 你爱读什么样的书？(3) 你的身体状况如何？(4) 你觉得学历和工作经验哪个更重要？为什么？(5) 你有什么需要了解的？

（二）面试问题各阶段的安排

对面试问题，在设计上需要依据职务说明书，在顺序安排上应该根据不同的面试阶段安排适当的问题类型。各阶段的特点及提问要点如下：

（1）面试准备阶段。准备阶段的工作内容主要包括资料准备、问题回顾、时间安排控制等。

（2）建立关系阶段。该阶段主要营造融洽的面试环境，适用的问题类型为封闭式问题，如“你这一路还顺利吧？”等。

（3）导入问题阶段。这一阶段的着眼点在于为提出后面的问题做好铺垫。适用的问题类型为比较宽泛的开放式问题，通常与应聘者过去的经历相关，如“从简历中，我们了解到你在现在的公司负责物流管理的工作，你的具体工作职责有哪些？”等。

（4）核心考察阶段。这一阶段的着眼点在于考察应聘者的关键胜任能力，这是面试中最关键的环节。适用问题类型为行为性问题，即让应聘者讲述关键行为事例。该环节在整个面试中所占的比重为70％～80％，该环节以行为性问题为主线，同时也可以适当穿插其他问题，但行为性问题的比重至少应该占70％。

（5）信息确认阶段。这一阶段的着眼点在于对核心考察阶段所收集的有关职位胜任能力的信息进行确认和判断。适用问题类型为探索性问题、封闭性问题。

（6）总结收尾阶段。在这一阶段应当重点关注面试问题的收尾：检查前面考察的问题是否有遗漏，补充提问，确认应聘者的相关信息，以开放式提问的方式询问应聘者有什么问题要问，回答应聘者的问题并表示感谢，告知下一步具体安排及时间。

四、面试技巧

（一）面试时的提问技巧

面试官正确地把握提问技巧是十分重要的。这不仅可以直接地、有针对性地了解应聘者某一方面的情况或素质，而且对把握面试进程、明确面试的主题、形成良好的面试气氛，都有着重要影响。下面是面试时提问的一些主要技巧：

（1）保证面试问题的结构合理，即事先确定问题的顺序、层次。问题缺乏结构、层次会导致面试中出现自相矛盾的信息，造成毫无效率、毫不相干的漫谈，不利于对不同的应聘者进行对比。

（2）一般应在轻松的气氛下进行面试。除非有必要进行压力型面谈，否则面试官应尽量营造轻松的气氛，如多微笑、使用缓和的语气、鼓励应聘者等。在轻松的气氛下，应聘者能更真实、充分地表现自己。

（3）提问要先易后难，由浅入深。提出的问题要做较周密的安排，先易后难，循序渐进。在进行面试时，可将那些应聘者熟悉、容易回答的问题排在前面，这样有利于应聘者逐渐适应，展开思路，进入“角色”。同时，还要注意题目与目的的相关性。有经验的面试官的提问一般具有较高的有效性。例如，“我看到你以前在××公司工作，你觉得那里的工作怎么样？”比“你喜欢那个工作吗？”或“你为什么离开那里？”等更具有综合性，可以了解更多的信息。

（4）提问的形式要多样。提出的问题可以多种多样，既可以是理论性的，又可以是引导性的，还可以是行为性的。理论性问题、引导性问题和行为性问题之间的区别如表5—6所示。在提问中，提问方式要多样，面试官注意掌握主动，诱导应聘者，使交谈深入。面试的提问方式如表5—7所示。

表 5—6 理论性问题、引导性问题和行为性问题之间的区别

才能	理论性问题	引导性问题	行为性问题
协作能力	你如何对付难缠的雇员？	你善于化解矛盾吗？	告诉我，作为一名管理者，你曾如何对付难缠的雇员？
销售能力	你认为你能卖出商品的原因是什么？	我们的销售目标很高，你能应付这种挑战吗？	谈谈过去一年中你成交的最大的一笔生意。你是如何做成的？
解决问题的能力	你如何处理生产中出现的问题？	你能排除机器设备的故障吗？	请说说你最近遇到的一个（有关仪器的、加工的或质量的）问题。你是如何解决的？
安全意识	你认为工作中的安全问题有多重要？	听起来你是个小心谨慎的员工，是吗？	请谈谈你所发现的认为不安全的情况。具体情景是什么样的？你做了些什么？
应变能力	如果你不得不改变自己的工作安排以适应变化中的要求，你将有何感想？	一个月内让你先后做四种不同的工作，你会烦吗？	请谈谈你在工作中不得不适应变化的经历。你是怎样适应的？结果如何？

表 5—7 面试的提问方式

提问方式	目的	举例
开放式提问："为什么"、"什么"、"哪个"。	获取信息，鼓励回答，避免被动。	你为什么采用这种方式？
清单式提问：呈现出选择的可能性或抉择的问题。	获取信息，鼓励询问对象考虑多种选择，陈述优先选择。	你认为产品质量下降的主要原因是什么？
假设式提问：任别人想象，探求别人的态度或观点。	鼓励人们从不同角度思考问题。	如果你处于这种状况，你会怎样处理这个问题？
重复式提问：返回信息以检验是否是对方的真正意图，检验你得到的信息是否正确。	让对方知道自己听见了他的信息，检验获得信息的准确性。	如果我理解正确的话，你说的意思是……
确认式提问：表达出对信息的关心和理解。	鼓励信息发出人继续与你交流。	我明白你的意思！这种想法很好！
封闭式提问：得到具体回答。	用"是"、"否"回答。	你将文件打印好了吧？你曾干过秘书工作？
追问式提问：请再往下说。	获取进一步的信息。	你有什么证据？

（5）在面试的开始阶段，要多提问开放性的问题，如以"你如何……"或"你什么时候……"为开头的问题。这类问题有助于应聘者进入状态，在这一阶段，应聘者可以决定说什么及怎么说，应聘者的回答是基于自己的感觉和思想的，比较可靠。

（6）不要问带有提问者本人倾向的问题，如以“你一定……”或“你没……”为开头的问题。同时，也避免提出引导性的问题，如“当你接受一项很难完成的任务时，会感到害怕吗”，“你介意加班吗”，“你经常提出建设性的意见吗”等。

（7）尽可能提问与过去行为有关的问题，即行为性问题。这可能是最有用的面试技巧。这一条的假设前提是：一个人过去的行为最能预示其未来的行为。与应聘者自称“通常在做”的、“老在做”的、“能够做”的、“可能会做”的或者“应该做”的事情相比，其过去实际所作所为的实例更为重要。考虑到这一点，提出的问题应该让应聘者用其言行实例来回答，如“举一个当你……的例子”，“讲述一下你……的具体例子”，“你有过……的经历吗？请讲述一下这样的经历”。相反，下面的提问方法则容易导致应聘者做出理论性回答或只陈述观点：“你对……有何看法”，“如果……你会怎样做”，“……如果是你，你也许会怎样做”。

提问行为性问题必须了解事例的来龙去脉，即事件发生的背景、事件的性质、应聘者在事件中的行为表现、应聘者行为所导致的结果。这也可总结为行为性问题的STAR原则：背景（situation）、任务（task）、行动（action）、结果（result）。

通常，应聘者求职材料上写的都是一些结果，描述自己做过什么，成绩怎样，比较简单和宽泛。而我们在面试的时候，则需要了解应聘者如何做出这样的业绩，做出这样的业绩都使用了一些什么样的方法，采取了什么样的手段。通过这些过程，我们可以全面了解应聘者的知识、经验、技能、工作风格、性格特点等与工作有关的方面，而STAR原则正是帮我们解决上述问题的。

案例

企业面试中如何运用STAR原则

A企业需要招聘一名业务代表，某应聘者的资料上写着自己在某一年做过销售冠军，某一年销售业绩过百万等。则A公司在面试时，可针对简历上的工作经历，对以下四个方面进行提问：

（1）该应聘者取得上述业绩是在一个什么样的背景之下，包括应聘者所销售的产品的行业特点、市场需求情况、销售渠道、利润率等。通过不断地发问，全面了解该应聘者取得优秀业绩的前提，从而获知所取得的业绩有还是与应聘者个人有关，还是与市场的状况、行业的特点有关。

（2）该应聘者完成过哪些工作任务，每项任务的具体内容是什么。通过这些可以了解其工作经历和工作经验，以确定其所从事的工作与获得的经验是否适合现在空缺的职位。

（3）应聘者为了完成这些任务所采取的行动。通过这些，可以进一步了解其工作方式、思维方式和行为方式，这是企业非常希望获得的信息。

（4）针对每项任务所采取的行动的结果是什么，是好还是不好，好是因为什么，不好又是因为什么。

这样，通过运用STAR原则进行提问，可以一步步将应聘者的陈述引向深入，一步步挖掘出潜在的信息，为企业决策提供正确和全面的参考。这既是对企业负责（招聘到合适的人才），也是对应聘者负责，有助于获得一个双赢的局面。

按STAR原则面试，A公司的面试官只收集应聘者过去的行为事例，而不是从心理角度分析其行为；面试官评价应聘者的依据是其行为表现，而不是面试官个人的主观感受和直觉。应聘者难以隐瞒过去的表现或提供含糊、空洞的信息，而必须提供确切和真实的信息资料。鉴于以上原因，STAR原则可以帮助面试官对应聘者做出准确的评价。

（二）面试中的倾听技巧

所谓倾听技巧，是一种听对方讲话的技巧，即把握住说话者提供的信息的含义，了解说话者的情感，并正确理解说话者的谈话内容。面试官在面试中有以下应注意的地方：

（1）要善于发挥面试官身体语言的作用。在面试中，面试官要集中精神去倾听应聘者的回答，不应干别的事情。人的眼睛不仅能观察事物，还可以通过眼神的变化来表达某种倾向。在倾听应聘者回答时，面试官不能斜视、俯视，以免应聘者感到不自在甚至有不平等感，影响应聘者回答问题，进而影响其表现。在倾听应聘者回答问题时，面试官要适当地通过点头来认同应聘者的回答，使其轻松自如。当然，面试官不能有事没事就频频点头。

（2）面试官要善于把握和调节应聘者的情绪。一般来讲，应聘者在面试中往往会有紧张情绪。面试官应根据面试进行的情况，适当把握机会，谈些无关主题的事来使应聘者放松，自然地表露自身的素质水平。

（3）要注意应聘者的身体语言。面试中，面试官还应注意从应聘者言辞、音色、音质、音量、语调及回答问题时的身体语言来判断其素质水平。

（4）注意倾听，不要随意打断应聘者。在应聘者回答的时候，面试官要用心倾听，不要随意打断；在听的过程中应该把全部的注意力集中在对应聘者语言的精确理解上，对应聘者的回答做出适度的反应；当对方的谈话与所提问题无关时，可进行巧妙的引导；在倾听应聘者的谈话时，应边听边思索，及时归纳整理，抓住关键之处，不失时机地做出反应。

（三）面试的评价要点

面试官需要通过面试来考察应聘者的综合素质，从而甄选出合适的人员。一般来说，面试官应从以下几个方面来评价应聘者。

1. 仪表风度

仪表风度是指应聘者的体态、外貌、气色、衣着举止、精神状态等，这是应聘者给面试官最初的印象。国家公务员、教师、公关人员、企业经理人员等职位，对仪表风度的要求较高。研究表明，仪表端庄、衣着整洁、举止文明的人，一般做事有规律，注意自我约束，责任心强。

2. 求职动机

了解应聘者为何想来本企业工作，以及在工作中主要追求什么，从而判断本企业所提供的工作条件和职位能否满足应聘者的工作要求和期望。对求职动机与拟任职位的匹配性，可以通过以下几个方面测定：应聘者的现实需要（如住房、户口、待遇等），成就动机（如自我提高、自我实现等），与岗位以及组织文化的契合性。

3. 专业知识

了解应聘者掌握专业知识的深度和广度，以及专业知识更新是否符合所要录用职位的要求，作为笔试的补充。面试对专业知识的测试应更具灵活性和多样性，所提的问题也应更贴近实际工作。

4. 工作经验

一般根据应聘者的个人简历或求职登记表，做些相关的提问，并查询应聘者有关背景及过去工作的情况，以补充、证实应聘者所提供的实践经验。通过了解工作经历，还可以考察应聘者的责任心、主动性、忠诚感、事业进取心。

5. 口头表达能力

考察应聘者是否能够将自己的思想、观点、意见或建议顺畅地用语言表达出来。考察的具体内容包括：表达的逻辑性、准确性、感染力、音质、音色、音量、音调等。

6. 综合分析能力

考察应聘者对面试官提出的问题，是否能通过分析抓住本质，并且说理透彻、分析全面、条理清晰。

7. 反应能力与应变能力

考察应聘者对面试官所提问题的理解是否准确，回答是否迅速、准确等，对突发问题的反应是否机智敏捷、回答恰当，对意外事件的处理是否得当、妥当等。

8. 人际交往能力

在面试中，通过询问应聘者经常参与哪些社团活动，喜欢同哪种类型的人打交道，在各种社交场合所扮演的角色，了解应聘者的人际交往倾向和与人相处的技巧。

9. 工作态度

一是了解应聘者对过去学习、工作的态度；二是了解其对应聘职位的态度。在过去的学习或工作中态度不认真、做好做坏无所谓的人，在新的工作岗位上也很难能勤勤恳恳、认真负责。

10. 个人兴趣与爱好

通过询问应聘者休闲时喜欢从事哪些运动，喜欢阅读哪些书籍，喜欢什么样的电视节目，有什么样的嗜好等，可以了解一个人的兴趣与爱好，这对录用后的工作安排有好处。

小提示

下面是专家在面试研究中的一些发现：

(1) 结构化面试比非结构化面试更可靠。

(2) 反对的信息比同意的信息对面试官的影响更大。

(3) 在获得了大量与工作有关的信息后，面试的可靠性会增大。

(4) 偏见往往在面试刚开始时就已形成，而这种偏见最后将导致赞成或反对的结论。

(5) 通过面试能比较正确、有效地评价一个人的智力水平，而面试对测试数据没有影响。

(6) 面试官往往能够解释为什么他们觉得一个应聘者不会是一个令人满意的员工，却无法解释为什么他会是一个令人满意的员工。

(7) 在做出最后的判定时，事实的数据比外表更重要，这一点随着面试官经验的丰富更能显现出来。

(8) 当其他面试官持有相反意见时，会使面试官对一个应聘者的评价更加极端。

(9) 人际关系的处理能力和动机可能是面试官最主要的评价标准。

(10) 给应聘者一些时间讨论，可避免面试官太快形成对应聘者的第一印象。

(11) 言语和非言语的行为都能影响录用决定。

(12) 虽然应聘者被接受的概率不同，但有经验的面试官会将应聘者按相同的方式进行评价，他们往往比没有经验的面试官更善于挑选。

第三节 面试结果的评价

一、面试结果的评价概述

面试结果的评价是运用评价量表，根据面试过程中通过观察与提问所收集到的信息，对应聘者的素质、工作动机及工作经验等进行价值判断的过程。在这一过程中，面试官必须做出三种一般类型的判断：第一，对应聘者特定方面的判断，如他们的能力、个性品质、工作经验或工作动机（一般要求应用预先设计好的评价量表对这些因素做出正式的评价或评级）；第二，录用建议；第三，录用决策。

这三种类型的判断有一定难度，尤其是第一种类型的判断，它与面试同时进行，没有单独的评分时间和可以让面试官仔细斟酌的思考过程。作为面试官，应认真研究和掌握面试成绩评定中的各种技术及相关评价手段。

面试结果的评价通常以面试评分表的形式表现，如表 5—8 所示，面试评分表的设计至少包括三个方面的内容：面试评分表的构成、面试评价标准和面试评分表的形式。

(一) 面试评分表的构成

面试评分表主要包括以下几个方面的项目：

(1) 姓名、编号、性别、年龄。

(2) 应聘的职位。

(3) 面试考察的重点内容及考核要素。

(4) 面试评价的标准与等级。

(5) 评语栏（包括录用建议、录用决策）。

(6) 面试评委签字栏。

(7) 面试时间等。

表 5—8

面试评分表

<table>
<tr><td>姓名</td><td></td><td>性别</td><td></td><td>年龄</td><td></td><td>编号</td><td></td></tr>
<tr><td colspan="2">应聘职位</td><td colspan="2"></td><td colspan="2">所属部门</td><td colspan="2"></td></tr>
<tr><td colspan="2" rowspan="2">评价要素</td><td colspan="6">评价等级</td></tr>
<tr><td>1（较差）</td><td>2（差）</td><td>3（一般）</td><td colspan="2">4（较好）</td><td>5（好）</td></tr>
<tr><td colspan="2">个人修养</td><td></td><td></td><td></td><td colspan="2"></td><td></td></tr>
<tr><td colspan="2">求职动机</td><td></td><td></td><td></td><td colspan="2"></td><td></td></tr>
<tr><td colspan="2">语言表达能力</td><td></td><td></td><td></td><td colspan="2"></td><td></td></tr>
<tr><td colspan="2">应变能力</td><td></td><td></td><td></td><td colspan="2"></td><td></td></tr>
<tr><td colspan="2">社交能力</td><td></td><td></td><td></td><td colspan="2"></td><td></td></tr>
<tr><td colspan="2">自我认识能力</td><td></td><td></td><td></td><td colspan="2"></td><td></td></tr>
<tr><td colspan="2">健康状况</td><td></td><td></td><td></td><td colspan="2"></td><td></td></tr>
<tr><td colspan="2">专业知识</td><td></td><td></td><td></td><td colspan="2"></td><td></td></tr>
<tr><td colspan="2">实际经验</td><td></td><td></td><td></td><td colspan="2"></td><td></td></tr>
<tr><td colspan="2">工作态度</td><td></td><td></td><td></td><td colspan="2"></td><td></td></tr>
<tr><td colspan="2">总体评价</td><td></td><td></td><td></td><td colspan="2"></td><td></td></tr>
<tr><td colspan="2">评价</td><td colspan="6">□建议录用 □有条件录用 □建议不录用</td></tr>
<tr><td>用人部门意见</td><td colspan="2">签字：________</td><td>人事部门意见</td><td colspan="2">签字：________</td><td>总经理意见</td><td>签字：________</td></tr>
</table>

注：每项面试内容的评定结果在应得分数上画“√”即可。

（二）面试评价标准

1. 面试评价标准的含义

面试评价标准是面试官据以评定应聘者成绩的尺度。面试评价的根本目的是衡量应聘者的能力、素质、资格条件是否符合拟任职位对人员的要求，以及在多大程度上符合，在多大程度上不符合。而应聘者的能力、素质、资格条件，是通过应聘者在面试中的言语和行为表现来体现的，面试官将应聘者的表现与职位的要求相对照，并对二者相一致的程度给出一个数量化的描述，这就是面试评分的基本思路。面试的评价标准包含三方面的内容：一是评价指标，即反映考生素质、资格的典型行为表现；二是水平刻度，即描述这些行为表现所体现的能力、素质或资格条件的数量水平或质量等级的量化系统；三是评价规则，即一定水平刻度与一定行为指标之间的对应关系。

2. 面试评价标准等级的确定

在设计面试评分表时，可把面试标准等级按三点、五点、七点尺度进行划分，每一等级赋予一定的标准内容，如将面试成绩按优、良、可、差划分为四个等级。每一项面试内容均可按照这四个等级划定评价标准。例如，“语言表达能力”一项，“优”的评价标准是语言流畅，内在逻辑性强，具有说服力；“良”的评价标准是语言通顺，表述清楚，逻辑性强，有较好的说服力；“可”的评价标准是语言较通顺，基本达意，有一定说服力；“差”的评价标准是语言欠通顺，表达不清，逻辑混乱，不具说服力。在评价标准等级的用词上，尽量体现等距原则，讲究各级间相互照应，层层递进，保持分寸、程度和数量上的连续性，以免幅度较大的跳跃。

3. 等级量化

等级量化就是对各评价标准等级予以标度。标度一般有两种基本形式：一是定量标度，就是采用分数形式进行标度，如百分制中的90分、80分、70分、60分等；二是定性标度，如采用"优、良、中、差"或"甲、乙、丙、丁"等进行标度。当然，定性标度和定量标度实际上存在着一定的对应关系，可以互相置换。但一些平行的或不可比的评论，则不一定存在这种对应关系，如性格与气质测定中的A型、B型等。

4. 面试评价标准的结构形式

面试评价标准的结构形式为：评价标准＝评价项目＋评价指标＋水平刻度。

(1) 评价项目是面试所要测评的素质项目。

(2) 评价指标是能够反映评价项目的行为表现，如"语言表达能力"这个评价项目，可以以叙述、描写、议论三种典型的语言行为表现为指标来加以反映。

(3) 水平刻度是指评价指标或评价项目的数量水平的连续分布顺序及刻度。简而言之，就是数量上的分档、分级、分数等。

"评价项目＋评价指标＋水平刻度"构成面试评价标准的一般结构形式。对一个评价项目来说，评价指标＋水平刻度就是评价标准的完整结构的形式。狭义上的评价标准，一是指评价指标＋水平刻度，二是仅指水平刻度。

(三) 面试评分表的形式

面试评分表的形式主要有以下几种。

1. 问卷式面试评分表

问卷式面试评分表（如表5—9所示），即运用问卷形式，将所要评价的项目列举出来，由面试官根据应聘者在面试中的行为表现对其进行评定。

表5—9　问卷式面试评分表

评价项目	评价等级		
	3	2	1
1. 应聘者的仪表和姿态是否符合本工作的要求	非常符合	可能符合	不符合
2. 应聘者的自我表现能力（包括表情、语言、自信）如何	好	一般	不好
3. 应聘者的态度及工作抱负与本单位的工作目标是否一致	一致	一般	不一致
4. 应聘者的气质、性格类型是否符合本项工作的要求	符合	一般	不符合
5. 应聘者的工作意愿能否在本单位得到满足	可以	一般	不可以
6. 应聘者的专业特长是否符合所聘职位的工作要求	符合	一般	不符合
7. 应聘者的工作经历是否符合所聘职位的要求	符合	一般	不符合
8. 应聘者的受教育程度是否符合所聘职位的要求	符合	一般	不符合
9. 应聘者所要求的待遇及工作条件是否与本单位所能提供的条件相适应	适合	一般	不适合
10. 应聘者是否有在本单位继续发展的可能	有可能	一般	不可能
11. 应聘者的口头表达能力如何	较强	一般	较弱
12. 应聘者的综合分析能力如何	较高	一般	较低
13. 应聘者的随机应变能力如何	较强	一般	较弱

续前表

评价项目	评价等级		
	3	2	1
14. 应聘者的想象力和创新意识如何	较强	一般	较弱
15. 应聘者的工作热情和事业心如何	较强	一般	较弱
16. 应聘者是否有足够的精力担当此项工作	足够	一般	不够
17. 应聘者所表现出来的综合素质是否足以担当所要任命的工作职务	足够	一般	不够
综合评语及录用建议：	主考官签字：		

注：请根据应聘者的行为表现及回答问题的情况，用画“√”的方式选择一项评价等级。

2. 等级标准评价表

采用等级标准评价表（如表5—10所示）确定面试评价的基本要求是：将每一要素划分为若干标准等级，面试官根据应聘者在面试过程中的行为表现及回答问题的状况，选择一个符合应聘者客观实际情况的等级予以评分。

表5—10　等级标准评价表

编号		姓名		出生年月		性别	
应聘岗位				毕业院校			
面试内容	所占比重	评分标准					
		具体指标	优秀 90%～100%	较好 80%～90%	一般 70%～80%	较差 60%～70%	很差 60%以下
身体外貌	20%	健康状况（10分）					
		气质（10分）					
知识经验	20%	知识水平（5分）					
		实际经验（5分）					
		职业道德（5分）					
		专业知识（5分）					
能力方面	40%	社交能力（10分）					
		口头表达能力（10分）					
		应变能力（8分）					
		创新能力（6分）					
		处理难题能力（6分）					
性格方面	20%	工作热情（6分）					
		自信心（6分）					
		开放性（4分）					
		态度（4分）					
小计							
综合评语	级别标准	96～100分	91～95分	81～90分	71～80分	61～70分	60分以下
面试官评价意见							
评委评价意见	评委甲						
	评委乙						
录取与否的决定							

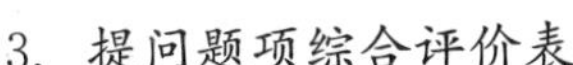
3. 提问题项综合评价表

按提问顺序记分，每一评价要素对应若干题项，最后将各题项平均得分综合统计在一张评价表上。这种评价表一般由三部分构成：面试提问单、提问记分表、综合计分评价表。

二、面试成绩的评定

有了面试评价标准和面试评分表，经过培训的面试官即可进行评分。基本思路是通过将应聘者在面试中的言语和行为表现与体现职位要求的评价指标相比较，对二者相一致的程度给出一个数量化的描述。这个思路说起来容易，做起来很难。科学、准确的评分与面试官的品格、素质和业务能力密切相关。作为面试官，除了要具备与岗位相关的具体业务知识和能力外，还应掌握人才评价方面的有关理论和方法，特别是与面试直接相关的面试设计思想、命题原理、提问技巧、倾听技巧和观察技巧，这些都是正确评分的基础。

（一）面试评价的具体操作方法

1. 内容评分法

内容评价法的操作过程为：每面试一位应聘者，各面试官根据应聘者回答问题的情况，在面试评分表的各项内容的得分栏内打分；也可在面试时，记录应聘者回答的要点和评定意见，等该应聘者面试结束时再在各个项目得分栏内打分，并写出简短评语或录用建议。要求评委不得互相商量，各自独立打分。

内容评价法的优点：各评委独立打分，互不干涉，能精力集中，且不受权威人士态度的影响，比较客观。缺点：评委独立打分，具有隐蔽性，难以避免个别评委打“人情分”。

2. 问答评分法

问答评分法的操作过程为：将拟订的所有题目进行顺序编号，面试时面试官依照顺序进行提问，应聘者针对所提问题做答。每答完一题，评委即为此题打分，直到问题问完。

问答评分法的优点：可使评分工作变得简单、易分析，评分的信度有可能提高。这一方法缺点较多：一方面，对应聘者的基本素质判断不明确，方法不够规范，尤其是一些技术问题的处理（如提问的题目与评价要素如何对应，各面试官意见如何统一等）存在一定的困难；另一方面，考察的内容不全面，有些面试内容是很难用提问的形式考察的。

3. 面试评语

面试评语分为两种：一种是面试官评语，另一种是综合评语。

（1）面试官评语。面试中，各位面试官在为应聘者打分的同时，要对应聘者面试的总体情况做出简明扼要的评价。也就是说，要概括地说明对应聘者的总体印象，如突出特点、明显不足、评定意见等，作为面试委员会对某应聘者的综合评语的参考。

（2）综合评语。综合评语是面试委员会（即面试小组）在对某一应聘者的面试结束时，根据各位面试官的评定意见，综合概括形成的评语。综合评语一般由面试官负责形成并填写在面试成绩汇总评定表（如表 5—11 所示）的综合评语栏内。

表 5—11 **面试成绩汇总评定表**

序号		姓名		性别		文化程度		报考岗位	
面试官编号	面试官姓名	综合分析能力	言语理解与表达能力	应变能力	计划、组织与协调能力	人际交往意识与技巧	自我情绪控制	求职动机与岗位匹配	举止仪表
1									
2									
3									
扣最高分									
扣最低分									
综合得分									
总分									
综合评语	面试官签字：　　　年　月　日								

评语是对面试分数的一种补充，是对应聘者考核及录用的重要参考，必须认真对待，不能以为已有面试分数，评语便失去了意义。面试评分表、面试评价标准等都有一定的局限性，有些情况的评定难以量化，必须有定性分析的辅助。定量分析和定性分析相结合才能构成对应聘者的完整评价。

（二）面试评分中应注意的相关问题

面试评分难度大，对评委的要求高。为保证评分的质量，在评分时应注意以下几个问题：

（1）每位面试官的评分标准要前后宽严一致。也就是说，不能对先进行面试的应聘者打分严格，而对后进行面试的应聘者逐渐放宽标准，反之亦然。宽严相当，就要求评委加强自我控制能力。

（2）各面试官横向的评分标准要基本统一。这要求面试官在评定完第一位应聘者的面试成绩后，及时组织评委们交流情况，统一评分标准，以便横向之间的宽严基本统一，避免评分差距过大。这里所说的交流，是在评分完毕的情况下，而不是说评委可互相商量后才给应聘者打分。

（3）对全部的应聘者要机会均等，考核标准统一。为此，须注意以下技术性问题：

1）提问的范围大小、难易程度要基本一致。

2）既要体现应聘者的个性，又不能过多地考虑应聘者的现实情况，例如，只围绕应聘者的现职岗位提问。

3）要避免纯粹工作式的讨论。例如，要求对工作情况进行详细介绍或纠缠于某一具体的工作问题。

本章小结

面试是一种在特定场景下，以面对面的交谈与观察为主要手段的甄选技术方法。面试的种类有很多，根据面试对象的多少，面试可分为单独面试和集体面试；根据面试内容设计的侧重点不同，可将面试分为常规面试、情景面试和综合性面试；根据面试目的不同，可将面试分为压力型面试和非压力型面试；按结构化程度划分，可分为结构化面试、非结构化面试和半结构化面试。面试的实施包括面试准备阶段、面试实施阶段、面试结果应用阶段。面试官在面试过程中起着主导作用，掌握的面试技巧（设计问题、提问、倾听和评价的技巧）对面试的成败影响很大。面试结果的评价是面试的最后一步，它直接影响员工的录用决策。

重点概念

面试　　结构化面试　　面试结果的评价　　面试评分表　　面试评价标准

复习思考题

1. 面试的种类主要有哪些？
2. 简述面试的基本程序。
3. 简述并举例说明面试官易犯的错误。你建议如何避免这些错误？
4. 面试中的提问技巧和倾听技巧主要有哪些？
5. 分组活动，讨论和汇编“我所见到的最差的面试”范例。究竟是什么使这些面试如此糟糕？如果时间允许，在课堂上进行讨论。

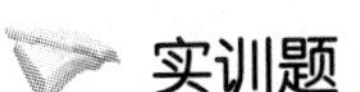

实训题

由8～10名学生模拟一个小组面试（面试中至少要提10个问题），其中5名学生扮演面试官，其他学生扮作应聘者。

要求：模拟面试结束后，对面试官和应聘者的表现进行评价和讨论。

案例讨论与思考

一场考评

年底时，我组织了一场考评会议，考评一位工作满一年的研究生，以确定其是否符合职位需要。

参加考评的是研究生的直线上级——集团生产部的林部长。

我主管招聘，会议由我主持，我简单说了几句开场白，考评就正式开始了。

“小江，第一个问题，你谈一下应该如何管理设备？你如何定位自己的工作角色？”研究生姓江，目前安排在生产部设备管理岗位。

小江海阔天空、漫无边际地谈开了，谈得较多的是在基层单位碰到的问题及技术上的个人见解。林部长静静地听着，一言不发，我也不吭声，让小江畅所欲言。

“……我感觉他们只注重设备的维修，治标不治本，一个问题重复多次发生，老是没法根治。”

我听得出他至今仍未说到点子上，我本人是搞设备出身的，曾任设备工程师，虽然已转行，但基本功还在。

“那你又如何处理呢？”林部长突然打断他的话头。

小江又陈述了一通他的技术见解："……我把我的建议跟设备主管领导提了，但领导不表态。"

林部长又保持了沉默。

之后，小江又谈了其他设备上的问题及他的技术见解。林部长还是静静地听着。

"确实存在不少问题，你也看到了，呵呵。比如说××设备××部位，他们就是不抹润滑油，我们多次提出整改，但他们认为没必要。为什么他们会这样呢，你怎么看?"林部长逮住他谈问题的空闲插了一句。

"可能是怕麻烦，要不然就是减少些经济成本，现在不是搞成本考核吗?"小江不太肯定地说。

"首先这是一个技术规范的问题，这里必须抹油，而且抹什么油、多长时间抹一次都有严格的规定；然后是个管理规范的问题，如果他未按规定执行，我们将如何处理呢？我们就督促他限期整改，不整改就处罚他。"我忍不住了，开始打破了沉默。

"人家帮你说了。"林部长笑道，"继续往下说。"

小江又侃开了："……但下边的设备员不听我指挥，爱理不理的。"

"是什么原因呢?"林部长又打断了他。

"可能我是新员工吧?"小江挠挠头，一脸的迷惑。

"那怎么处理呢?"林部长还是那句话。

"这个……"小江高声说道，"那只好采取强制办法了!"

林部长不吭声，不置可否。

…………

第二、第三个问题都是技术问题，小江显然答得比较自信，不过我认为只能算答得一般，林部长简单地补充了几句，未展开评述。

"就这三个问题吧。"林部长把头转向我，示意该我发话了。

"小江，你到外边等等，我和林部长沟通一下。"

我和林部长交换了看法，随即把小江叫了进来。

林部长先说："海阔天空地谈了一个多小时，还是有些收获的。技术上，你不存在太大的问题，毕竟书读到了这种程度。我担心的是如何管事、如何管人，这不是从书本上可以学到的，靠的是经验的积累和个人的悟性。为什么会有治标不治本的问题呢？除了我们的员工技术水平低之外，深层次的原因是他们不知道应该修到什么程度，也就是他们不知道技术标准，所以出现修了又坏，坏了又修的问题。所以，我们要制定一套技术规范。为什么别人不听你指挥呢？这说明了公司上下的设备管理办法或管理思路是不一样的，他不认可你那一套。解决这个问题还是要靠制度，也就是说，我们还要制定一套上下统一的设备管理规范。以前我们缺少这两方面的规范，所幸的是现在基本上都建立起来了，并且很快将出台。当然，要让他们掌握、理解和接受，还有一段漫长的路要走，主要还是靠贯彻、宣传和培训，之后再辅以相关的激励与约束机制——做得好就推广、奖励；做不好就处罚，扣他的钱，这样他就能自觉地执行了。我们这个设备管理的培训班马上就要办了，正好是你负责的，要抓好它，让大家系统地学习这方面的知识，知道技术上的标准。好了，我就说这么多。"林部长把头转向我："到你了。"

我接着说："我们考评的目的不是想难倒你，毕竟你才来一年，要求太高也不现实，主要是想发现你的长处、不足，为你将来的发展做好规划。总的来说，我对你今天的表现是很满意的，希望你好好总结，在将来的工作中按照林部长的思路好好干。”

讨论与思考：

1. 你认为林部长在考评过程中的表现如何？
2. 林部长可以称得上是一位合格的面试官吗？请阐述理由。

第六章

其他测评方法

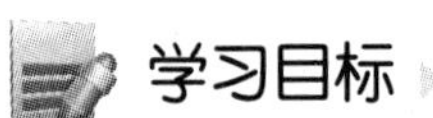

学习目标

- 了解申请表的功能
- 了解心理测验的含义和种类
- 了解背景调查的含义和内容
- 理解卡特尔 16 种人格因素测验
- 掌握简历审查的方式
- 掌握行政能力倾向测验的内容结构
- 掌握背景调查的操作

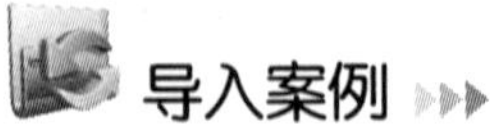

导入案例

顺达公司选拔市场部经理

顺达公司是一家软件开发公司，市场部经理李明在工作上与老板意见不一致，带着几个心腹离开了公司。于是，顺达公司的市场部经理等职位出现了空缺。财务部的王辉向人力资源部经理刘林推荐了他的堂兄王凯。从履历表上看，这个王凯绝对不是个安分的人。他毕业于清华大学，学的是计算机信息技术，毕业后却干了许多与计算机信息技术联系并不很密切的事情：自己开过软件公司，做过广告创作、电视台的技术总监，也推销过保险，毕业近 8 年来一直没有固定的工作。按照顺达公司的用人准则，有着这样一份履历的人是不予考虑的，何况是市场部经理这样一个重要的职位。

但由于是公司内部人员的推荐，公司现在又急需招人，所以公司决定给王凯一次面试的机会。在持续的交谈中，刘林感觉到王凯有着一般人少有的睿智与锋芒。整整一个下午，他们谈得非常融洽。刘林与赵总得出了一致的结论：王凯是那种非常有能力、有远大抱负、有开拓精神的人，这正是顺达公司一贯提倡的。他肯定能够胜任市场部经理这个职位，问题是他能否安定下来，真正投入工作。从履历上看，他似乎有着跳槽的爱好。

刘林非常欣赏王凯，但又不确定是否雇用他。为了避免"李明事件"再次发生，公司经过考虑决定对王凯进行一系列的心理测验。这些测验包括两部分：一是能力测验，二是人格测验。根据相关职位要求，能力测验包括智力、社会适应能力、思维判断能力、语言能力、数字能力等几个方面；人格测验则采用了卡特尔 16 种人格因素测验、职业兴趣测验和投射反应测验。

不久，心理测验结果出来了。能力测验表明王凯充满智慧，具有极强的社会适应能力和思维判断能力，语言能力也很强，适合从事的职业包括社会科学研究、推销、管理与策划、公关等。人格测验显示王凯在个性方面的突出特点是非常聪慧、执著、责任心强，但感情偏脆弱，在处事果断方面有所欠缺，具有鲜明的技术与管理双重职业兴趣和人格倾向。

思考：

1. 为什么顺达公司认为王凯的简历不符合公司的用人标准？
2. 在顺达公司的招人过程中，员工推荐起了什么样的作用？
3. 作为市场部经理的候选人，王凯接受的心理测验的项目是否适当？

引导案例显示的是顺达公司运用心理测验来选拔人才的情况。从案例中可以看出，企业在选拔人才时，除了使用面试等主流的测评方法外，还会使用简历的审查和心理测验等方法。在选拔人才时正确地选择和使用测评工具非常重要，一旦工具选择不合适，后续的工作就失去了意义。本章将详细介绍申请表和简历的审查、心理测验、行政能力倾向测验、卡特尔 16 种人格因素测验、背景调查等。

第一节 申请表和简历的审查

一、申请表的审查

申请表（如表 6—1 所示），也称应聘申请表、工作申请表或入职申请表，它是组织为收集申请者的全部信息而专门设计的一种规范化的表格，它可以使组织比较全面地了解申请者的历史资料。一张精心设计并填写完整的申请表具有以下功能：

（1）可以对一些客观的问题加以判断，如该申请者是否符合工作岗位所要求的教育及工作经验要求。

（2）可以对申请者过去的成长情况加以评价。

（3）可以从申请者的过去工作经历中了解其工作的稳定性。

（4）初步做出该申请者是否适合某工作岗位及工作表现能否出色的预测。

表 6—1　　　　申请表

求职意向：____________联系电话____________

本人郑重承诺以下所述情况均属实；若有虚假，由申请人承担责任。　　　　年　月　日

姓名		性别		出生年月		婚否		（贴照片处）
身份证号				现住址				
籍贯				健康状况		学历		
家庭电话				E-mail				
电脑操作技能								
家庭背景	家庭成员	工作单位			职务			电话
教育经历（高中起）	起止时间	毕业院校		专业	学历		证明人及电话	
工作经历	起止时间	工作单位		职务	离职原因		证明人及电话	
培训经历	起止时间	培训机构		培训内容				
主要业绩与嘉奖				自我总体评价				
两位友人的信息，以便联系	姓名			电话		现住址		
	姓名			电话		现住址		
现工资		期望工资			可接受的工资			
何时上岗				个人的想法或其他要求				

按使用范围，申请表通常可分为通用型申请表和专用型申请表。通用型申请表普遍适用于组织内的全部或大部分岗位，而专用型申请表则是根据某一个或一类特定岗位的具体需求而专门制定的。

按是否用作选员依据，申请表可分为普通申请表和加权申请表。普通申请表是组织为了解自己所关心的申请者的一般背景资料而设计的一种规范化表格，其目的在于避免应聘者自发提供资料时可能出现的疏漏、冗余等情况，并不用作选员依据。加权申请表是针对申请者申请的工作岗位所需要的个人条件和以后工作成就之间的关系而制定的特殊表格。表中的项目往往根据组织的历史资料而被赋予不同的权重，应聘者在该表中所有项目的得

分总和被当作选员的依据。

审查申请表时，应注意以下几点：

（1）申请表是否填写完整。

（2）申请表是否能被申请者看懂，是否遵照了申请表的指示来填写。

（3）自己是否看懂了申请者所提供的信息。

（4）申请者提供的信息能不能起作用。

（5）制定一张审查申请表的调查表。调查表应根据工作岗位的要求而定，且项目要与申请表的项目一致。全面的调查表可以使招聘者能够根据申请者与工作的契合程度来决定优先考虑哪些申请表，并且使整个审查工作及结果一目了然。在条件允许的情况下，企业可使用自动化技术辅助审查。

二、简历的审查

简历，又称传记资料清单、个人履历，是申请者职业经历、教育背景、成就和知识技能的总结。它既是个人一段生命历程的写照，也是个体的自我宣传广告。简历与申请表各有优缺点（如表6—2所示），在测评中应当斟酌选用。

表6—2　　申请表和简历的比较

	申请表	简历
优点	1. 直截了当 2. 结构完整 3. 减少了不必要的内容 4. 标准化程度高，易于评估	1. 开放式，有助于创新 2. 允许申请人强调他认为重要的东西 3. 允许申请人修饰自己的简历 4. 费用较小，容易做到
缺点	1. 封闭式，限制创造性 2. 制作和分发费用较高	1. 申请人可能略去某些对自己不利的内容 2. 容易添油加醋 3. 标准化程度低，难以评估

在审查简历时，应做到以下几点：

（1）注意与工作有关的学历与学位、学术成就、工作成就、工作职责范围及特殊专业培训等关键项目。

（2）注意风格的契合、应聘者的个性和动机。

（3）注意有无应警惕的内容。

（4）略去会引起歧视的信息。

（5）公平、公正、客观，不能凭个人的好恶和一时冲动去决定申请者的命运，取舍的标准是看是否与工作有关。

（6）边看边做记录，看完后再下结论。

（7）制作一份简历审查调查表。

（8）注意简历所提供的信息的真实性。简历造假可能出现在多个方面，学历造假是常见的造假形式。正是因为简历中的信息不一定真实，所以有必要进行人员甄选过程中的另一个重要环节——背景调查。

小提示

人力资源部对应聘者的简历进行审查，淘汰那些不符合要求的应聘者（比例一般为6∶1)。企业在进行简历审查时，需要特别注意以下几个方面：

(1) 学历、经验和技能水平是否适合岗位需求。

(2) 应聘者职业生涯的发展趋势是否能够保障其任职的稳定性。

(3) 应聘者的履历是否实事求是，内容是否具有行为描述的特征。例如，当时的情境是什么，面对的任务是什么，采取了什么行动，结果如何。

(4) 自我评价是否适度，是否能够反映应聘者的素质和自我认知的客观性。

(5) 推荐人是否可靠、客观，提供的事实是否有说服力。

(6) 书写格式是否规范化，是否能体现应聘者的基本素质（必要时，可以要求提供手写的简历或信件）。

(7) 联系方式是否齐全，应聘者是否可随时上岗。

（一）简历审查的主要内容

一般来说，简历应从以下两个方面进行审查：

(1) 查看客观内容（结合招聘职位要求）。客观内容主要包括个人信息（如姓名、性别、年龄等)，受教育程度（如上学经历和培训经历)，工作经历（如工作单位、起止时间、工作内容、参与项目名称等）和个人成绩（如学校、工作单位的各类奖励等）四个方面。

对硬性指标（如性别、年龄、工作经验、学历等）要求较严格的职位，如果其中一项不符合职位要求则立即淘汰；对硬性指标要求不严格的职位，则应结合招聘职位的要求进行审查。

在审查应聘者上学经历时，要特别注意应聘者是否用了一些含糊的字眼；在审查应聘者培训经历时，要重点关注专业培训、各种考证培训情况，主要查看专业与培训的内容是否对口。

应聘者的工作经历是查看的重点，也是评价应聘者基本能力的关键，应从以下两个方面进行分析与审查：

1）工作时间。主要查看应聘者总工作时间的长短、跳槽或转岗频率、每项工作的具体时间长短、工作时间衔接等。如果在总的工作时间内应聘者跳槽或转岗频繁，其每项工作的具体时间就不会太长，这时应根据职位要求分析其任职的稳定性。除此之外，还要查看应聘者工作时间的衔接性（作为审查参考)。如果应聘者在工作时间的衔接较长，则应做好记录，并在安排面试时提醒面试官多关注。

2）工作内容。主要查看应聘者所学专业与工作的对口程度。如果专业不对口，则须查看其在职时间的长短，结合上述工作时间原则，查看应聘者在专业上的深度和广度。如能应聘者短期内的工作内容涉及较深，则要考虑简历虚假成分的存在，在安排面试时应提醒面试官作为重点来考察，并查看应聘者曾经工作的公司的大致背景。

结合以上内容，分析应聘者所述的工作经历是否属实，有无虚假信息，分析应聘者的年龄与工作经历的对应性。例如，一个30多岁的应聘者曾做过律师、医生，现在是营销师，并来应聘建材销售代表，可能吗？遇到这种情况要特别注意，如能断定不符合实际情况，应直接将其淘汰掉。

此外，要查看应聘者所述的个人成绩是否适度，是否与职位要求相符。

(2) 查看主观内容。主观内容是指应聘者对自己的评价性与描述性内容，如自我评价、个人描述等。主要查看应聘者的自我评价或描述是否适度，是否属实，并找出这些描述与工作经历描述中相矛盾或不符、不相称的地方。如果可判定应聘者所述内容不属实或有较多不符之处，可直接淘汰掉。

(3) 初步判断简历是否符合职位要求。判断应聘者的专业资格和工作经历是否符合职位要求，如果不符合要求，直接淘汰掉。分析应聘者的应聘职位与发展方向是否明确、一致，并以此初步判定应聘者与应聘职位的适合度，如果应聘者不适合应聘职位，可直接淘汰掉。

(4) 全面审查简历中的逻辑性。主要是审查应聘者的工作经历和个人成绩，要特别注意描述是否合理、是否符合逻辑性、是否符合工作时间的连贯性、是否反映一个人的水平、是否有矛盾的地方。例如，一位应聘者在描述自己的工作经历时，列举了一些著名的单位和一些高级职位，而他所应聘的却是一个普通职位，这就需要引起注意。如果断定简历存在虚假成分或不符合逻辑性，可以直接淘汰掉。

(5) 对简历的整体印象。主要查看应聘者简历书写格式是否规范、整洁、美观，有无错别字，并形成对简历的总体印象。

(6) 查看应聘者薪资期望值，判定其与招聘职位薪资的匹配度。

(7) 结合以上内容最终判定简历是否符合职位要求。

案例

乐百氏挑选简历的三道程序

乐百氏有自己独特而鲜明的选才理念——求同存异。所谓求同，就是要求与乐百氏的企业文化相融，即开放的心态，热忱向上，亲和信赖，渴望与乐百氏共同发展。招聘官初次浏览一份简历的时间为1分钟左右，主要针对一些硬性指标进行审查。因此，招聘官不会对长篇大论的简历感兴趣，最好是简洁、条理清晰、有实在内容的简历。

第一道程序：对硬性指标（如年龄、工作年限、学历、专业、相关职业背景、期望待遇水平、选择工作地域等信息）进行快速审查，同时根据不同的岗位进行分类。

第二道程序：将初选的资料传送到相关的用人部门，由用人部门对候选者的工作经历、工作内容、业绩进行审查，以确定候选人，并将名单交人力资源部。

第三道程序：由人力资源部向面试者发出邀约，进行笔试、面试和实际操作，并确定最终候选人。人力资源部将会同用人部门对候选人进行评价，人力资源部拥有建议权，最终录用权归属用人部门。

仅仅对自己过往的学习和工作经历以流水账形式书写的简历，乐百氏一般不予考虑。乐百氏看重应聘者过去学习过什么、做过什么，但更看重他现在实际掌握了什么、在过去做出过什么成绩。乐百氏希望简历中有具体的事迹来证明应聘者具备该岗位所需要的特质、能力或经验，应聘者写简历时应该有针对性地重点推销自己的优势，最好还能提到期望加入本企业的原因。

乐百氏不迷信名牌大学，但认为有技术要求的岗位人选需要从正规院校毕业生中挑选。另外，乐百氏也看重应聘者毕业后的在职进修、培训经历，是否获得相关职业资格证书或更高的学历。乐百氏需要具备较强学习能力、吸收能力和持续学习热情的人才。

（二）简历审查的方式

目前，简历审查一般有两种方式：一种是人工审查，另一种是计算机审查。

1. 人工审查

人工审查可以使操作者了解比较多的有关应聘者的综合信息，从而提高审查的准确性，它的不足之处在于所需的时间长，工作量大。人工审查简历，需要对参加审查的人员进行简单的培训，明确审查原则和标准，以便得到相对客观的结果。人工审查简历时，应该关注以下几个方面：

（1）外观行文。重点关注简历的整体外观，如整洁与否、排版是否美观合理、语法用词是否准确得当、是否有错别字、标点符号的使用是否准确等。一些企业还会要求应聘者填写英文简历，通过简历来了解应聘者的英文水平。还有一些企业要求应聘者手写简历，通过字迹了解应聘者的相关素质。

（2）工作经历。了解应聘者有无与应聘岗位相关的工作经历，从中读取应聘者对岗位的兴趣及日后发展情况等信息。例如，某人应聘的是销售代表岗位，简历中显示他在做了两年销售代表后转到后勤岗位，如果应聘者没有其他交代，这个信息对该候选人而言，就应该是负面的了。另外，在简历审查中，还应该关注应聘者所在的行业或企业，注意审查应聘者是否具有行业龙头企业或品牌企业的从业经历、是否有在竞争对手企业的从业经历等。

（3）起始时间。审查简历时，应该关注应聘者岗位变动的起始时间，看其在时间上有无重叠、空白或矛盾之处。

（4）回避要素。简历审查者既要关注应聘者工作经历及能力等出彩之处，也要关注其闪烁其词的地方。应聘者对其工作经历变动的关键环节，是应该有所交代的。如果此类信息缺乏，需要面试官在面试中进行挖掘。

（5）应聘原因。着重分析应聘者以往工作变动的原因、本次应聘的出发点。只有了解应聘者应聘的动机，才能判断应聘者工作的稳定程度。

（6）教育背景。应聘者的教育背景是否有与本招聘岗位相关的部分，根据其接受的教育、培训等，进行胜任本岗位的利弊分析。

（7）薪酬要求。薪酬要求即应聘者原有的薪酬标准及本次薪酬要求。简历审查者应关注应聘者的薪酬是否一直在上升、上升的幅度等，从侧面了解应聘者的能力轨迹。同时，简历审查者应判断应聘者的价值观、期望薪酬与本企业的匹配程度。

（8）素质信息。审查者应关注应聘者在简历中所展现的能力要素，以及这些能力与岗位的匹配程度。一些文职类岗位，甚至可以从行文、外观、语法、用词等方面了解到应聘者的岗位知识和技能情况。值得注意的是，简历审查者应该尽量从应聘者的简历中搜寻出事实而非华丽的辞藻。

2. 计算机审查

微软、宝洁、思科等知名外企在中国进行招聘时，大多利用计算机进行审查。应聘者登录招聘公司的网站，填写申请表的同时，计算机已经开始审查。对其他途径收到的简历，通常扫描后进行检索。计算机审查简历可以大大减少人员的工作量，保证审查的效率，但审查的质量相比人工审查要低。

无论是计算机审查还是人工审查，主要都在于关键信息或关键词的确定。企业在简历审查中往往关注应聘者的硬件（如学历、毕业院校、专业、工作经历、资格证书等），而对应聘者的综合素质信息提取不足。这样很容易让优秀的候选人与企业失之交臂。建议企业在制定简历审查的标准时，不仅要仔细研读职位相关的所有信息，还应在确定审查关键信息或关键词后，进行模拟检验，以切实保证效果。

利用计算机审查简历，需要仔细研读相关职位的要求和说明，确立应聘岗位的各项能力素质要求，并提炼出关键词。选择关键词时，应该注意以下事项：

（1）应聘者的撰写习惯。如人力资源经理岗位，有的企业会称作人事行政经理、主管等；有的企业则由办公室主任分管负责；还有的企业由企业管理部、人力中心、干部处、干部科等负责管理。在确定关键词的时候，要关注是否有相近的词语、可替代的词语，尽量不要有遗漏。

（2）应聘者群体。一般而言，对校园应聘者和社会应聘者的审查标准应该有所不同。对校园应聘者，一般应关注其毕业院校、专业、成绩、主修或选修的学科、社会实践、组织或参加的活动、勤工俭学、特长、兴趣爱好、奖学金、校园职务、其他奖项、潜力、相关资质证明、理想、目标等。而对已有一定工作经验的人而言，应关注企业性质、行业经历、工作经历、职位变动、工作内容、薪酬期望、原单位离职原因、就业期望、受训经历、职业特长、业绩描述、资质证书、专业造诣等。由于社会应聘者的来源跨度大，简历撰写习惯差异很大，如果审查集中在一些硬件上，很容易遗漏真正有能力的人员，所以建议在有可能的情况下，尽量人工审查简历。

（3）简历模版。如果采用计算机审查，建议企业根据岗位特点，让应聘者统一按规定格式填写简历。一些企业会在网站上设置职位申请表（如表6—3所示），引导应聘者按要求填写齐全各要项，这可以保证审查的有效性。

表6—3　　某企业校园招聘职位申请表

<table>
<tr><td>姓名</td><td></td><td>性别</td><td></td><td>身高</td><td></td><td rowspan="6">一寸免冠照片</td></tr>
<tr><td>身份证号码</td><td></td><td>出生地</td><td></td><td>政治面貌</td><td></td></tr>
<tr><td colspan="2">学校联系地址及邮编</td><td colspan="4"></td></tr>
<tr><td colspan="2">家庭联系地址及邮编</td><td colspan="4"></td></tr>
<tr><td colspan="2">本人固定及移动电话</td><td colspan="4"></td></tr>
<tr><td colspan="2">电子邮箱</td><td colspan="4"></td></tr>
<tr><td colspan="2">应聘职位
（请按优先顺序选择您最希望从事的工作）</td><td colspan="4">A. 市场营销［（1）国内营销；（2）海外营销；（3）品牌推广］
B. 管理［（1）经营管理；（2）生产管理；（3）技术管理］
C. 财务［（1）会计；（2）财务管理］
D. 技术［（1）研发技术；（2）制造技术；（3）销售技术支持］</td><td>1：
2：</td></tr>
</table>

教育背景（倒序填写，截至初中）	时间（年月）		学校	专业	学习成绩（在相应空格画"√"）			
	起	止			前15%	前25%	前50%	后50%

培训与证书（倒序填写）	时间（年月）	培训与考证机构（全称）	所获证书

英语水平	请在您所获的相应证书后画"√"：CET—4（ ） CET—6（ ） 其他：		
二外语种		所获证书	
计算机水平			

社团、组织职务	时间（年月）		社团、组织名称	担任职务
	起	止		

社会实践或兼职	时间（年月）		社会实践或兼职的内容与成绩	证明人/联系电话
	起	止		

获奖情况	时间（年月）	获奖名称	颁奖单位

请列示你具有的能力	能力类型	具体成绩与成就	

请列示个人兴趣	个人兴趣：

本人确认以上内容真实无误，否则可作为公司解雇我的充分理由。

本人签名：________________ 日期：________________

第二节 各种测验

一、心理测验

（一）心理测验的含义

心理测验是心理素质测量的具体方法和手段，它是通过对被测者的有代表性的行为进行测量，分析、评价贯穿在行为活动中的心理素质，即由被测者的外部行为推断出内在素质特征。心理测验是心理学研究的一种方法，在许多领域都得以应用，尤其是在企业招聘中。

（二）心理测验的特点

1．心理测验是对行为的测量

这些行为主要是心理状况的外显行为，而不是内部的心理状态，也不是反射性的生理行为。所测量的行为是有代表性的一组行为而不是单个行为，这些行为样本不一定非得是真实的行为，更多的是一种间接的行为反应。

2．心理测验具有标准性

心理测验的标准性体现在测试内容的确定、题目的编制、测验的实施、标准的阐述、分数的统计等各环节。只有测验的条件和过程具有同一性，测验的结果才具有可比性；反过来，也正是因为结果具有可比性，心理测验才有存在的意义。

3．心理测验需要借助常模来分析

一般而言，每个心理测验都会有一个原始分数，但是单纯依据原始分数无法判定被测者的心理素质处于何种水平，还需要一个标准样本的参照体系，即常模。常模是一组具有代表性的被测试样本的测验成绩的分布结构（通常以平均数或标准差来表示）。参照标准样本的各分数的分配情形以及平均分数或标准差，就能得出关于个体心理素质情况的结论。

（三）心理测验的优缺点

1．心理测验的优点

心理测验是人员测评与选拔中的一种比较先进的方法，在国外使用得比较广泛。它的优点主要有以下四点：

（1）迅速。心理测验可以在较短的时间内迅速了解一个人的心理素质、潜在能力和其他各种指标，这为人事管理工作带来很多方便。

（2）比较科学。目前，世界上还没有一种完全科学的方法，可以在短期内全面了解一个人的心理素质和潜在能力。而心理测验则可以相对比较科学地了解一个人的基本素质。这种优势已经被国内外很多企业的人事测评工作所证实。

（3）比较公平。员工招聘中往往会出现不公平竞争的问题，心理测验在一定程度上可以避免这种不公平性。通过心理测验，心理素质比较高的员工可以脱颖而出，作弊或“走后门”成功的几率相对较小；同时，心理素质较低的应聘者，落选也感到心平气和，因为他们知道自己心理测验的成绩比较低。

（4）可以比较。用同一种心理测验方法得出的结果有可比性，可以对应聘者的测试结果进行比较，而其他的方法往往是在不同的场合、不同的地点进行的，没有可比性。

2．心理测验的缺点

尺有所短，寸有所长，心理测验也有其不足之处，主要体现为以下三点：

（1）不够直观。心理测验是一种间接测量的方式，受测验的形式所制约，无法对被测者的行为表征进行直观的考察与测量，如动手操作能力、平衡能力等。

（2）缺乏灵活性。心理测验的实施过程结构化强，这虽然是客观化的保证，但也只能收集到测验所涉及的信息，对测验以外的信息一无所知。高度的结构化使心理测验不可能像结构化面试那样，可以根据测试过程中被测者的反应，临时调整测评方案，进行有针对性的考察。

（3）测量有误差。心理测验虽然可以通过标准化的流程来保证测试结果的客观、公正，但仍然存在一些难以避免的测量误差，如在能力倾向测验中有应聘技巧及猜测因素的影响。对体现个性心理特征的主观自陈式量表，尽管在量表编制时就采取了技术措施，但很难完全杜绝被测者掩饰自己真实情况或意图的现象。

（四）心理测验的种类

心理测验按照不同的分类标准，可以划分为不同的形式，在这里我们介绍三种比较重要的心理测验。

1. 智力测验

智力测验主要用来测验一个人的思维能力、学习能力和适应环境的能力。测验的对象不是智力本身，而是个人智力表现出的外在行为，是一种间接测验。进行这种测验，首先须设计出一套问题，让应聘者回答，并根据答案计算得分。例如，著名的法国“西比量表”共有30个题目，后来美国人增补为90个题目，改称“1916年西比量表”。量表中的问题，难度由浅入深排列，以通过题目多少作为鉴别智商的标准。得分为90～110分的为正常智力，140分以上者为最优，70分以下者为心智不足。智力水平是从事各项工作的必要条件，因此，智力测验得到了广泛的应用。

2. 人格测验

人格由多种特质构成，大致包括体格与生理特质、气质、能力、动机、兴趣、价值观与社会态度等。人格对工作成就的影响极为重要，不同气质、性格的人适合不同种类的工作。一些重要的工作岗位，如主要领导岗位，为选择合适的人才，往往需要进行人格测验。领导者失败的原因往往不在于智力、能力和经验不足，而在于人格的不成熟。人格测验的目的是了解应聘者的人格特质。其主要方法有两种：自陈量表法和投射法。自陈量表法，即问卷法，就是按事先编制好的包含若干问题的人格量表，由应聘者本人挑选适合描写个人人格特质的答案，然后根据量表上所得的分数判断应聘者个人人格的类型。自陈量表的种类很多，目前西方盛行的是明尼苏达多项人格测验。该测验包括550个问题，要求应聘者做出三选一的回答——是、非或无法回答。所谓投射法，就是给应聘者提供一些未经组织的刺激材料（如模糊的图片或绘画等），让应聘者在不受限制的条件下，自由地表现其反应，使其不知不觉地将自己的感情、欲望、思想投射在其中，从而发现应聘者的人格。投射法的种类也很多，但实施难度较大，一般需在心理学家的指导下进行。

3. 能力倾向测验

能力倾向测验用来测验人们在某些方面的特长和技能表现，它具有诊断与预测功能。许多职位要求任职者具有某些方面的特殊能力，能力倾向测验为这类选拔提供了参考依据。能力倾向测验分为三类：一般能力倾向测验、特殊能力倾向测验和职业能力倾向测验。

（1）一般能力倾向测验。这是测验人的记忆、观察、想象、判断等一般能力的一种方法，最为典型的一般能力倾向测验是智力测验，通常用系统的测验题目来考察，并用数值表示个人智力发展水平。不同的职业与岗位对智力有不同的要求。例如，培训师这一职业要求的智力测验分数为100～140分，智力测验分数在100分以下者难以胜任培训师这一职业。

(2) 特殊能力倾向测验。通俗来说，特殊能力是指某些人具有而他人不具备的能力。有时，由于工种的需要，在企业招聘中需要测试一些特殊能力。例如，为测验想象力、创造力而进行的“一物多用”测验，即想象一种物品所有可能的用途；为测验双手协调性而进行的“钉板”测验，即用双手把一定数量的木钉插到一块事先打好钉孔的木板上；为测定记忆广度而进行的“顺背数字”和“倒背数字”的广度测验；为考察被测者记忆与动作协调能力而进行的“数字配符号”测验等。

(3) 职业能力倾向测验。职业能力倾向测验，也称技能测验，主要用于特定能力或才能的测试（如空间感、动作灵活性、数字能力、语言能力等），可用来衡量人的潜力。由于职业能力倾向测验是测验被测者学习某项工作技能的潜力，所以这种测验多用于缺乏工作经验的应聘者，以选择适用的人员加以培训。

职业能力倾向测验包括岗前技能测验和综合性技能测验。岗前技能测验是考察一个人已经拥有的能力。例如，在招聘秘书职位的人选时，面试之前要进行一次录入测试，以考察应聘者的录入速度和精确性。综合性技能测验用以鉴别个人多种特殊的潜在能力，实际上它是多种特殊性测验的复合体，如美国著名的“区别性测验”。

二、行政能力倾向测验

行政能力倾向测验始于 1988 年，是人事部考录司组织心理学等学科的专家编制的，主要用于国家行政机关招录主任科员以下非领导职务的公务员。它是专门用来测试与行政职业成功有关的一系列心理潜能的考试，进而预测考生在行政职业领域的多种职位上成功的可能性。有资料显示，其信度和效度都已经达到了国内外优秀测验的水平，保证了在人员甄选选拔上的有效性。公务员录用考试把对行政能力倾向的评价作为一个重要方面，有利于人事部门了解考生从事行政工作的潜能与差异，避免选人过程中可能出现的高分低能现象，提高选人、用人的准确性。

(一) 行政能力倾向测验的特点

以往的考试通常注重测试一个人的知识、技能以及现有的能力水平，但从前面的介绍可以看出，如果只测试一般能力和知识技能而不测试行政能力倾向，就无法知道应聘者在行政职业方面是否有发展前途。行政能力倾向测验已成为公务员录用考试中不可或缺的组成部分。

事实上，在各类人员选拔方案中，行政能力倾向测验一直被认为是十分重要的一部分。在我国技校招生以及国外高校招生、学能考试中，都有行政能力倾向测验性质的考试，如技工能力倾向测验、学术能力评估测试（SAT）、美国大学入学考试（ACT）和美国研究生入学考试 GRE 等。在各国的公务员录用考试总体设计中，具有行政职业能力倾向测验性质的考试也都作为重要的审查工具。例如，英国文官考试的程序中包含了 11 项分测验的认知测验，其性质就是能力倾向测验，其中既有文字测验，也有非文字测验，有些内容直接考察一个行政官员所必须具备的文字和数学方面的能力，另外一些则考察其逻辑推理能力。在美国的文官考试中，由芝加哥大学为政府设计的“基础能力倾向测验”，也是一种行政能力倾向测验，测验的内容包括空间能力、数量关系理解能力、观察力、记忆能力、文字表达能力、语言关系理解能力、知觉速度和归纳能力共八项。

（二）行政能力倾向测验的内容结构

行政能力倾向测验所要考核的是与行政管理工作密切相关的潜在的基本能力，这些能力决定了行政能力倾向测验的内容。

根据国外公务员录用考试一百多年的经验和人事部有关专家进行的多年研究，我国确定了在行政能力倾向方面，机关行政工作人员要具备数字推理与数学运算、判断推理、言语理解与表达等最基础的素质能力。只有这些基本能力达到一定程度并得到一定知识经验的支持后，才能形成综合判断、组织与人际协调能力以及资料分析能力等较高层次的行政职业能力。除了判断能力和资料分析能力外，较高层次的行政职业能力通常很难通过客观性的纸笔测验来考察（有些可以通过考核和面谈来考察）。此外，在考试内容的设计上，还要充分考虑到适应大规模选拔性考试的操作性。

基于这些认识，人事部考录司选择了上述能力要素中最基本、最主要的五部分：常识判断、数量关系、语言能力、判断推理、资料分析。这五种能力只体现了对国家公务员的最低限度的要求，并不代表行政机关职业能力的所有方面。因此，能通过测验只是说明被测者具备了做好行政工作的必要条件，而不是充分条件。表 6—4 是行政能力倾向测验的试卷构成。

表 6—4　　行政能力倾向测验的试卷构成

部分	内容	考察内容	题型
一	常识判断	考察的内容涵盖法律、政治、经济、管理、历史、自然科技等方面，考察应试者运用综合知识的能力。	1. 政治 2. 时事 3. 法律 4. 经济等
二	数量关系	主要考察应试者解决算术问题的能力，对数量关系的理解和计算能力。	1. 数字推理 2. 数字运算
三	语言能力	考察应试者对文字材料的理解、分析与运用能力。	1. 词组替换 2. 选词填空 3. 词句表达 4. 阅读理解
四	判断推理	考察应试者对图形、词语概念、事件关系和文字材料的理解、比较、组合、演绎及综合判断能力。	1. 事件排序 2. 常识判断 3. 图形推理 4. 演绎推理 5. 定义判断
五	资料分析	考察应试者对图形、表格和文字形式的统计资料进行准确理解与综合分析的能力。	1. 图形资料 2. 文字资料 3. 表格资料

三、卡特尔 16 种人格因素测验

（一）基本概念及测验目的

卡特尔 16 种人格因素（16PF）测验是美国伊利诺州立大学人格及能力测验研究所卡

特尔教授经过几十年的系统观察和科学实验，运用因素分析统计法，慎重确定和编制而成的一种测验。这一测验能在45分钟内测试出16种主要人格特征，凡具有相当于初三以上文化程度的人都可以使用。该测验已于1979年引入我国，并由专业机构翻译为中文版。

卡特尔16种人格因素测验使用的是自陈量表，优点是高度结构化，实施简便，计分、解释都比较客观。本测验在国际上颇有影响，具有较高的效度和信度，广泛应用于人格测评、人才选拔、心理咨询和职业咨询等工作领域。但该测验对被测者的反应定势和程序性缺乏有效控制，使测验的信度不如智力测验等认知性测验，从而使其在企业的应用受到一定的限制。

人格是稳定的、习惯化的思维方式和行为风格，它贯穿于人的整个心理，是人的独特性的整体写照。人格对管理者来说是很重要的，它渗透到管理者的所有行为活动中，影响管理者的活动方式、风格和绩效。大量研究和实践表明，一些样式的人格类型和管理活动有着特定的关系，它们对团体的贡献不同，所适宜的管理环境也不同。利用成熟的人格测验方法对管理者或应聘人员的人格类型进行诊断，可为人事安排、调整和合理利用人力资源提供建议。

（二）测验对象

卡特尔根据自己的人格特质理论，采用系统观察法、科学实验法以及因素分析统计法，经过二三十年的研究，确定出16种人格特质，并据此编制了测验量表。卡特尔认为，人的行为之所以具有一致性和规律性，是因为每一个人都具有根源特质。为了测试这些根源特质，他首先从各种字典和有关心理学、精神病学的文献中找出约4 500个用来描述人类行为的词汇，从中选定171项特质名称，让大学生应用这些名称对同学进行行为评定，最终得到16种人格特质。卡特尔认为这16种特质代表着人格组织的基本构成。该测验是评估16岁以上个体人格特征的最普遍使用的工具，广泛适用于各类人员，对测验对象的职业、级别、年龄、性别、文化等方面均无限制。

（三）测验项目

每一种人格因素由包含10～13道题的量表来测试，共16个分量表。16种因素的测验题按序轮流排列，即从第1题到第16题分别按序对应16种人格因素，然后转回来，从第17题到第32题再按同样顺序对应16种人格因素。这样既便于计分，也保持了被测者做答时的兴趣。每题有3个备选答案，16PF测试题目样例如表6—5所示。

表6—5　　16PF测试题目样例

1. 有度假机会时，我宁愿：
A. 去一个繁华的都市
B. 闲居清静而偏僻的郊区
C. 介乎A与B之间
2. 我有足够的能力应付困难：
A. 是的
B. 不一定
C. 不是的
…………

（四）测验时的注意事项

测验不限时间，被测者做题时应以第一印象尽快回答，无须过多斟酌，一般用30～45

分钟可以完成。以下为进行测验时的注意事项：

(1) 每一题目只能选择一个答案。

(2) 不要费时斟酌，应当顺其自然地依个人的反应选答。一般说来，问题都略显简短且不包含所有有关的因素或条件。例如，有一题是有关球赛的问题，个人对观看排球赛和篮球赛的爱好可能不同，回答应就一般球赛而言。

(3) 除非在万不得已的情形下，尽量避免选择如“介乎 A 与 B 之间”或“不甚确定”这样的中性答案。

(4) 不要遗漏题目。有些问题可能不适合所有人，有些问题又似乎涉及隐私，但测验的目的在于研究、比较被测者的兴趣和态度，被测者应真实做答。

(5) 做答时，坦白表达自己的兴趣与态度，不必顾及其他人的意见与立场。

(五) 测验结果及应用

16PF 的测验结果由如下几方面的分数构成：

(1) 16 种人格因素各个分量表的原始分。

(2) 转换后的标准分，能明确描述 16 种基本人格特征。

(3) 个人的人格轮廓剖面图。

(4) 依据有关量表的标准分推算的双重人格因素的估算分，包括适应—焦虑型、内向—外向型、感情用事—安详机警型、怯懦—果断型四次分数，可用于描述综合性人格特征。

(5) 依据有关量表的标准分推算的综合个性应用评价分，包括心理状态健康者的人格因素、专注职业而有成就者的人格因素、富于发明创造能力者的人格因素、在新环境中有成长力的人格因素、事务管理能力较强者的人格因素。这五项人格因素的应用估算分数，可用于心理咨询、就业指导以及人员选拔中对被测者素质特征的评价。

双重人格及综合个性因素又被称为次级因素，16PF 测验中有 8 种次级因素。对 16 种人格因素的分数不要孤立地解释，每一种因素都与其他方面有一定的关联性，不同的人格特征是组合在一起共同对人的行为方式起作用的。在评定一个人的人格特征时，一方面可以凭有关因素分数的高低予以评估，另一方面还必须参考被测者其他人格因素的状况，进行全面考察。16PF 各人格测验因素定义如表 6—6 所示。

表 6—6　　16PF 各人格测验因素定义

序号	因素	低分描述	高分描述
1	A（乐群性）	孤独、冷淡、呆板	开朗、热心、容易相处、参与性强
2	B（聪慧性）	思想迟钝、学识浅薄、抽象思维能力弱	聪明、富有才识、善于抽象思维、思维敏捷
3	C（稳定性）	情绪激动、心神不定、易受环境支配	成熟、平静、能面对现实
4	E（影响性）	恭顺、温柔、随和、宽容	武断、顽固、竞争
5	F（活跃性）	庄重、谨慎、缄默	轻松、兴奋、乐观

续前表

序号	因素	低分描述	高分描述
6	G（规范性）	敷衍了事、缺乏奉公守法的精神	有恒心、做事尽职尽责
7	H（敢为性）	畏怯、退缩、缺乏自信心	冒险敢为、少有顾忌
8	I（情感性）	强硬、自信、现实主义	温柔、敏感、依恋
9	L（怀疑性）	忠诚、易适应	多疑、固执己见
10	M（幻想性）	实际、因袭传统、受外界约束	好幻想、心不在焉、玩世不恭
11	N（世故性）	直率、谦逊、单纯	机灵、世故
12	O（忧虑性）	安详、沉着、有自信心	忧虑抑郁、烦恼自扰
13	Q1（变革性）	保守、尊重传统观念与行为标准	自由、激进、不拘泥于现实
14	Q2（独立性）	依赖、随群附众	自立自强、当机立断
15	Q3（自律性）	矛盾冲突、不顾大体	知己知彼、自律严谨
16	Q4（紧张性）	闲散宁静、心平气和	紧张困扰、激动挣扎

8 种次级因素如表 6—7 所示。

表 6—7　　16PF 各人格测验次级因素定义

序号	因素	低分描述	高分描述
1	X1（适应—焦虑型）	对生活适应顺利，通常感到心满意足，能做到所期望的及自认为重要的事情，也可能对困难的工作缺乏毅力，有知难而退、不肯努力奋斗的倾向。	对生活上所要求的和自己意欲达成的事情常感到不满意，可能会破坏工作，影响身体健康。
2	X2（内向—外向型）	内向，胆小，自足，在与别人接触中采取克制态度，有利于从事精细工作。	外向，开朗，善于交际，不受拘束，有利于从事贸易工作。
3	X3（感情用事—安详机警型）	情感丰富而感到困扰不安，缺乏信心，颓丧，对生活中的细节较为含蓄敏感，性格温和，讲究生活艺术，采取行动前再三思考，顾虑太多。	富有事业心，果断，刚毅，有进取精神，精力充沛，行动迅速，但常忽视生活上的细节，只关注明显的事物，有时会考虑不周，不计后果，贸然行事。
4	X4（怯懦—果断型）	怯懦，顺从，依赖别人，纯洁，个性被动，受人驱使而不能独立，为获取别人的欢心会事事迁就。	果断，独立，露锋芒，有气魄，有攻击性的倾向，通常会主动寻找可以施展这种行为的环境或机会，以充分表现自己的独创能力，并从中取得利益。
5	Y1（心理健康因素）	低于 12 分者，仅占总人数的 10%，情绪不稳定的程度颇为显著。	
6	Y2（专业有成就者的人格因素）	平均分为 55 分，67 分以上者应有成就。	
7	Y3（创造力强者的人格因素）	高于 7 分者，属于创造力强的人，应有成就。	
8	Y4（在新环境中有成长能力的人格因素）	平均值为 22 分，不足 17 分者仅占总人数的 10%左右，从事专业或训练成功的可能性极小，25 分以上者，则有成功的希望。	

第三节　背景调查

一、背景调查的含义与目的

（一）背景调查的含义

背景调查是指从外部应聘者提供的证明人或以前工作的单位那里收集材料，来核实应聘者的个人资料的行为，是一种能直接证明应聘者情况的有效方法。通过背景调查，可以证实应聘者的教育和工作经历、个人品质、交往能力、工作能力等信息。背景调查是招聘过程中一个重要但又容易被忽视的环节。在进行背景调查时，招聘者通常采取索要证明信或推荐信以及实地调查的方式。关于证明信和推荐信，招聘者一般会采取一种“全或无”的方式进行处理，要么完全相信推荐者的权威性言论，要么根本不当一回事。实地调查常常被当作节约招聘成本的首选项目而被删掉。

（二）背景调查的目的

背景调查的目的主要包括如下两方面：

（1）要确定应聘者所提供的以往情况的信息是否真实、准确。从求职申请表和各种测试中获得的信息在许多情况下都被证明是非常有用的。但是，越来越多的雇主开始对申请表所反映的背景信息的真实性和准确性表示怀疑。简历中经常出现的虚假信息包括工作起止时间、学业成绩和学历水平、工作类型及前雇主的名字。最常见的虚假行为包括延长工作时间和虚报工资水平。例如，美国之鹰公司在没有对 M. P. 希利斯的推荐信做出核实的情况下，就聘用他为公司的飞行员。4 年后，他的飞机坠毁，他和 14 名乘客都遇难了。调查结果表明，希利斯在前任雇主那里的绩效水平很差。

案例

挤出简历中的“水分”有高招

作为积累丰富经验的人力资源经理，在谈到如何慧眼辨别真假“美猴王”时，某地产公司的姜经理透露了几点小玄机。

（1）把应聘者担任的职位和发挥的作用对应起来考核。例如，对方原来担任的只是一个大公司的普通人事主管，那么，公司的人力资源发展规划、薪酬设计等重要决策性工作是不可能由他来独立完成的。所以，如果对方在这一点上夸大业绩，就会露出破绽。

（2）可根据对方原来的职位、行业背景、所在公司的背景等，判断应聘者提供的原薪数目是否真实。如果原来只是担任一个微利行业的普通职位，应聘者提供的较高年薪很可能存在夸大成分。

（2）要查明损害性的信息，如犯罪记录和吊销驾照的记录。在工作申请表中说谎并不是什么少见的事情。例如，贝尔南方公司的安全总监估计，有 15%～20%的应聘者隐瞒了某些不良的记录，即使比较老练的公司也可能让某些有犯罪历史的雇员蒙混过关。造成这种问题的一个原因，就是这些公司没有进行有效的背景调查和推荐核查。在芝加哥，一家大型制药公司发现其雇用了一伙歹徒来从事邮件发送和计算机修理工作。这帮歹徒一年间偷窃了价值100万美元的计算机部件，并且利用邮政部将这些部件运送到附近一家为他们所有的计算机商店。因此，背景调查不仅是必要的，也是非常重要的。

案例

工业间谍

广东曾经发生过竞争对手派人打入对方公司窃取技术资料的“工业间谍”案。一家微电子企业在招收了五名技术开发人员后的半年里，公司的许多重要技术被竞争对手掌握，凡是新开发的产品，对方都会抢先一步推向市场，专利也会被抢先申请。为此，公司遭受了巨大损失。这个情况引起了该公司领导层的高度重视。经过内外调查，终于发现，在当初招聘的五名技术人员中，有一人原是竞争对手的员工，他的任务就是窃取技术机密。后来，虽然公安、检察机关做了处理，但是企业遭受的损失已无法弥补。因此，在招聘核心技术岗位时，务必进行背景调查。除了调查常规的身份、学历、工作履历的真伪外，建议对该员工所供职的部门上级、同事进行相应的调查。

二、背景调查的内容和注意事项

（一）背景调查的内容

背景调查一般安排在通过面试后、决定正式录用前。某电器集团拟录用员工背景调查表如表6—8所示。

表6—8　　某电器集团拟录用员工背景调查表

调查人：　　　　　　　　　　　　调查日期：　　年　　月　　日

姓名		性别		出生年月	
学历		专业		毕业院校	
调查院系		被调查人		联系电话	
奖惩情况	奖励：				
	处分：				
学习情况	学校授予学位的基本条件： 英语水平（四、六级情况）： 计算机水平（一、二、三级情况）： 有无重修或补考记录：				

任职情况	班级任职情况： 院系及学校任职情况： 社团任职情况：
个性特点	
备注	

被调查人签名：　　　　　　　　　　　　　　　　　　　　毕业生所属院系：盖章

注：1. 以上内容由院系盖章确认。

2. 被调查人及毕业生所属院系确认以上内容属实，并对以上内容负责。

1. 学历

无论公司提供的职位对学历的要求标准如何，都必须对员工学历的真实性做调查。一个编造学历的员工，很多时候都会有不诚实的表现。目前，大学生毕业证号已经逐步进入计算机系统，可以在互联网上查询，这就为招聘单位进行有关的背景调查提供了便利条件。

2. 个人资质

在信息发达的今天，有很多文章在教导招聘者如何向招聘公司提供正面的经历，还会告诉应聘者什么样的工作经历应该隐瞒，什么样的辞职原因不能向招聘公司说明等。招聘员工的公司如果希望找到好的员工，就应该认真考察应聘者提供的如前工作单位、辞职原因、家庭住址等情况。

案例

“销售经理”的职位界定

某高科技企业招聘销售总监。在众多候选人中，企业选用了一名声称自己曾在某跨国公司担任销售经理，并创造了优秀销售业绩的人。该候选人形象很职业，在面试时侃侃而谈，但在担任了该企业的销售总监后，并未给企业带来良好的营业额。后经了解得知，此人的确在某跨国公司任“销售经理”一职，而且的确完成了业绩，但该跨国公司“销售经理”的职位只是普通的销售岗位，他所完成的业绩只是个人销售业绩，同时此人并不承担管理职责，企业聘用该候选人，白白耽误了半年的时间，极大地降低了管理效率，给企业带来的损失是无法用金钱估量的。

3. 个人资信

个人资信主要是指个人品行、成长经历、家庭情况、个人爱好、资产及信用调查等。有资料表明，一个人的品行定性于25岁之前。用人单位如果希望在工作中再对员工的品行做了解或调整，很可能会招致不必要的损失。每个用人单位都希望得到一些品行良好、经历丰富、无不良嗜好、有一定信用度的员工，而仅通过员工的应聘资料和面试，很难知道他们是否提供了真实资料。

案例

有贪污前科的人当上了财务主管

广州某家计算机公司在招聘财务主管时，由于没有对录用人员进行起码的审查，仅仅因为他的高级职称而录用了他，结果一年后，该公司的近100万元现金不翼而飞。等公司发觉时，人已不知去向。后来，经过调查才发现，那人原来有贪污前科。

4. 雇员忠诚度

有丰富管理经验的企业家都有过因为用人不慎而导致企业发生直接或间接经济损失的经历。了解雇员的忠诚度，判断雇员将来违反公司合同、损害公司利益的可能性，最好的渠道就是向应聘者过去的雇主、同事及客户进行了解。

(二) 背景调查的注意事项

(1) 限定调查问题的范围，主要对应聘者工作情况的有关方面进行调查，而无关的方面，特别是涉及个人隐私的问题，要坚决避免。要做好书面形式的记录，作为录用该员工的依据。

(2) 在进行背景调查前，应先以书面形式征得被调查者的同意，这项工作可以在应聘者填写求职申请表时进行，在申请表中设计这一栏。

(3) 应该优先选取应聘者的前上司或同事进行调查，这些人跟应聘者有最多的工作接触，对应聘者的品行、能力、工作态度有更深刻的了解。

(4) 通过背景调查可以得到关于应聘者的各种情况，这些情况既有客观情况，也有诸如被调查者的性格等主观性较强的内容。有些调查结果的主观程度较强，在决定是否录用时，要慎用这些调查结果，尽可能根据事实进行决策。

(5) 背景调查和人员测评结合使用。背景调查并不是万能的，错误和失真有时难以避免，但如果将背景调查同其他甄别手段相结合，就会大大提高选择的准确度。

三、背景调查的操作

(一) 背景调查的实施

用人单位对应聘者进行初步审查，只针对那些有望被录用的应聘者进行调查。根据实际情况，背景调查可以这样进行：

(1) 用人单位根据单位的规模、实力决定背景调查的强度。不同的职位对背景调查的要求是不同的。背景调查的强度取决于招聘岗位本身的职责水平，责任较大的岗位要求进行准确、详细的调查。对外籍和“海归”应聘者应该预先调查，因为他们的工作和学习记录更难得到，花费也较高。

(2) 通过工作分析确定对某岗位的调查内容。对不同工作岗位，要根据其性质确定调查重点。例如，招聘财务人员就要重点核查其信用情况和品质。背景调查的一般内容有：工作证明、以前工作的地点、任职的时间、头衔、薪资水平、教育背景等。上述内容可以在背景调查表中要求应聘者提供若干证明人名单以供核实。

(3) 在确定了调查的内容后，可采用以下方法进行核实：

1) 设法取得证明人的合作，到应聘者原工作或学习单位核实。原单位可能会有不同的反应，有的可能会拒绝提供任何情况；有的则会仅提供基本信息（如工作起止时间、所从事的职务等），而对人品、表现等问题避而不答；还有的因不想让员工失去新的工作机会或出于个人感情或怕得罪人而对前员工大肆吹捧。这就要求调查者通过感情交流，与证明人建立起融洽的关系，打消他们的戒备和疑虑。

2) 从求职材料中所提供的推荐信及写推荐信的人那里获取信息。研究表明，这种方法所得出的结果对应聘者未来的工作业绩的预测效果是很差的。原因是大多数推荐信或证明材料对应聘者是积极的，很难利用这些对应聘者进行鉴别。写推荐信的人通常都是应聘者自己选定的，这就不排除他们选择自己熟悉或对自己评价较高的人来写推荐信。

3) 通过全国高等教育文凭查询网，对应聘者的学历进行检验。我国已经对近年来颁布的高等教育毕业文凭进行了电子注册，加大了造假者的风险和成本，对抑制学历造假行为起到了一定的作用。用人单位可以通过网络方便地检验出学历的真伪；对没有上网的文凭，可以通过与高校有关部门联系来证实。

(二) 背景调查的关键操作点

1. 何时开始调查

背景调查一般都是安排在面试结束后与上岗前的间隙，此时大部分不合格人选已经被淘汰，对淘汰人员自然没有实行调查的意义。剩下的佼佼者数量已经很少，进行背景调查的工作量相对少一些，并且经过几次面试，公司对他们介绍的资料已经熟悉，在调查项目的设计上将更有针对性。公司应根据调查结果决定是否安排候选人上岗，以免在上岗后再调查出问题，令公司进退两难。

2. 向谁调查，用什么方式调查

一般来说，雇前调查都是由专业人员进行的，他们中的多数人都是长期从事人力资源工作的专家。调查咨询对象有三类：第一类是学籍管理部门；第二类是被调查者原单位的人力资源部，或其上司、同事、下属；第三类是档案管理部门。背景调查的方式有：证明材料、电话调查、信函调查、上门调查、非正式调查等。凡涉及公司的人、财、物以及公司核心机密等岗位的人员，原则上应采用电话、信函或上门调查等方式提取背景信息。对一般员工，至少应提供最近一家雇主的证明材料。

3. 如何设计调查内容

背景调查的内容应以简明、实用为原则。内容简明是为了控制背景调查的工作量，降低调查成本，缩短调查时间，以免延误上岗时间而使用人部门人力吃紧，影响业务开展。再者，优秀人才往往被几家公司互相争夺，长时间的调查会给竞争对手制造机会。实用是指调查的项目必须与工作岗位需求高度相关，避免查非所用，用者未查。调查的内容可以分为两类：一是通用项目，如毕业学位的真实性、任职资格证书的有效性；二是与职务说明书要求相关的工作经验、技能和业绩。另外，还可以使用专业人员设计的问卷。一个有经验的调查人员，在被调查人回答完问卷后，就能找到重点的调查方向。

本章小结

申请表是组织为收集申请者的全部信息而专门设计的一种规范化的表格，它可以使组织比较全面地了解申请者的历史资料。简历是申请者职业经历、教育背景、成就和知识技能的总结。通过对申请表、简历的审查，企业可以选拔出符合其发展要求的人员。心理测验是心理素质测量的具体方法和手段，它是通过对被测者的有代表性的行为进行测量，分析、评价贯穿在行为活动中的心理素质，即由被测者的外部行为推断出内在素质特征。心理测验主要包括智力测验、人格测验和能力倾向测验。本章着重阐述了行政能力倾向测验和卡特尔 16 种人格因素测验。背景调查是指从外部应聘者提供的证明人或以前工作的单位那里收集材料，来核实应聘者的个人资料的行为，是一种能直接证明应聘者情况的有效方法。企业通过背景调查可以对应聘者的品行、能力、工作态度有更深刻的了解，从而避免招聘失误给企业带来巨大的损失。

重点概念

申请表的审查　　简历的审查　　心理测验　　卡特尔 16 种人格因素测验　　背景调查

复习思考题

1. 简历审查的方式主要有哪些？这些审查方式的主要关注点在哪里？
2. 一般来说，简历审查的内容有哪些？
3. 心理测验在人才选拔中的优缺点主要有哪些？
4. 背景调查的内容主要有哪些？调查过程中应该注意哪些问题？
5. 背景调查的方法主要有哪些？

实训题

现有如下四组职业：

(1) 企业经理 VS 科研人员。

(2) 会计 VS 记者。

(3) 编辑 VS 工程师。

(4) 心理学家 VS 艺术家。

要求：请结合自己的性格，选出每组中适合自己的职业，并结合 16PF 及表 6—9，判断自己的选择是否恰当。

表 6—9　　**纬度得分与对应的职业**

纬度	得分高者	得分低者
A（乐群性）	销售、企业经理、教师	科研人员、艺术家、作家
B（聪慧性）	科研人员	行政工作
C（稳定性）	飞行员、护士、研究人员	会计、办事员、艺术家

续前表

纬度	得分高者	得分低者
E（影响性）	艺术家、工程师、心理学家	医生、咨询顾问、办事员
F（活跃性）	商人、空姐	会计、行政人员、科研人员
G（规范性）	会计、百货经理	艺术家、作家、记者
H（敢为性）	音乐家	编辑
I（情感性）	美术、行政、编辑	警察、工程师
L（怀疑性）	编辑、管理、科研	会计
M（幻想性）	艺术家	警察
N（世故性）	心理学家、商人	艺术家
O（忧虑性）	艺术家	行政
Q1（变革性）	艺术家、作家	商人、技师
Q2（独立性）	工程师、教授、作家	护士、社会工作者
Q3（自律性）	行政、科学家、技师	艺术家
Q4（紧张性）	作家、记者	空姐

注：职业性格是指人们在长期特定的职业生活中所形成的与职业相联系的、稳定的心理特征。例如，有的人对待工作总是一丝不苟，踏实认真；在待人处事中总是表现出高度的原则性、果断、活泼、负责；在对待自己的态度上总是表现为谦虚、自信、严于律己等，所有这些特征的总和就是其职业性格。职业心理学认为，性格影响着一个人对职业的适应性，一定的性格适于从事一定的职业；同时，不同的职业对人有不同的性格要求。

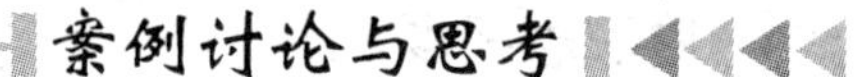

案例讨论与思考

使用能力测验提高招聘效率

某巨型银行2006年成功上市，完成了从国有独资商业银行到国际公众持股公司的历史性跨越。发行上市有力地促进了该银行的经营战略转型和各项业务的创新发展。为进一步提升公司银行业务、个人银行业务、资金业务、分销渠道、境外业务等方面的竞争力，该银行重组了总行公司银行业务、资金业务、风险管理、财务管理等职能部门，并加大了对一流人才的引入。

校园招聘是该银行实现人才引入的一个重要方式。以往，他们采用简历审查、综合笔试、面试相结合的方法进行校园招聘。尽管综合笔试测评的知识内容看起来比较全面，但是没有突出对能力的测评，而且组织实施起来费时、费力，影响了大规模招聘的效率，使一些优秀的候选人在招聘过程中流失。

为了解决这个问题，该银行接受国际顶级咨询公司 Hay Group 的建议，从2007年开始采用了一家测评公司为其定制的推理能力测验代替综合笔试，用于审查进入面试的候选人。这大大提高了招聘的效率，确保在能力上具有发展潜力的优秀候选人进入面试环节。

2008年该银行决定采用计算机方式进行推理能力测验，经过前期简历审查，参加推理能力测验的候选人预计约580人。招聘负责人希望能在1天之内完成测评，第二天出结果。

根据上述要求，该测评公司采取了以下措施：

(1) 科学选择测验——针对招聘岗位的资格要求和候选人的教育水平，建议该银行采用适合大学毕业以上高层次人员选拔的推理能力测验。该测验包括语言能力和数字推理能力两部分，共40分钟。其内容和形式都是管理人员在工作中可能遇到的，用来测量管理情境中的心智能力水平。此外，还针对招聘岗位和该银行业务的主要能力需求，对测验进行了客户化定制调整。

(2) 施测前期准备——协助该银行联系了具有承接国家级考试能力的考试场所，提前对全部计算机做好调试准备工作，并制定了在线施测和本地计算机施测两种方案，以应对网络意外情况的发生。

(3) 标准化施测——测评分5场进行，每场120人左右。该银行人力资源部负责候选人分组和身份审核，该测评公司也派遣了3名经过培训的职业心理学者作为测验管理者负责施测。施测采用统一的指导语，以确保每个候选人在公平的环境中进行测验。

心理测验通常是将被测者的分数与一个参照人群的分数进行比较，以获得该被测者在人群中所处的位置。用于参照的人群被称为常模，用不同的常模进行比较，其结果是不同的。在选择常模时，需要注意常模的人数不是越多越好，而是要尽可能地对被测者群体有较好的代表性。在该银行这次测评中，该测评公司选用了中国金融行业管理人员常模和候选人进行比较，使测评结果对此次招聘选拔更具参考意义。测评后出具的报告包括以下部分：

(1) 测验系统自动生成每个候选人的语言能力和数字推理能力测评报告。

(2) 全部候选人的语言能力和数字推理能力分数排名。

(3) 根据面试人数和允许的误差程度，确定审查的通过分数线。

(4) 分数线的说明和使用建议。

该银行人力资源部负责人在谈到推理能力测验对他们的帮助时说："推理能力测验尽管看起来不如综合笔试所测评的内容全面，但实际上测量了银行专业和管理岗位所需要的核心能力，且实施起来省时省力，标准统一，评价客观，报告结果快，大大提高了招聘效率，是非常好的审查工具。相比之下，综合笔试题目看似全面，但以知识测评为主，实际上是学校学科知识考试的重复，对不同学科考生并不公平，容易导致高分低能的现象；综合笔试命题都是组织院校学科专家突击命题，命题的科学性和质量难以保证；考试的组织实施需要投入大量的人力和资金，人工阅卷时间长，标准不统一，报告结果出得慢，使整个招聘的效率无法提高。"

讨论与思考：

1. 请讨论在招聘选拔中进行能力测验需要经过哪几个重要的步骤。
2. 结合本案例，思考能力测验与传统的招聘方法相比有什么优缺点。

第七章

员工录用和使用管理

学习目标

- 了解录用标准
- 掌握录用决策方法
- 掌握薪酬谈判的技巧
- 掌握发录用通知、辞谢通知的方法
- 掌握办理新员工入职手续的方法
- 掌握新员工培训的内容

导入案例

新员工为何频繁跳槽

小A被某生化药业公司聘为市场部策划主管，他很高兴。可是上班第一天，市场部经理就交给他一大堆任务：公司很多生化药品的招商实施了很长时间，但效果不佳，市场部经理让他制定一个有效的招商方案；某抗生素产品为了进入医院销售，和竞争对手大打价格战，结果导致利润微薄，甚至难以承受高昂的营销成本，市场部经理让他考虑一下如何把产品价格提上来……上班第一天就面对这些难题，小A乱了阵脚，不知该从何处着手。

小B原本应聘一家公司的高级策划，但这家公司领导认为小B虽然综合素质良好，却达不到高级策划的标准。最终，公司在没有找到更合适人选的情况下，采取了一个折中的办法，以高级策划的名义录用了小B，实际上却把小B定位为普通策划人员。公司副总带着小B来到策划部，接待小B的是公司的一名普通策划人员。在介绍时，副总反复向这位接待的策划人员强调，小B是按高级策划招的，而后又偷偷告诉那位接待者公司对小B的定位。结果在后继工作中，老员工不自觉地做起了小B的“领导”，小B感觉很压抑，于是三个月的试用期没过他就主动辞职了。

小C应聘一家公司的企划部总监，公司的想法是在试用期后让小C取代原来业绩平平的企划总监。由于小C不了解公司情况，公司并没有直接任命小C做企划总监，而是让小C以高级策划的身份进入企划部。结果，小C在工作中虽有好的想法，却没有机会和公司高层领导沟通，并且遭到了产生危机感的现任企划总监的嫉妒和排斥。此外，小C上岗前，主管企划的副总裁没有找他谈话，没有明确公司对小C寄予的厚望，使小C以为“高级策划”就是企业给他的定位，于是没做到一个月他就提出了辞职，并且态度很坚决。公司领导也只好在无奈中批准了小C的辞职申请，结果人才在未能发光发热的情况下就黯然离职。

思考：

1. 是什么原因让这三位新员工感到不舒服？
2. 公司应该如何对待刚刚录用的新员工？

面对上面三个既简单而又真实的案例，我们不能不为这三家公司感到遗憾。人才刚引进来却又在不经意间流失，这是公司不会用人的体现。实践证明，让新员工越快融入公司，越快进入角色，新员工在公司工作的稳定性就越强，并且工作贡献度越高。如何让新员工尽快融入团队、适应公司，成为管理者必须思考的一个问题。

本章分别介绍员工录用管理和员工使用管理。在员工录用管理部分介绍做出录用决策、薪酬谈判、录用及录用面谈和办理新员工入职手续；在员工使用管理部分介绍新员工面临的困惑、新员工如何对待自己职业的新开端、新员工上岗培训的重要性及新员工培训的内容。

第一节　员工录用管理

组织经过招聘筛选，确定了适合空缺岗位的候选人之后，接下来需要做的工作就是发出录用通知，邀请新员工的加入。应聘者在经历层层选拔的同时，也对组织的情况进行了观察和分析，应聘者也要做出是否接受组织录用的决定。录用就像一条纽带，把组织和个人联系在了一起。组织做出录用决策之后，要及时开展新员工的上岗指导和培训工作。个人接受了录用之后，要抓住机会表现自己，谋求更大的发展。

一、做出录用决策

录用决策主要是对测试过程中产生的信息进行综合评价与分析，确定每一个候选人的素质和能力，并根据预先设计的人员录用标准进行挑选，选择最合适的人员。录用资料数据的综合分析是通过专门的评价小组或专家讨论进行的。评价小组对各个测评指标进行小组讨论，得出某一应聘者优缺点方面的一致性评价意见，并对照职位要求做出该应聘者是否适合岗位的判断。在这个过程中，关键是要把握好数据的客观性，也就是说，所有的陈述均要以客观的事实为基础。评价小组将评价意见进行综合后，做出最终的录用决策。

（一）录用决策者

一般情况下，录用决策由人力资源部门负责。人力资源部门为用人部门提供合格的候选人，由用人部门主管做出最终决策。没有成立独立的人力资源部门的组织，往往把录用决策直接交给用人部门的主管，由用人部门的主管来组织完成整个招聘过程。在工作团队越来越受到重视的情况下，一种新的趋势是由工作团队共同做出录用决策。如何充分发挥各层次、各部门在招聘录用决策中的有效作用，已经成为许多组织关心的问题。

（二）录用标准

录用标准应当体现出“事得其人，人尽其才，人事相宜”的原则。在制定录用标准时，一方面要以岗位为基础，看候选人是否达到岗位要求；另一方面，要确定候选人在岗位上能否充分发挥才能和潜力。

在确定录用标准时，企业容易陷入的误区是标准定得过高。最好的匹配对象是在胜任岗位需求的前提下，有很好的发展潜力和势头的人员，而非现在能力就高出岗位需求一大截的人员。一个远远超出职位需求的人，在待遇上的要求也会比较高，这时企业就需要综合考虑人力资本的投入、产出问题。而且，有时即使企业愿意给予高工资，公司内部没有更好的岗位空间，辛苦找来的人选也很可能因工作缺乏挑战性而很快另谋高就。

案例

雇用“70分”的人才

日本有一句话叫作“适合身份”，意思就是以公司经营政策为前提，雇用身份合适的人。松下幸之助十分推崇这句话，他认为，企业的人才有时就像生产产品所需要的材料，最关键是要合适。如果选用的人才不合适，即使素质再高，也无法满足企业的需要。企业选用人才必须讲求合适的原则，小材大用，大材小用，都是不理想的。唯有适才适用，才能使人才的能力发挥到极致。

1918年，松下幸之助开始做生意，当时公司规模很小，幸运的是，松下幸之助拥有适合的人才。按照公司当时的规模，名牌大学的高才生是不会到松下公司来工作的。其实，即使他们来了，松下幸之助也会感到困惑，因为没有适合的工作给他们做。所以，松下公司的人大部分来自普通学校，很少有来自高校的。直到1927年，松下幸之助才开始网罗专门学校的人才。也就是说，松下幸之助做了9年的生意，才第一次雇用了两名来自专科学校的毕业生。此后，松下公司所属的分公司或事业部，都以适合自己的立场、经营状态为标准来寻求人才。在松下幸之助看来，企业没有一定的职位空间时，雇用太优秀的人反而有些麻烦。他们很可能会抱怨工作无聊和缺乏趣味性。而聘用不那么顶尖的人，他们也许会心存感激，满意自己的工作环境和职务，从而踏踏实实地工作。松下幸之助经常说，世界上没有十分圆满的事情，公司能雇用到“70分”的人才，说不定反而是公司的福气，何必一定要去找“100分”的人才呢？

资料来源：倪宁等：《人才选聘》，33页，北京，经济管理出版社，2004。

(三) 录用决策的程序

1. 整理和分析有关信息资料

在招聘筛选的过程中，招聘者采用多种方式对应聘者进行考察，获取大量的信息资料，并依据这些信息资料对应聘者做出判断。为了保证信息资料的完整性，在做出录用决策之前，需要一系列的信息整理和分析过程。这些信息的整理、分析工作主要是总结应聘者的有关信息，如应聘者实际掌握的知识、具备的能力、潜力以及职业兴趣和志向，这些因素共同决定了应聘者未来的工作表现。

2. 分析录用决策的影响因素

在做录用决策时，一般要考虑以下几个方面的问题：

(1) 以应聘者自身最高潜能发挥为主，还是以组织和工作目前的需要为主。

(2) 以目前对工作的适应为准，还是以将来发挥潜能为准。

(3) 组织现有的薪酬水平与应聘者的要求差距有多大。

(4) 组织能否调整薪酬水平以适应优秀应聘者，或应聘者愿不愿意调整薪酬要求以适应组织。

(5) 超出合格标准的人员是否需要考虑。

3. 选择录用标准

录用标准应该体现“胜任”的特征，既能使我们看到表象特征的匹配程度，又能帮助我们了解候选人的潜在特征，如动机、特质、兴趣、价值观等，从而对认知候选人与岗位的匹配情况提供很好的依据。

4. 做出最后的决定

由录用决策者做出最后的决定，并由工作人员通知应聘者有关的录用决定，办理各种录用手续。

(四) 人员的录用决策分类

1. 按决策周期分类

人员的录用决策按照决策周期可以划分为过关淘汰式、汇总评估式及混合式三种。

(1) 过关淘汰式是指企业在甄选过程中，在每一甄选测试环节都设置一定比率的淘汰标准。候选人只有通过上一关才能进入下一关，只有通过企业设置的层层关口，才能参加最后一轮的录用选拔。

(2) 汇总评估式是指企业不设置最低的淘汰标准，所有候选人都参加甄选，最后由企业根据候选人在各项考察项目上的得分及项目的权重，做出录用决策。

(3) 混合式是指企业根据实际情况，对某几轮甄选采用过关淘汰式，对某几轮甄选采用汇总评估式。一般而言，采用混合式来决策的企业较多。

2. 按决策方法分类

人员的录用决策按照决策方法可以划分为单轮测试决策和汇总评估决策两种。

(1) 单轮测试决策。对简历、知识、技能的选拔，单轮测试决策比较容易得出一致意见，因为标准是量化的，只要确定出一个分数段或等级，就可以完成；而对潜在的胜任特征的评价往往会因为评价者的不同而有一定的差异。结构化的面试及评估、统一培训评价者会在一定程度上弥补这方面的缺陷，但评价者的阅历、看问题的角度、关注点等不同，有时评价意见仍然无法一致。单轮测试决策，通常有如下做法：

1）评价者根据面试和测试记录，对被评价者的有关考察要素提出看法和依据，但不提出结论。所有评价者发表完看法后，每个人再单独做出结论。

2）评价者先单独发表看法，然后每人单独做出结论。如果是3～4个评价者，则实行一票否决制；如果是5～8个评价者，则实行两票否决制。具体标准根据拟招聘职位的重要程度、特点而有所不同。

（2）汇总评估决策。即对候选人的各轮测试成绩以一定的方式汇总后，将候选人进行总的排序。汇总评估决策一般有如下两种方式：以岗位为标准，列出岗位最适合的人选；以人为标准，列出岗位的适当人选。当上述两项标准一致或基本一致时，即可按排序结果做出相应的录用决策。当招聘岗位比较多，应聘者的经历、学识等没有大的差异时，可以采用此方法。这种方法尤其适合于校园招聘。

（五）提高录用决策准确性的措施

1. 准确、可靠、真实的信息

这些信息包括应聘者的全部原始信息和招聘过程中所获得的信息。应聘者的原始信息包括应聘者的年龄、性别、毕业学校、专业、在学校的学习成绩、应聘者的工作经历、原工作岗位的业绩及原工作中上级和同事的评价等。招聘过程中所获得的信息包括笔试、心理测试、面试等的测试结果。

2. 正确的资料分析方法

在分析应聘者的有关信息资料时，第一，要注意对能力的分析。尤其在招聘重要的管理人员时，要着重分析应聘者的沟通能力、应变能力、组织能力、协调能力。第二，要注意对品质和道德水平的分析。技术能力的缺乏尚可弥补，而一个人如果缺乏必要的自信心，或缺少工作的热情，或自身修养较差，则很难在工作中有好的表现。组织在做录用决策时，要注意应聘者在过去工作中所表现出的职业道德和品质。第三，要注意对特长和潜力的分析。有些特长源于先天气质，有些则是经过后天培养形成的。任职人员在某方面所具备的特长可能会对组织的未来发展产生关键作用，为此，组织在做录用决策时，应对具备特长的人给予更多的关注。潜力是指不能很快观察到的能力和水平。潜力虽然尚未被开发，但一个人的潜力高低决定了其未来可能表现出来的能力水平，也决定了其将来可能给组织做出的贡献大小。招聘人员在做录用决策时，要关注应聘者的潜力水平。第四，要注意个人的社会关系的分析。个人的社会关系包括家庭、学校、亲友等个人长期积累起来的与社会各种成员之间的联系。个人的社会关系对其所在的组织来说，也是一种有用的资源。例如，经名师指点的学生会有很扎实的知识底蕴，在和睦的家庭成长起来的孩子会有健康的心理等。对应聘者的社会关系进行认真分析和考虑，不但能为组织招聘到合格的员工，还能为组织开发宝贵的社会资源。第五，要注意测试过程中应聘者的现场表现。在测试过程中，应聘者高度关注测试本身的内容，这时的言谈举止最能反映其本性特征。招聘人员应着重考察应聘者的语言表达能力、情绪控制能力、风度、教养和心理健康因素等。

3. 科学的招聘程序

招聘包含若干程序，组织要根据自身的规模、文化、价值观等来设计科学的招聘程序，并且严格按规定程序实施招聘过程。常用且非常有效的招聘程序包括以下三轮：第一轮是人力资源部门的初步筛选；第二轮是业务部门进行的相关业务考察和测试；第三轮是高层管理人员和招聘专家进行的面试。科学的招聘程序可以保证招聘的准确率，提高招聘的效率。

4. 高素质的考官

考官要公正、公平外，还应具备广博的知识、丰富的经验、良好的分析能力和判断能力，这样才能做出相对正确的录用决策。

案例

乔治·马歇尔将军的量才录用五步法

乔治·马歇尔将军在进行人员选择决策时，往往会遵循以下五个步骤：

第一步，仔细考虑任务是什么。工作的性质往往不易改变，工作的任务却无时无刻不在变动。

第二步，同时考察几个符合条件的人选。在简历上列出的资历只是一个起点，没有资历固然不行，但是最重要的是做到量才录用。为了找到最佳人选，必须考虑3～5个候选人。

第三步，考察这3～5个候选人过去的绩效记录，从而找出他们各自的特长。乔治·马歇尔将军总在发掘候选人的长处。候选人力所不能及的事情并不重要，相反，必须将注意力集中于他们能够做到的事情上，并要判断特定的任务是否有利于他们发挥长处。绩效必须建立在候选人的长处之上。

第四步，乔治·马歇尔将军会和曾与候选人共过事的人一起讨论。通过与候选人过去的上司和同事们闲谈，往往能得到可靠的消息。

第五步，乔治·马歇尔将军一旦敲定人选，就会确保候选人明白任务是什么。最好的方法莫过于让候选人做出周密的计划——为了成功，他必须做到什么。

资料来源：［美］彼得·德鲁克：《德鲁克日志》，113页，上海，译文出版社，2006。

二、薪酬谈判

在做出初步录用决策后，企业需要与候选人讨论薪酬的有关问题。薪酬由两部分组成：薪水和福利。薪水包括工资、奖金、各类津贴等；福利主要包括养老保险、失业保险、工伤保险、医疗保险、住房公积金、国家规定的法定节假日、带薪休假、餐费补贴及交通补贴等。基于不同的企业文化与性质，企业在福利项目的设置上也不尽相同。一些企业会将福利项目设置成自助菜单，员工根据定额标准，在项目中自由选择自己需要的项目。不过，《中华人民共和国劳动法》规定的相关项目，如劳动保险、法定假日等，则必须保留。

（一）薪酬谈判的时机

对可替代性强的基层岗位，企业会在面试时明确告知薪酬。而对其他岗位，通常在企业得出初步录用决策后进行薪酬谈判。

（二）薪酬谈判的技巧

1. 候选人提出过高或过低的薪酬要求

（1）候选人提出过低的薪酬要求（超过本企业下限的20%）。出现这种情况的原因，是候选人对要加盟的行业、企业的薪酬情况不了解，或不熟悉地域的薪酬差异。企业应把握一个基本的原则，即应给予候选人强烈的信息，暗示其只要真正展现出工作实力和热情，薪酬会有比较大的上升空间。

如果排除上述原因，候选人的薪酬要求较之以往大幅度降低，则很可能是因其在工作或其他方面遭到挫折。此时谈判者不要当即答应，而是应当尽量多地收集信息，了解其真实原因，以免出现用人风险。在一些高科技企业，一些优秀人才往往会为了事业的前景而放弃原本优厚的待遇。遇到这种情况，企业谈判者应当确定本公司是否能满足其发展的需要。

（2）候选人提出过高的薪酬要求（超过本企业上限的20%）。一方面可能是候选人对地域、行业、企业的薪酬情况不熟悉，另一方面也可能是候选人对自己的能力有一些过高的估计。此外，一些具有欧美文化背景的候选人，往往个性张扬，企业切莫立刻挂出"免战牌"，这其中有很多人不乏有"真材实料"。

2. 候选人提出略高于本企业薪酬水平的薪酬要求

除非采用猎头招聘，通常情况下，在正式的薪酬谈判阶段，候选人的薪酬要求大都会落在薪酬标准上下限的20%以内，对过低或过高的薪酬要求，企业一般都会在前面的环节里，通过电话访谈或其他方式"处理"完毕。薪酬谈判开始，企业尽量不要询问候选人对薪酬的期望值，正确的做法是询问其原有的薪酬标准。因为"期望值"往往会高于其原有薪酬，从而无形中降低企业的"谈判筹码"。

当候选人提出高于公司预算的薪酬要求时，企业不妨尝试如下几步：

（1）描绘愿景目标。越优秀的人才，越看重工作乃至事业的意义。公司所处的行业前景如何？公司的愿景是什么？对成就动机强烈的人员，这些因素的吸引力不可低估。例如，百度成立初期，好几位高层管理人员放弃原本优厚的待遇奔赴百度，看重的就是百度的未来事业。

（2）展示发展机会。详细展示公司的工作价值、学习机会、提升机会、团队氛围、挑战性、未来发展、品牌效应等，与候选人的现有环境进行比较，引导其看到个人发展的空间。

（3）明确未来增长。详细介绍公司的经营情况、公司薪酬调整的频率或幅度、公司的各项福利等。例如，"虽然现在工资不高，但每年都会有涨工资的机会，过几年工资水平有可能达到……"引导其看到未来薪酬的增长空间。

（4）突然反向出击。暗示候选人如果薪酬要求过高，也许会使公司重新权衡。该方法需要分辨候选人的具体情况，慎重使用。

（5）举例说明。举例说明哪些人到公司后得到了发展；公司薪酬在市场上所处的水平、趋势；除公司薪酬外，公司所提供的其他价值。

（6）善于转换方式。表明公司看重的是员工的真正实力——候选人在证明自己本身的实力之前，公司承担着一定的风险。探明候选人的心理底线，如果无法满足其工资要求，看是否可以采用"固定＋浮动"的方式，灵活发放。这样也可以为企业降低用人风险。

(7) 建立情感基础。坦诚表达对候选人的欣赏与肯定。真诚的欣赏与肯定更能打动候选人。

(8) 保留“还价”余地。到了这一步，就要让候选人亮出底牌，询问其能接受的薪酬水平。在这一环节要取得候选人的明确答复，并应当表示会尽力争取公司破例（不超过预算的前提下）。这样既可以有效地阻止候选人再次讨价还价，还可以使企业保留还价的主动权。

(三) 薪酬谈判的注意事项

(1) 薪酬谈判不是商业谈判，把握一定的“度”很关键。薪酬谈判与商业谈判的不同之处在于，并非“杀价”越多越好。总体而言，谈判者要把握公司的底线。一方面，不要超过预算；另一方面，给予候选人的薪酬标准也要与其将要任职的岗位及能力基本匹配。否则，即使候选人接受了过低的标准进入公司，知晓内情后的挫折感会随之而来，从而严重损伤其对公司的忠诚度和归属感。

(2) 未到正式的薪酬谈判阶段，企业一般不宜透露薪酬方面的信息。如果候选人询问，一般不应透露薪酬上线。这既是出于保密的需要，也是为了避免优秀人员因上限过低而过早放弃。

(3) 薪酬谈判一定要本着诚信的原则。在薪酬谈判中，企业切莫摆出高人一等或规则执行人的姿态，这样会赶跑优秀者——即使勉强留下来，或许从来公司的那一刻起，就想着如何“骑驴找马”了。

另外，一些企业在薪酬谈判中特别善于“画饼”。这也许会骗得候选人的加入，却不会长久，待其感到受骗后再离开，反倒浪费双方的时间和成本，最终两败俱伤。国内一家专业的人力资源网曾做过调查，有50%左右的候选人反映，在薪酬谈判中，企业浮夸的问题非常严重。

(4) 薪酬谈判一定要明确项目标准，切莫含糊，最好形成书面文件。在薪酬谈判中，双方所站的立场不同，对薪酬项目或标准有可能产生误解——或许是企业未交代清楚，或许是候选人未领会，这是导致薪酬纠纷的隐患。所以，双方就薪酬项目、标准、方式等达成一致后，还需要总结重复，最好是以书面文件的形式确定下来，让候选人签字。

(5) 注意谈判气氛。过浓的“讨价还价”气氛会让候选人怀疑公司的诚意。

(6) 薪酬谈判的反馈要及时，切莫让候选人等待太久。优秀的候选人往往会同时收到几家企业的橄榄枝，时间拖得太久，候选人已有其他公司的“底数”后，在薪酬谈判中往往不肯让步。另外，过度的拖延也许会让候选人做出其他选择。

三、录用及录用面谈

到录用阶段，保留下来的应聘者应该是较为优秀的人才，这时组织的角色应该稍微有些转换，即由判断应聘者是否合格转为吸引优秀人才加盟。许多招聘者认为，只要发出录用通知，被选中的应聘者肯定会来报到。事实并非如此。越高素质的人才，越有较多的选择机会，或者同时被其他组织选中，甚至其本来就有一份不错的工作。因此，组织发出录用通知并不意味着应聘者就一定会加入组织，如果组织消极等待，就可能失去宝贵的人才资源。

(一) 及时对应聘者进行答复

无论是对拟录用的应聘者，还是对那些被淘汰的应聘者，组织负责招聘的工作人员都应及时给予答复。对拟录用的人员发出录用通知，对不准备录用的人员发出辞谢通知。录用通知和辞谢通知都要以有关部门的名义正式发出，并有相关负责人的签名和明确的签发日期。

1. 录用通知

组织在做出录用决策后，要及时发出录用通知（如表 7—1 所示），这样可以尽可能多地争取到合格的应聘者，也可以在应聘者心目中树立较好的组织形象。录用通知应该注重印刷质量和措辞，要让接收者产生好感。更重要的是，要说明新员工将承担的岗位及职责、报到的截止日期、报到地点及报到程序等，并详细说明抵达报到地点的路线及方式。

表 7—1 录用通知示例

××公司录用通知

尊敬的________先生/女士：

您应聘本公司________职位一事，经复核审议，决定录用。请于 20 __年__月__日上午__时之前，携带下列证件、资料到本公司人力资源部报到。

（1）公民身份证原件。

（2）毕业证书、学位证书原件，其他与工作相关的资质证明。

（3）体检表（区、市级以上医院体检证明）。

报到后，本公司会组织专门的职前介绍和短期培训，使您在本公司工作期间感到愉快。如果您有什么疑惑或困难，请与人力资源部联系。

电话：010—××××××××

致礼！

××公司人力资源部（公章）
20　年　月　日

2. 辞谢通知

一些企业以忙为由，对未被录用的应聘者不予回复。其实，这对公司品牌而言，是一个不小的伤害。真正以人为本的企业，不会粗暴地对待任何一位哪怕是与公司要求相差很多的应聘者。向落选者发出辞谢通知，感谢其对公司的关注，是企业招聘流程中一个不可缺少的环节。周到的辞谢方式可以树立良好的组织形象，也能对今后的招聘产生有利的影响。因此，对未被录用的应聘者，组织同样要用礼貌的方式通知其本人，最好是通过电话或信函的方式。辞谢通知应是正式的书面文件，内容主要是对应聘者的参与和支持表示感谢，同时对组织不能录用表示遗憾，并附上良好的祝愿（如表 7—2 所示）。

表 7—2 辞谢通知示例

××公司辞谢通知

尊敬的________先生/女士：

非常感谢您对我们公司的________职位的兴趣。您对我们公司的支持，我们不胜感激。您在应聘该职位时的良好表现，我们印象很深。但是由于我们名额有限，这次只能割爱。我们已经将您的有关资料备案，并会保留半年，如果有新的空缺，我们会优先考虑您。感谢您能够理解我们的决定。祝您早日寻找到理想的职业。对您热诚应聘我们公司，再次表示感谢！

致礼！

××公司人力资源部（公章）
20　年　月　日

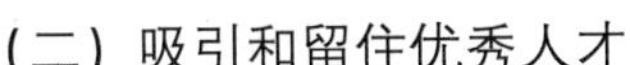

（二）吸引和留住优秀人才

要想更多地吸引优秀人才加盟，组织需要做如下工作：一是让优秀的应聘者尽可能多地了解组织的信息；二是寻找组织和优秀的应聘者之间的共同点；三是提前拟订组织给应聘者的薪酬待遇，对某些重要的职位，这一点尤其重要；四是与应聘者讨论任职后所要承担的工作；五是在录用之后让应聘者感受到被尊重和有价值，如在工作安排上事先征求其意见等，这样有利于员工尽快建立与组织的心理契约。

（三）录用面谈

新录用员工的录用面谈是留住优秀人才的第一步。对外部招聘的新员工，人力资源部或相关工作人员应与其面谈，帮助其尽快融入新的环境，进入工作角色。

1. 录用面谈的必要性

针对新录用员工开展录用面谈是非常必要的。一方面，通过录用面谈可以加强组织对新员工的了解。新员工虽然经过组织的层层筛选，但招聘过程中应聘者很多，对每一个人了解的内容有限。通过与新录用员工的谈话，管理者可以获得他们生活、思想等深层次的信息。另一方面，通过录用面谈可以加强新员工对组织的了解。在录用面谈中，新员工可以更多地了解一些自己关心的问题，如薪酬、福利、各级领导的情况、自己所在部门的状况等。

2. 录用面谈的执行者

企业要根据录用岗位的权级高低来决定录用面谈的执行者，一般应由高一级的管理人员来执行，普通员工的录用面谈则由人力资源部主管来执行。录用面谈的执行者要心胸开阔，关心爱护新录用的人员，具有换位思考的能力和良好的沟通能力，能理解他人的困难并乐于助人。

3. 录用面谈的实施

录用面谈通常可在执行面谈者的办公室进行，如果为了更充分地交流，也可以选择在其他休闲场所进行。录用面谈的执行者要努力创造轻松的氛围，坦率地说出自己的想法，耐心地解答新员工提出的问题，将话题尽量集中在今后的工作职责、组织目标、组织文化和价值观等方面，以增进彼此之间的了解，在今后的工作中更好地合作。

组织发出录用通知后，可能有些被录用的人员不来就职，对这种情况，人力资源部门或相关工作人员要主动与之联系，积极争取其加入。需要注意的是，如果很多被录用的人员都不来报到，组织则应该立即反思自身存在的问题或障碍，提高在以后招聘过程中的竞争力。

四、办理新员工入职手续

（一）入职手续办理流程

新员工的入职手续办理工作在签订了聘用合同书后进行，由员工开具原单位离职证明、体检、档案转入、在新公司中录入员工信息、办理其他入职手续等环节构成。上述入职手续办理完毕后，员工就可以到新单位正式入职。图7—1是某公司的员工入职程序图，有助于我们更好地了解该流程。

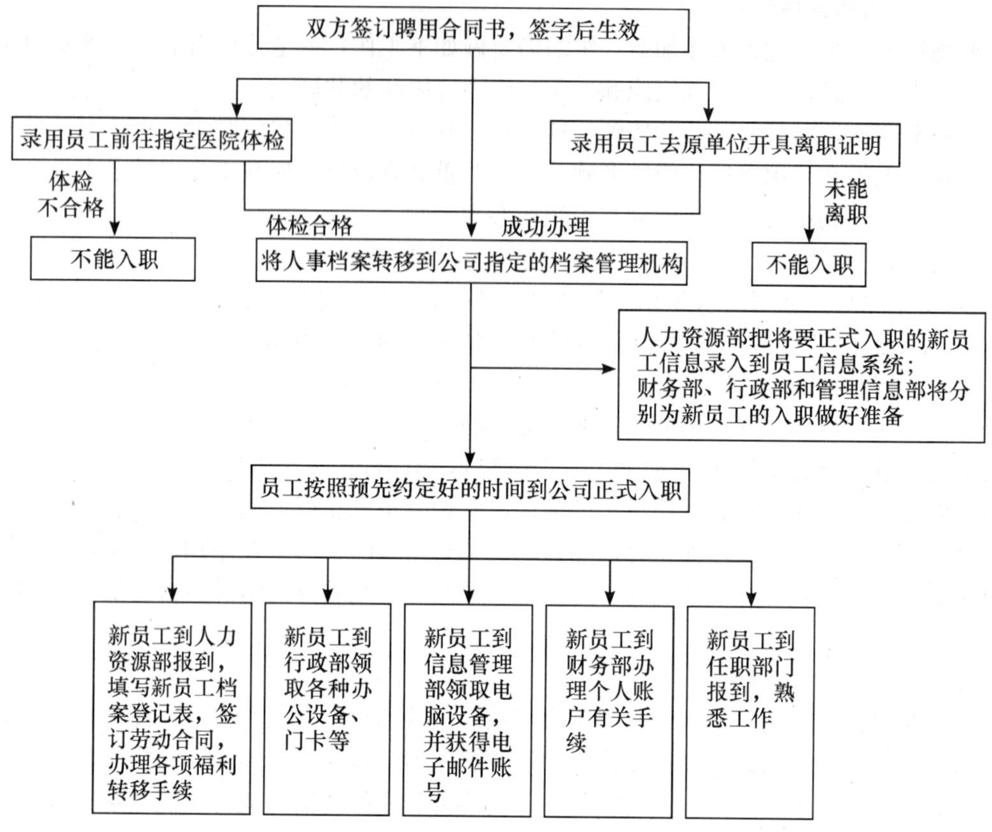

图 7—1　某公司入职程序

（二）聘用意向书

应聘者报到后，企业往往需要其提交健康证明、与原单位办理的交接手续资料等。只有完成这些项目，方可正式入职。然后，企业会按照事先与招聘者达成的薪酬标准，签订聘用意向书。聘用意向书的内容主要包括以下几项：

（1）聘用的职位。

（2）所属的部门。

（3）上级主管的职位。

（4）工作地点。

（5）薪酬标准。

（6）开始工作的时间。

（7）录用标准。

（8）权利、义务。

聘用意向书并非正式的劳动合同，只有在候选人按要求提供相应的材料后，双方的雇佣关系才能达成。对企业而言，如果候选人按要求提交相关手续，企业应该为其办理入职试用手续；否则，候选人可以追究企业的经济赔偿责任。表 7—3 为某公司的聘用意向书示例。

表 7—3 聘用意向书示例

××公司聘用意向书

受聘人姓名：
职位：
部门：
上级主管职位：
工作地点：
生效时间：20 __年__月__日
经协议，受聘人的薪酬为：
基本工资：________元/月（税前）（每年 12 个月基本工资）
餐费补贴：300 元/月
交通补贴：500 元/月

另外，受聘人将享受住房公积金、养老保险、失业保险、工伤保险、商业医疗保险、人身意外伤害保险，及其他各项员工福利政策。受聘人必须接受体检，取得指定医院的体检合格证明；并且，受聘人必须从前任雇主处辞职，并将个人档案转入公司指定的存档单位。

如果受聘人同意上述条件，请在意向书上签字。

欢迎您加盟××公司！

××公司（公章）：　　受聘人：
代表：___________　　___________
20　年　月　日　　20　年　月　日

(三) 签订劳动合同

在员工入职的同时，企业必须与员工签订劳动合同。如果约定有试用期，则试用期亦应包括在劳动合同期中，也就是说，在试用期间，用人单位应当为劳动者缴纳社会保险费用。约定试用期的长短应根据合同期限的长短而定，劳动合同期限在 6 个月以下的，试用期不得超过 15 天；劳动合同期限在 6 个月以上 1 年以下的，试用期不得超过 30 天；劳动合同期限在 1 年以上 2 年以下的，试用期不得超过 60 天；劳动合同期限在 2 年以上的，试用期不得超过 6 个月。试用期是用人单位与劳动者建立劳动关系后，为相互了解、选择而约定的考察期，在试用期内劳动者若被证明不符合录用条件，用人单位可以随时解除合同，而劳动者在试用期内若认为用人单位的工作不适合自己，也可随时解除合同。

第二节 员工使用管理

一、新员工面临的困惑

(一) 是否会被群体所接纳

每个人都会有这样的困惑：进入一个新环境，是否会被这个小群体所接纳？曾经，一个性格有些内向的女孩子在进入企业之初说：“在学校时，同学们都说工作中的人比较难相处，不少杂志上的文章也反映工作中人际关系复杂。我现在也很担心，不知道同事们会不会喜欢我，我是否会被别人说闲话，我的私人生活会不会被别人过分干扰。听说，工作之初有不少同学由于难以与同事们相处而换工作，但愿我能幸运一点吧！”不难发现，只有这个女孩的疑虑烟消云散时，她才能以一种愉快的心情来充分地展示其才智。

（二）公司当初的承诺是否会兑现

不少企业为了吸引优秀的人才，在招聘时许以美好的承诺，而一旦员工进入公司，便出现了另外的情况，或者对员工要求过多，或者给予员工的过少。相对于员工的工作准则、企业的历史及发展目标，员工更加关心自己的工资、福利、假期和发展前景等。只有自己的切身利益得到保障，他们才可能从心理上接受企业的文化，融入企业群体，否则他们会表现消极，即使表现积极，也是在积累工作经验，等待时机跳槽。

（三）工作环境怎么样

这里所说的工作环境，既包括工作的条件、地点，也包括公司的人际关系、工作风气等。新的环境是接受新人的，还是排斥新人的？同事们是否会主动与新员工交往并告诉他们必要的工作常识和经验？第一项工作有人指导吗？他们是否完全明了自己的工作职责？为了完成工作，他们得到了必要的工作设备或条件吗？上述问题直接关系到新员工对企业的评价和印象。

案例

他为什么离开公司

某公司要招聘一名高级资产评估师，要求是：男性、研究生学历、有三年以上工作经验。发出招聘信息后，有很多人来应聘，经过层层筛选，公司最后聘用了李明。李明曾经在一家证券公司当过经纪人，拥有 MBA 学位，攻读学位期间的学习成绩很好。李明工作半年后离开了公司，原因是该公司所设置的高级资产评估师的职位没有经过科学规范的职位分析，无法对李明进行公正的考核，其工作未能得到认可。

原来，李明的工作是着手研究资产评估系统，但没有人告诉他详细的职责任务、工作内容和工作规范。一开始，李明收集信息并做调查，在此基础上进行研究，而后提出研究报告。但由于没有对李明明确完成工作的时间要求，因此，在每周的公司高层例会上，李明均未汇报过工作内容和进度，老板认为他工作不尽力。在一次会议上，专职秘书因事请假，老板请李明代做会议记录，李明认为参加例会的大部分人员和他是同一层次的，老板让他做记录对他来说是一种侮辱。

李明所在的职位曾有过三位前任，他们均未把资产评估系统研究出来，并因此被解聘。李明经过努力，很成功地完成了这项工作。但由于缺乏科学的工作分析和有效的任务考核方法，李明辛勤劳动的成果未获重视，年终他只获得与大家一样的奖金报酬。失望之余，李明离开了公司。

二、新员工如何对待自己职业的新开端

（一）应该尊重和服从上级领导

新员工必须告知自己：“我要尊重并服从上级领导。”成功的职业生涯来源于领导对自己的信任和给自己的上进机会，一个不尊重领导的新员工，很难有进步。尊重领导，服从领导，一定会使自己获得一个崭新的开始。

（二）应该和同事和睦相处

进入自己的新岗位后，应与同事友好相处。美国人见面说“Hello”，日本人见面说“请多关照”，中国人见面说“您好”，这些都是十分必要的友好语言。与同事和睦相处应该有语言和行动的表示，语言从文明礼貌用语开始，行动从主动帮助、配合他人开始。在与他人共事的过程中，应把困难留给自己，尽量挑起重担，让同事感受到自己很友好，与自己相处很容易、很愉快，从而获得同事的信任，并回报以友好和关心。

（三）应该让自己表现出色

新录用的员工进入新岗位是一个新开端，对自己严格要求会使这个开端顺畅。假如自己过去有些坏习惯，如懒散、纪律松散、爱睡懒觉、喜欢迟到等，应该和这些坏习惯告别。表现出色体现为遵纪守法，工作勤勉，工作效率高，工作思路多，不保守，不爱出风头等。

（四）应该和家人亲切沟通

寻找一个最恰当的机会，把自己录用新岗位的情况向家人做一次详细的汇报，同时表达自己希望上进的决心，希望家里人能理解、支持。

三、新员工上岗培训的重要性

（1）通过职前培训活动，使新员工熟悉工作场所，了解企业的规章制度和晋升、加薪的标准，清楚企业的组织结构和发展目标，从而帮助新员工较快适应新的环境。

（2）通过员工手册、职务说明书、必要的参观活动和一定的技能培训，使新员工明确自己的工作任务、职责权限和上下级汇报关系，熟悉新的工作流程，对自己要从事的工作不再感到陌生，从而帮助新员工逐步胜任自己的工作。

（3）通过参加初级的沟通游戏、团队协作课题等，使新员工树立团队意识，便于老员工与新员工充分接触、相互交流，形成良好的人际关系。

（4）通过一定的态度改变和行为整合活动，促使新员工转变角色，从一个局外人转变为企业人。新员工对职业的认识、领导的观念、职业生涯的“游戏规则”等有着各自不同的理解。为了贯彻企业的使命，维持企业的行动目标和品牌，企业有必要将自己的经营理念和企业文化等融入员工的行为与观念体系中，从而使员工真正成为本企业的一员。

（5）通过岗位培训，会暴露新员工在招聘与甄选活动中制造的假象，招聘负责人的错误认知和主观偏见会得到检验，而且新员工也会充分地表现自己的全面形象，从而加深企业对员工的了解，给招聘、甄选和职业生涯管理等提供信息反馈。

四、新员工培训的内容

（一）公司的地理位置和工作环境

新员工进入企业，需要了解的是公司的概貌，因此培训时应把公司的方位、地理环境和工作环境做详尽介绍，内容包括：

（1）公司所在城市的地理位置、公司的平面图。

（2）如果公司已有结构模型和宣传图片，应由专人负责引导新员工参观，并向他们解说，使他们对公司的地理位置和环境有一个大概的了解。

(3) 员工的工作环境，包括办公室的设置、工作的流水线以及其他的工作辅助设施（如电脑、复印机、传真机等）。每位新员工工作的大环境和小环境、硬件和软件设备均需做详细介绍。

(二) 企业的标志及由来

新员工需要了解企业的标志及由来。例如，麦当劳的颜色主要由金黄色和红色构成，其标志“M”既是麦当劳的首写字母，又形似凯旋门，象征着吉利和成功。又如，厦门“98 贸洽会”用 9 和 8 组拼成一个形似锁匙的标志，设计奇巧，含义深远，深受大家的喜爱。每个企业的标志都是企业的骄傲，每位员工要能识别并了解它的特殊含义。

(三) 企业的发展历史和阶段性的英雄人物

每个企业在创建之初都饱经苦难，每个企业的发展史均和几个阶段性的标志人物紧密连在一起。例如，名扬世界的法国酒白兰地系列，有马爹利老爹和马爹利老屋的传奇故事。将伴随着企业发展的英雄人物、转折阶段、传奇故事讲给新员工听，可以使他们更热爱自己的企业，更有归属感。

(四) 企业的标志性纪念品

这是使新员工对企业产生归属感的一个很好的方法。

案例

某公司的“金色香蕉”

美国的一家企业，它的大厅里有一个标志性的纪念品——用大玻璃罩着的金色香蕉。这里有一个能让每个新员工感动的故事。很久以前，有一个员工拿着一份改进工艺的建议书走进董事长的办公室，董事长深受感动，认为这不仅是一个非常出色的工艺改进建议，更是这个员工对企业的难能可贵的关心和热爱。这位董事长很想立刻奖励这个年轻的小伙子，但此时他身边并没有合适的奖品，于是，他拿起桌子上的一根香蕉，奖励给这位提出合理化建议的员工。从此以后，提合理化建议在这家企业蔚然成风，这个故事也广为流传。一个金色的美丽的香蕉被制作成纪念品摆设在企业的大厅里，成为这家企业的标志性纪念品。

(五) 企业的产品和服务

企业应让新员工了解企业产品的名称、性能、原材料和原材料的来源、产品生产的流程、产品的售后服务等。有些企业的产品就是服务，新员工应了解企业售出的服务包含哪些内容、服务的性质、服务的对象、服务质量的检验，以及服务错误的纠正等。

(六) 企业的品牌地位和市场占有率

企业应努力创造属于自己的品牌，创造品牌是企业的一个长期奋斗的过程。有的企业只有一个品牌产品；有的企业只有一个品牌，但有系列产品；有的企业的品牌由一个产品延伸到许多领域，形成系列。例如，“七匹狼”从制衣业开始，后来延伸到烟草业、装饰品业。企业的品牌地位还关系到竞争对手的状况，如 TCL 电视和厦华电视两个品牌的竞争、诺基亚手机和摩托罗拉手机两个品牌的竞争均呈此消彼长的状况。它们的竞争有一个重要指标，即市场占有率。新员工必须了解企业的品牌，品牌在社会上的认可度，品牌定位在哪个层次，本企业有哪些竞争对手，彼此的市场占有率是多少等。这些都是新员工培训中不可缺少的内容。

（七）企业的组织结构及主要领导

企业应该有一张组织结构图及主要领导的名录和联系方式。随着办公自动化和互联网的普及，员工的合理化建议可通过网络传递给企业领导。员工也可以通过一定的渠道获得与总经理对话的机会，有的企业领导甚至有员工接待日。

（八）企业文化和企业的经营理念

企业的经营理念是彼此不同的，有的企业认为"酒香不怕巷子深"，忽略宣传广告的作用，重视产品的质量；有的企业认为"宣传最重要"，宣传能达到家喻户晓的效果，大打广告，在广告宣传上投入很多。因此，企业应在新员工刚进入企业时就把本企业的经营理念传授给员工，让员工主动与企业协调工作。

企业文化是企业在长期发展过程中形成的价值观和其他有形与无形的内外影响力。价值观是企业文化的核心，新员工进入企业，会感受到企业文化氛围，要认可企业的价值观，融入这一团队。

（九）企业的战略和发展前景

企业现时的战略定位和企业战略的发展阶段、发展目标、发展前景也是新员工十分关心的问题。只有企业发展了，才能给员工带来发展空间，才能激发新员工内在的工作热情和创造激情，激励新员工为企业奉献自己的智慧和才干。

（十）科学、规范的岗位说明书

每一位员工必须获得并熟悉自己所在岗位的科学、规范的岗位说明书。

（十一）企业的规章制度和相关的法律文件

这包括有效的劳动合同的签订、规章制度的运作程序等。

本章小结

录用标准应该体现"事得其人，人尽其才，人事相宜"的用人原则。录用决策一方面要看人与岗位是否适用，另一方面要看岗位是否能充分发挥人的积极性和潜力。完善的录用决策程序应包括：整理和分析有关信息资料、分析录用决策的影响因素、选择录用标准和做出最后的决定四个环节。

薪酬谈判环节应该在企业做出初步录用决策后进行。员工使用管理过程中，要注意新员工可能会面临的困惑。本章阐述了新员工如何对待自己职业的新开端，分析了新员工上岗培训的重要性和内容。

重点概念

录用决策　　决策方法　　薪酬谈判　　录用通知　　辞谢通知

复习思考题

1. 录用决策的程序有哪些？

2. 录用决策的方法有哪些?
3. 如何写录用通知?
4. 如何写辞谢通知?
5. 新员工的入职手续流程是怎样的?
6. 与员工进行薪酬谈判时，应注意的问题有哪些?
7. 新员工入职之初的困惑有哪些?
8. 新员工入职培训的内容有哪些?

实训题

一家高新企业正处于快速发展阶段，拟招聘一名总经理助理，协助总经理处理日常事务，月薪3 000元。某应聘者小刘，有三年相关工作经验，工作能力强，在面试中给该公司的招聘人员留下了深刻的印象，但小刘的期望月薪是4 000元。薪酬成为双方能否达成协议的关键问题。

要求：两人一组分别扮演小刘及该企业人力资源部经理，就薪酬问题进行模拟谈判。

案例讨论与思考

建筑公司的人才错位

某工程部第三建筑公司需要大量的建筑工人。由于工作具有一定的危险性，所以安全工作制度十分严格，如戴安全帽、穿工作服、注意力高度集中等。

小张大学毕业，精通会计理论与实践，小张毕业后一时找不到合适的工作，就应聘到该建筑公司当一名普通工人，负责一些搬运工作。由于工作不如意，小张在工作中出了些问题，曾受到两次口头警告和一次书面警告，但他对此并未足够重视。

后来，在工作中，小张被工程车撞伤，并在住院八周后返回工作岗位。工作两天后，他感觉伤口尚未痊愈，要求再请假一个月，得到了主管的批准。病假快结束时，他又打电话说病仍未好，不能上班，要求续假两周。但是，主管不予批准，认为必须有公司指定医院的医生证明方可续假。在没有得到主管同意的情况下，小张未准时上班。公司决定开除他，理由是：当员工因病需要续假时，必须在假期结束前由本人向公司提出申请，获得批准后，方可继续休假。小张知道开除他的决定后，向工会请求帮助。经过工会的努力，公司恢复了小张的工作。由于身体原因，小张无法继续担任搬运工，被调去担任混合机的操作工，但小张的工作业绩仍然不好。这时，国家组织公务员考试，小张决定去试试。因为没有很大的把握，他没有让公司知道，以其他理由向主管请了两天假，主管口头同意了。第二天，正好上级来检查工作，发现小张不在。上级认为小张和主管均未遵守公司规定的请假和准假手续（公司规定，请假必须有书面申请），因此决定开除他。小张又向工会求助，工会了解情况后，认为小张是难得的人才，于是又替他争取到了工作的机会。

公司向人力资源专家进行咨询，专家认为，小张目前的工作不适合他，建议公司给他调整一个更适合的职位。公司接受了人力资源专家的意见，调小张去做财务工作，并进行培训。此后，小张工作业绩十分突出，同时他通过了公务员考试，并接到录用通知，但他最终选择留在原公司，继续做财务工作。后来，小张在公司的工作成绩一直得到肯定，最

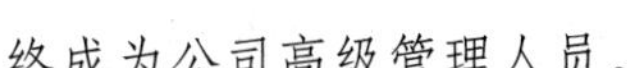

终成为公司高级管理人员。

讨论与思考：

1. 为什么公司没能及时解决小张的问题，以致引起两次矛盾？
2. 试评估该公司的人事政策及执行程序。

第八章

招聘外包

学习目标

- 了解招聘外包的概念
- 了解招聘外包的类型
- 理解招聘外包的收益与风险
- 掌握招聘外包的适用条件
- 掌握招聘外包的实施步骤

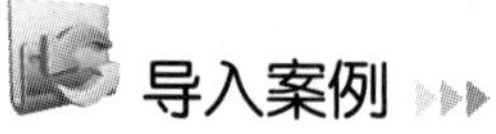

导入案例

招聘外包，刀尖上的舞蹈

山东A公司是一家股份制民营企业，成立于1996年，公司主要从事煤炭开采、相关化工产品加工等业务。在能源日益紧张的大环境下，A公司抓住契机，走上了规模化发展的道路。

随着公司规模的扩大与业务的扩展，A公司人力资源部面临的压力与挑战与日俱增：各部门、办事处总是不断抱怨事务繁忙，人手不够；部门员工抱怨工作负荷过重，薪资太低；同时，员工对某些部门经理意见很大，认为公司内部裙带关系复杂，很多员工管理制度都形同虚设，还是领导“一句话”来定，随意性很大。

面对经营困境，A公司老总痛下决心决定重组业务流程，重新招聘、配置人才。经过深思熟虑，老总决定将员工招聘与配置变革工作整体外包给专业公司来做，期望用外脑来“救火”，以迅速扭转颓势。很快，A公司选定一家当地人力资源外包机构作为招聘外包提供商。该外包机构随即派两名咨询顾问入驻A公司，在未召开公司大会明确部署的情况下，外包服务就此展开。两名专业顾问在A公司人力资源部的配合下，约几个部门负责人和一般员工进行访谈，在调查职位设置现状、业务流程、员工工作负荷、部门领导人职位素质之后，着手编写公司岗位说明书及人员重组方案。在此过程中，两名专业顾问还受邀与A公司人力资源部一起做了几次内部员工竞聘上岗、部门经理招聘选拔的面试工作。

不久，精美的方案及配套制度手册放在了老总面前，项目验收，付款，走人，似乎一切都水到渠成。然而结果并不令人满意：新的员工安置仍然是换汤不换药，工作效率并未改观，员工还是怨声载道。此时，在招聘外包过程中承诺给予外包商“充分自主权”而始终不闻不问的老总坐不住了，不停地追问：“现在不是都流行请外部管理顾问做吗？外包服务商不是比自己的人力资源部更专业吗？这是怎么回事呢？”

思考：

1. A公司决定将招聘外包给咨询公司是正确的选择吗？
2. A公司招聘外包的操作是否合理？
3. 如何使招聘外包真正发挥作用？

引导案例显示的是招聘外包失败的情况。可以看出，招聘外包虽然是将事务“授权”给外部专业公司，但并不意味着企业可以完全“撒手”。这是企业和服务商之间的招聘“合作”，企业需要正确认识招聘外包对企业的作用，考虑企业是否适合招聘外包，签订相互约束的外包协议，进行沟通与协调，以确保“合作”成功。本章将介绍招聘外包的概念和类型、招聘外包产生的背景及动因、招聘外包的决策分析及实施步骤。

第一节　招聘外包概述

一、招聘外包的概念

人力资源管理外包是指发包商（或外包需求方）与服务商（或外包供应方）签订服务协议，由服务商提供预定的人力资源管理服务并收取既定的服务费用（如图8—1所示）。

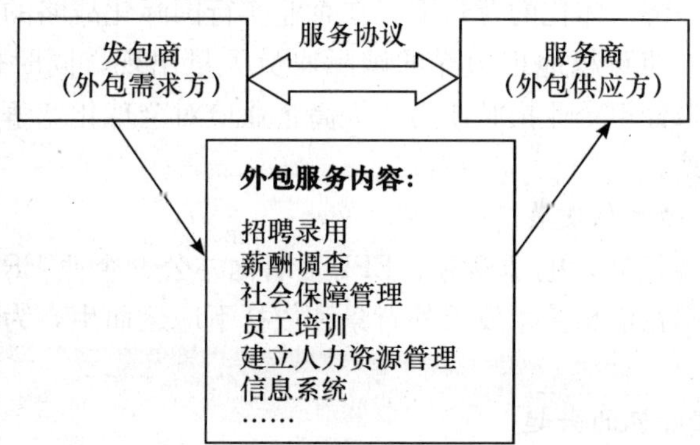

图8—1　人力资源管理外包模型

发包商和服务商是人力资源管理外包的主体。发包商是人力资源管理外包的需求方，即当前设置了人力资源管理职能活动的各类组织。服务商是外包服务机构，即提供人力资源管理服务或产品的供应商，通常指人力资源管理服务机构。人力资源管理供需双方相互接洽，进行业务合作的内容就是外包服务内容，包括适宜进行外包的一切人力资源管理职能活动，如事务性的人事代理、保险缴纳、档案代管、薪酬调查等数据信息服务，员工培训、人力资源管理流程等咨询服务。

招聘外包，也叫委托招聘、代理招聘，是人力资源管理外包的一部分，它是将企业中的招聘任务全部或部分外包给专业人力资源服务公司，借助其专业化的工具、技术方法以及人员，为企业从众多的应聘人员中甄选出最适合岗位要求的人才的一种新型招聘模式。图 8—2 显示了招聘外包的基本框架。

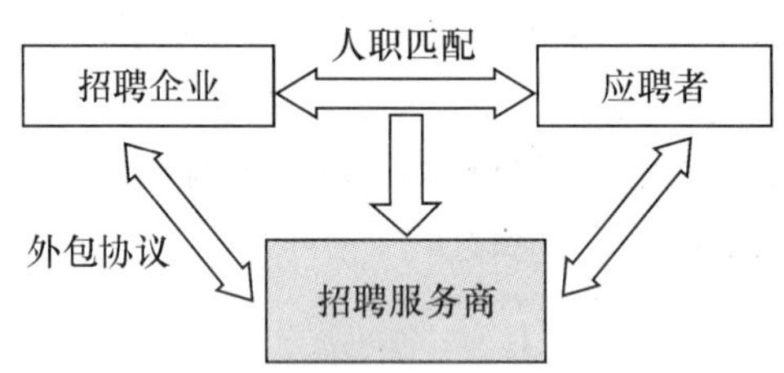

图 8—2　招聘外包的基本框架

招聘外包的主体是招聘企业和招聘服务商。招聘外包改变了招聘企业和应聘者直接对话的模式，由招聘服务商作招聘企业和应聘者间的“桥梁”。这种作用的发挥以招聘企业和招聘服务商签订的外包协议为基础。但是，无论是否采用招聘外包这一模式，人员招聘的目的都是实现招聘企业的人职匹配、人尽其才。

二、招聘外包产生的背景及动因

(一) 招聘外包产生的背景

20 世纪 90 年代以来，全球形成一股强大的业务外包浪潮，人力资源管理中非核心、次要和辅助业务的外包是其中的重要趋势。在这种宏观背景下，招聘外包成为企业的选择和获取竞争优势的重要途径。

1. 国际化背景

在全球化和世界经济一体化的背景下，在企业实行国际化战略的过程中，跨国投资设厂和招募东道国员工，使跨越地理边界的国际雇员大量出现，同时也使人才竞争成为关键。寻求专业外包商来分担企业招聘压力，提高企业应对全球化竞争的能力，成为国际化背景下企业的必由之路。

2. 现代信息技术的迅猛发展

现代信息技术迅猛发展，电子商务、EPI 无纸化办公、企业 ERP 系统、人才测评工具、员工数据库等，都在信息技术发展的背景和依托下应运而生，为招聘外包提供了技术支撑。

3. 人力资源管理外包的兴起

招聘外包的直接产生背景是人力资源管理外包浪潮。随着人力资源部门由行政性角色向战略性角色转变，人力资源外包日渐风靡世界。自 1980 年国务院出台《关于管理外国企业常驻代表机构的暂行规定》之后的 10 年，我国人力资源管理外包行业开始萌芽，如今已进入发展期。在此过程中，各类人力资源专业外包服务机构的出现，以及各企业纷纷进行外包的初步探索，都为招聘外包的出现和兴起提了宏观背景。

(二) 招聘外包的动因

招聘外包作为一种企业提高效率、赢得竞争优势的新型管理模式，在多种因素的共同作用下日渐成为企业招聘的新选择。

1. 企业外部环境的变化

20 世纪 80 年代以来，企业在全球化、技术创新、组织变革等外部环境中，面临的风险和竞争日渐提高，速度和效益成为企业生存和发展的关键，相应地，对企业招聘效率也提出了更高层次的要求。如果企业仅凭自身的资源和能力来跟踪市场需要，并不具备竞争优势，利用外部资源进行合理分工，有利于企业灵活应对外部环境的变化。

2. 企业间竞争的加剧

招聘外包源于企业面临的巨大竞争压力，压缩成本和提高劳动生产率显得日渐重要。招聘外包具有规模经济性，招聘外包商往往能以更低的成本提供服务，而有效的外包服务也会导致成本降低，有利于企业以低成本、高效率在竞争中获胜。

3. 组织结构扁平化趋势

组织结构扁平化意味着人力资源部必须将有限的精力用于关键职能，增强企业核心竞争力。因此，将招聘中事务性的部分进行外包是必然趋势，这将使企业具有更高的应变性和快速反应性，机构也将更加精简而有弹性。

三、招聘外包的类型

(一) 按外包服务的内容划分

招聘外包按照外包服务的内容可以分为中小企业代理招聘、长期招聘职能外包、项目团队招聘外包、应届生校园招聘外包和招聘流程整合咨询等，如表 8—1 所示。

表 8—1　　**招聘外包的类型**

招聘外包类型	具体服务内容
中小企业代理招聘	招聘需求量大、招聘人员不足的中小企业以及新组建的企业，可将部分中低端职位的招聘交由外包服务商进行，省去企业发布招聘广告、面试等成本和时间，使时间和效率得到有效保证。该服务适用于技术类、人事行政类、财务类以及部分主管职位，但招聘难度很大的职位属于猎头公司的服务范畴。
长期招聘职能外包	招聘职能外包即用人单位将全部或大部分招聘、甄选工作委托给招聘外包服务商，由其利用自己在人才资源、评价工具和流程管理方面的优势来完成企业招聘工作。
项目团队招聘外包	企业经常会遇到临时性的项目，需要在短时间内招聘大量人才，而人力资源部门往往因为人手少、渠道有限、储备不足而不能按时完成招聘任务；外包服务商提供的项目团队招聘服务利用海量的人才储备、庞大的招聘渠道、优秀的寻访能力、专业的甄选方法和经验，在客户紧急需求的时间内为客户解决限时招聘的难题。
应届生校园招聘外包	大型企业进行应届生校园招聘工作，时间紧，准备工作烦琐，可将前期准备工作，如信息发布、招聘信息宣传推广、校园宣讲、简历接收和筛选、第一轮面试和笔试以及食宿和行程安排等工作外包给服务商，企业人力资源部门可专注于少量候选学生的专业和素质考察以及最终面试录用。这样可缓解人力资源部门的时间压力，提高招聘效率。
招聘流程整合咨询	招聘流程整合咨询可帮助中大型企业进行招聘流程优化，招聘渠道整合，重建招聘体系，培训和辅导企业招聘人员提升招聘技能，根据企业发展规划构建企业人才梯队并辅导实施，从而提升人才对企业竞争优势的支持。

（二）按招聘时间长短划分

按照时间长短，招聘外包可以分为长期招聘外包和临时招聘外包。

长期招聘外包通常是指发包商与服务商签订一年以上（含一年）的招聘外包协议。

临时招聘外包是指企业临时性的项目需要大量人员，人力资源部门由于人手少、渠道有限、储备不足，不能在短时间内招聘大量人才，转而寻求与服务商签订解决招聘难题的短期（一年以内）招聘外包协议。招聘对象包括事务类、行政类人员，也包括软件工程师、项目经理、财务主管、信息技术专家等具有专长以及管理技能的专业人员。这些专业人员帮助企业在既定的时间内完成短期项目。当公司需要快速完成某项工作而又没有必要的内部人员时，就需要临时雇用某些人员。临时招聘外包通常涉及劳务派遣。随着对临时工作人员的需求量越来越大，企业也在越来越多地利用临时招聘外包。

（三）按涉及的招聘人员划分

按涉及的招聘人员，招聘外包可以分为常规人员招聘外包和高级管理人员招聘外包。

企业对常规人员的需求量最大，招聘程序也最繁杂，这类招聘可由企业设定个性化的条件，委托服务商代为进行。而对企业需要的高级管理人员（如部门经理）的招聘工作，可外包给猎头公司，从而为企业提供较为合理的人力资源配置。

常规人员（如企业工勤人员、本科及本科以下学历的应届毕业生等）招聘外包的内容包括：

（1）起草和发布招聘广告。

（2）接收和筛选求职简历。

（3）初次面试。

（4）向管理人员推荐最终入围的应聘者。

（5）审查证明材料。

高级管理人员是很难得到的，高级管理人员的招聘就像抢座位的游戏。因此，很多企业都没有异议地选择将高级管理人员的招聘外包给专业的猎头公司。

案例

外包选拔干部

2002年伊始，北京同仁堂集团总部机关的200多名干部被集体解聘并重新竞聘上岗。让人意想不到的是，主持本次竞聘上岗工作的不是公司的组织人事部门，而是委托北京工业发展咨询有限公司全权负责。

同仁堂集团副总经济师、组织人事处处长谢占忠表示，同仁堂使用外包选拔干部出于两方面考虑：

一是解决企业干部选用机制中长期存在的难以解决的问题。过去企业选拔干部，往往先由领导提名，再由组织人事部门考核。在一个拥有数千名员工的大企业中，领导所接触的人毕竟有限，只能是凭印象，在熟人堆里打转，这就不可避免地使一些优秀人才难以脱颖而出。无论是领导提名，还是组织人事部门考核，都是在一种半公开的状态下进行，极易造成暗箱操作，无法做到公开、公平、公正，难以服众。

上述这些现象，通过外包就迎刃而解。咨询公司的专家与企业的所有干部都不认识，也没关系，而且整个操作程序完全是在公开的状态下进行，人人皆可报名，能完全凭考核业绩和测评数据说话，自然也就确保了公正、公平。

二是企业进一步完善法人治理结构的需要。同仁堂之所以历经三百年风雨不衰，的确有它的独到之处，比如"同修仁德，济世养生"的企业文化，"炮制虽繁必不敢省人工，品味虽贵必不敢减物力"的"德、诚、信"古训等。但在市场经营形势日新月异的今天，如果不能与时俱进，变革创新，而继续沉湎于"专供御药"的"药王梦"，企业必将在墨守成规中走向衰败。

第二节　招聘外包的决策分析

企业在决定是否需要进行招聘外包时，需要全面考虑招聘外包的各种因素，分析招聘外包的优劣势，明确什么样的企业、什么样的岗位及招聘管理中的哪些环节适合招聘外包。

一、企业招聘外包的收益和风险

招聘外包的收益和风险是相对于企业自主招聘而言的，企业在决定是否进行招聘外包时，应该在权衡优劣势后，理智地做出抉择。

(一) 企业招聘外包的收益

企业能否在同行市场中取得竞争优势取决于人力资源管理水平，而招聘是人力资源的入口，因此，招聘的成败直接决定了企业的整体能力。招聘失败不但会损失招聘费用，更可能带来录用不合格人员的风险。招聘在企业管理中的重要地位使招聘管理更加慎重，如果企业不具备成功招聘的能力，外包就是很好的选择。招聘外包的收益体现在如下几个方面。

1. 节约招聘成本

企业自主招聘需要企业人力资源部门投入大量的人力、物力、时间来进行繁杂的事务性工作，往往效率低下；而服务商作为专业的招聘服务提供商，拥有先进的专业招聘管理技术，可以在一定程度上帮助企业化解招聘难题。同时，服务商的客户不止一两家，具有一定的规模优势和较好的成本优势。企业生存面临严峻的成本压力，如何控制成本进而保持赢利能力是企业成功的关键。

小提示

企业选择外包当然有降低管理成本的诉求，但是有的企业往往忽视选择外包的主要动因（聚焦主营业务），将重点放在了节约成本与"省事"上，选择信誉低、服务质量差的服务商，这完全背离了外包的宗旨。

2. 提高招聘效率

由于我国劳动力市场长期以来存在供大于求的局面，招聘管理人员通常要面对 5 倍甚至10倍于招聘计划的应聘简历，这使初步筛选工作进展缓慢，颇费时间。通过招聘外包可以把参加招聘会、拟订招聘计划、收取简历、简历筛选这些事务性工作交给服务商，由他们的专业人员实施操作，这样就大大提升了招聘效率，确保在既定时间内获得所需的人员。

3. 获取专业化的人力资源服务，提高招聘质量

很多企业自身没有招聘选拔技术或者技术过时，如果不外包就必须投入大量资金更新计算机软件、重新招聘专业员工。而专业的外包服务商拥有比较完备的招聘流程、招聘渠道，以及人员筛选、测试工具，这些招聘测试工具对单个企业而言，难以自行开发。同时，服务商拥有具有丰富专业知识和操作经验的专家团队，比企业内部的招聘人员更容易提高招聘质量。

4. 整合所有招聘渠道

招聘外包是利用招聘企业和服务商间的合作关系，提升企业的招聘技术，调整快速发展对人才的需要。

小提示

追求利润是企业的本性，没有哪个企业愿意凭空掏大把的钱给别人。一般而言，通过外包企业可以获得以下成效：

(1) 降低经营成本。

(2) 提高效率，以便将更多的精力集中于主营业务。

(3) 提高成功率，将管理风险化解或转移。

在追求成本、效率和质量的目标中，提高招聘质量，通过外包将管理风险化解或转移，将更多的精力集中于企业的主营业务与核心优势上，是招聘外包的主要动因。

(二) 企业招聘外包的风险

应该意识到，招聘外包虽然具有成本、效率、质量方面的优势，但不是完美无缺的。和企业自主招聘相比，招聘外包的主体多了一个外部的服务商，服务商对招聘企业的独特性和价值需求认识尚不深刻，这使招聘企业和服务商的合作、甄选测试的针对性等都存在不足。

1. 依赖性风险

用人企业与服务商调整或改变运作流程以适应合作需要的时候，都会对对方产生依赖。对企业而言，与服务商进行关于招聘对象、手段的协同定位等过程，都是依赖性风险可能形成的过程。如果服务商没有有效履行相关的外包职能，企业流程间的传递性和相互作用，必然会影响组织其他管理活动。

2. 安全性风险

招聘外包会产生组织机密信息泄露的风险。在组织流程存在相互作用的前提下，如果招聘外包职能与其他组织内部活动之间的界面复杂或模糊，则安全性风险会加剧或恶化。外包合同的签订是一个耗费精力的谈判过程，而且合同的遵守还充满了不确定性。当交易双方都重视自己的声誉，建立相互依赖的合作关系时，这一监督过程可以简化。服务商的经营目标是通过提供招聘外包服务来获取利润，这一驱动力在实际运作中可能会与发包商获得最适合员工的目标发生冲突，从而影响双方的合作与信任。

3. 员工的抵制性风险

招聘外包是传统企业招聘模式的变革，会引起组织结构的变动和利益的重新分配，一些员工可能会被辞退或调换岗位等。这些如果处理不当，一方面，由于担心失业，公司的招聘外包行为会使在岗员工士气低落，逐步丧失对公司的归属感和责任感，失去做好工作的内在动力，导致整个公司生产效率降低；另一方面，可能使转岗或下岗员工的不满情绪高涨，从而给企业造成较坏的影响，甚至更大的打击。

4. 管理失控的风险

招聘外包后的招聘企业需要不断监控和评价服务商的工作进度和业绩，以达到预期的目的。然而，发包商与服务商是合作伙伴关系而不是隶属关系，服务商本身又是一个独立运作的经营实体，其行为往往不受控制，企业不易对其进行适度、高效的控制与管理。

5. 破坏企业文化的风险

每个企业都有其独特的企业文化以及隐性的工作规则和方式，企业在自主招聘时会衡量应聘者是否符合或适应企业文化及特殊要求。而招聘外包缺乏这种针对性，招聘来的员工可能与企业环境不相适应或者磨合期较长。

二、企业选择招聘外包的考虑因素

一般来说，企业在选择招聘外包策略时，应该从财务方面、技术方面和战略方面综合考虑招聘外包给企业带来的影响。

（一）财务方面

如果招聘外包可以削减开支，增强成本控制，重构企业组织结构，解放部分资源用于其他目的，招聘就可以外包。

（二）技术方面

技术方面主要包括技术成熟度和技术集成度。技术成熟度决定企业能否精确地提出自己的招聘需求。技术集成度决定企业的招聘工作是否比较容易独立出来外包给服务商。如果企业的技术成熟度高、技术集成度低，那么这类企业最适合招聘外包；如果企业的技术成熟度高、集成度较高，理论上也应该外包，但应当比较谨慎，最好与服务商加强战略合作；如果企业的技术成熟度低，风险会较大，此类企业不适合招聘外包。

（三）战略方面

企业在决定是否进行招聘外包时，必须考虑招聘外包对企业的整个战略会有什么影响。招聘外包对企业战略的影响，可以从两个方面来看：一是招聘外包是否是区分企业及其竞争对手的重要因素；二是招聘外包是否是影响企业价值创造的重要因素。

案例

招聘应该“包”出去吗

2004 年，中国联通集团计划招聘应届毕业生 2 200 名，由于人数庞大和以往工作繁重的教训，联通决定采用外包的方式来完成此次招聘，将信息发布、宣讲推广、简历接收、第一轮筛选等费时费力的非核心环节外包给第三方机构。

相对而言，美国西南航空公司就绝不把招聘外包。航空公司都有着相同的飞机，都提供同样的食物，都有相同的地勤人员，但西南航空公司与众不同的是他们的员工。西南航空公司断定员工是他们最重要的部分，因此，招聘战略对西南航空公司的成败至关重要，正如西南航空公司的标语所说："我们招聘的是人的态度，培训的是人的技能。"西南航空公司需要的是具有良好的服务态度，能真诚待客并让旅途变得有趣的员工。端饮料、检票等事情，每个人都会做，西南航空公司需要的是能友善地完成这些事情的员工，因此西南航空公司不会把招聘外包。

资料来源：http://www.gdpx.com.cn/news/200614424_3.shtm。

三、招聘外包的适用条件

招聘外包存在风险，并不是所有企业、所有层级和类型的职位都适合外包，也不是要将企业的招聘工作全部"丢"给服务商。认清企业招聘外包的适用条件，才能最大限度地发挥招聘外包的优势，避免其劣势。

（一）适合招聘外包的企业

对那些从事一般商业活动的企业来说，招聘外包是比较可行的；对那些需要极其严格的保密制度的企业来说，招聘外包要非常慎重，如涉及军工技术的企业。另外，需要对任职者进行非常严格的资格或背景审查的企业也不适合招聘外包。

换个角度来看，适合进行招聘外包的企业需要具备以下几个条件。

1. 企业具有一定的规模

公司规模越大，对招聘外包的潜在需求就越大。50 人以下的小企业采取招聘外包，很难获得显著的成本控制效果；人数规模在 500 人以上的企业，招聘外包的效果就能立竿见影。

2. 企业进行充分的人力资源准备

如果企业自身在人力资源、组织上没有准备好，就需要和服务商一起优化管理和组织。

3. 企业的战略和核心竞争力较为清晰

通过招聘外包，企业可以把更多的精力、投资花在核心业务和战略上，同时，也可凭借服务商的专业能力提升自身的招聘水平和质量。

（二）适合招聘外包的岗位

尽管大多数岗位的员工（从一般的职员到公司的高层管理人员）都可以借助招聘外包得到，但也有些岗位不适合外包给第三方进行招聘，尤其是涉及企业运营战略的关键部门和技术核心部门的岗位招聘，外包时要特别谨慎。

（三）适合外包的招聘环节

典型的人力资源招聘工作包括招聘规划、招募、甄选和最终录用四个部分。一般来说，招募和初期的甄选测试环节最适合外包，而招聘规划和最终录用应该由企业自己独立完成或者由企业主导和第三方协助下完成。

企业应认真分析自身的特点，确定招聘外包的具体环节。图 8—3 是将招聘管理活动按照战略价值高低和独特性强弱进行划分，战略价值越高，越关系到企业的核心竞争优势和能力；独特性越强，越需要较高水平的人际关系技巧。

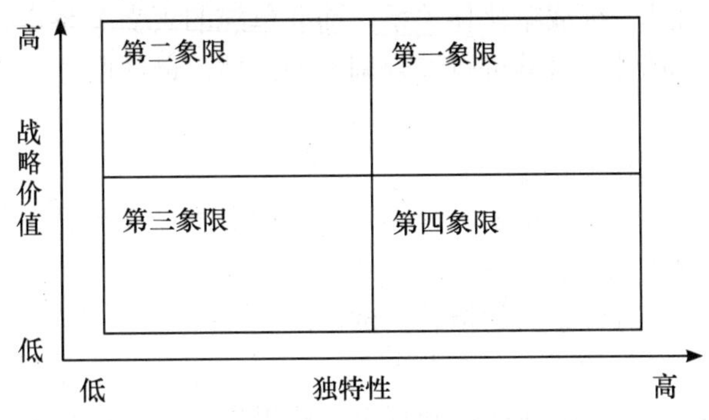

图 8—3　招聘外包决策矩阵

第一象限的活动独特性和战略价值都很强，意味着企业具有很强的个性文化。这个象限内的招聘活动是与企业的长远发展密切相关的活动（如招聘战略的确定及规划），这种业务不易普遍推广，服务商不易达到规模经济。企业如果将其外包，必然引起成本的上升。

第二象限的活动独特性弱、战略价值高。独特性弱意味着企业完成这些活动不需要高水平的人际关系技巧，多数是一些事务性的、可以程序化的活动；战略价值高意味着这些活动对企业推行竞争战略的能力有直接影响。这一象限的活动虽然关系到企业的竞争优势，但可以通过招聘管理软件或数据库升级逐渐标准化，因此适合外包。

第三象限的活动战略不直接影响企业竞争战略的实现，同时独特性较弱。对这类活动（如普通职位应聘者的简历筛选、心理测验），外部市场上标准化的服务足以满足市场需求，选择招聘外包将更具效率。

第四象限的活动对竞争优势影响较低，但具有高度的独特性，需要高超的人际关系技巧，所以最好由企业自行进行。

第三节　招聘外包的实施步骤

招聘外包涉及外包项目的选择、招聘服务商的选择、签订协议、合理参与和监督外包服务实施过程、制定成果衡量标准和管理措施、相关信息安全监控等多个方面，是一项系统工程。

一、招聘外包的准备阶段

用人企业选择招聘外包时，招聘事务将全部或部分委托给服务商进行操作，用人企业负责选择服务商，并管理、评估招聘外包服务。

(一) 服务商的选择

服务商的选择是企业使用招聘外包的关键环节之一，服务商对企业招聘的质量好坏起着决定性的作用。据统计，国外外包的招聘项目已经占整个人力资源外包业务量的10%以上，而且其人力资源测评和管理系统已经相当成熟，用于人才评价的手段也很多；而国内在招聘外包方面还处于起步阶段，招聘外包的流程、所使用的技术手段都处于探索阶段，评价的信度和效度都不高。

企业与服务商之间是一种战略伙伴关系，而非单纯的买卖关系，必须在共同的目标下互利互惠。选择服务商时必须对其进行综合调查和评估。最佳服务商应符合以下几个方面的标准。

1. 服务商的资质

服务商的资质，即企业认为重要的、必要的企业资质等级及服务商工作人员的资格。

2. 提供的招聘技术

最佳服务商应拥有最适合企业的招聘测试手段。

3. 招聘流程

最佳服务商应拥有最适合企业的招聘程序、成果提供方式和时间表。

4. 收费结构

最佳服务商的收费标准和方式应公平、合理。

案例

M公司选择服务商的标准

M公司是位于深圳的一家银行数据处理中心，计划于2013年6月增招20名派遣性质的信息处理员。2013年3月初，M公司通过快递和电子邮件方式将外包项目信息告知了深圳较大的20多家外包服务机构，并规定了选择服务商的四大标准：有深圳市人事部门或劳动部门认定的合法从业资格；有成功运作外包项目或相关项目的经验；有稳定和多样化的招聘渠道，有能力及时补充空缺岗位；与深圳市劳动部门、人事部门、社保部门、教育部门和公安部门有良好关系，能及时处理紧急人事事务。

（二）签订协议

外包作为一项服务，服务商是服务的提供者，企业是服务的购买者，两者之间是平等交易关系，应当受市场相关法律的保护和约束。因此，双方应事先签订外包协议，明确双方的权利和义务以及违约赔偿等，以促使招聘外包的实现。招聘外包协议（如表8—2所示）应当明确外包服务的时间、地点、收费、服务内容及双方各自承担的责任与义务等，并将招聘外包方案作为协议附件。

表8—2 招聘外包协议

招聘外包协议（范本）

甲方：	乙方：
地址：	地址：
电话：	电话：

甲方委托乙方代理招聘人才，就有关事宜订立协议，目的在于确定甲乙双方的权利与义务。甲乙双方共同遵守如下条款：

一、猎头委托

（1）甲方同意委托乙方猎聘______________等职位。

（2）甲方必须提供营业执照复印件、公司简介，并填写《企业委托书》。

二、人选确定

乙方应详细了解委托招聘职位的要求，分析背景资料，对人选进行综合考评和查证，并自接受甲方委托生效之日起四至五个工作周内，提供候选人的详细个人资料给甲方，待甲方确认其符合招聘职位条件后，甲乙双方共商面试的时间及地点。

三、面试

（1）甲方对候选人面试后，应在五日内通知乙方面试结果，以便乙方向候选人通知有关情况并开展下一步的工作。如果面试不能选出合格录用者，则乙方继续提供候选人。

（2）如果参加面试的候选人在外地，则来回交通费用由甲方按实际发生额承担或协商解决。

四、聘用

（1）经过面试及评审等工作后，若甲方录用乙方所提供的人选，则应及时通知乙方并由乙方协助办理相关事宜、签署录用的相关文件或证明。

（2）甲方不得私下与乙方推荐的候选人联系或进行有损乙方利益的行为，否则视为违约。

五、收费标准及支付方式

（1）本次委托招聘职位的参考年薪为________元。委托推荐服务费视该类人才在市场上的稀缺程度确定为该职位年薪的________%（15%～30%），合计服务费用不少于人民币________元整。招聘完成后的结算按照该职位实际到岗签订聘用合同的年薪为基数计算。

（2）年薪的计算标准：

1）年薪=(月薪+固定奖金+补助+绩效奖金)×12。

2）如有股权、期权等，甲乙双方协商年薪金额。

（3）协议签订之日，甲方向乙方预付委托推荐服务费的25%即人民币________元整作为寻访定金。被聘人员上岗后一周内（不论甲方是否与被聘人签订聘用合同、协议），甲方向乙方一次性支付剩余费用，如延期支付，每天将按合同总额的3‰交付滞纳金。

六、权利与责任

（1）乙方保证其猎头服务的合法性（许可证号：××），并保证向甲方推荐聘用人才的合法性（处理好合同违约、保密期限、知识产权等可能的侵权行为）。

（2）如果乙方未能在约定的期限内推荐符合甲方职位描述的人选供甲方面试，甲方提出退款，乙方将返还甲方所支付的全部费用。

（3）如果甲方中途改变招聘意向或拖延到岗时间，致使符合甲方要求的面试候选人未被聘用，且向乙方提出终止协议，则乙方不再退还已支付的费用。

（4）如果乙方推荐的候选人因待遇等非候选人因素不能被甲方聘用或接受，甲方认为无须再继续推荐，要求解除协议，乙方将不予退还已支付的费用。

（5）乙方在服务期内有责任为甲方保守企业有关的商业秘密。

（6）甲方不得以招聘或储备人才为名，而达到窃取人才知识的目的。

（7）甲方不得利用候选人窃取其原工作单位的商业秘密，由此产生的一切不良后果及责任由甲方负责，乙方不承担任何责任。

（8）被聘用人在三个月试用期内因正常理由（工作能力、职业操守等）被甲方辞退或终止劳动合同，甲方有权要求免费替换。如果乙方在一个月内不能提供满意的替换人选，乙方将退还甲方相应的服务费用（退还额度按已任职天数为基数进行计算：30天之内退还总费用的50%，31～90天退还总费用的30%），除非甲方要求乙方继续寻访。

（9）如因甲方工作调整等原因，甲方不再需要该岗位而将乙方推荐的人选进行调整，不管该人才是否过试用期，视同乙方推荐成功。

（10）试用期内，因甲方更改被推荐人的待遇和职位，导致被推荐人离职，视同乙方推荐成功。

（11）甲方不得将乙方推荐的候选人或其背景资料提供给他方，否则视为违约。若甲方将乙方推荐的候选人安排在甲方的其他岗位，甲乙方的权利、义务仍按照本协议精神执行。

（12）乙方推荐给甲方的人才因故未被聘用，甲方在一年之内不得录用该人才（含兼职或任何形式的工作介入），否则将视同乙方推荐成功，甲方默认参考本协议支付费用。

（13）甲乙双方合作后，乙方不得将甲方公司的人员作为猎取对象。

七、违约责任

（1）甲乙双方应严格遵守本协议的条款，如有违约行为，甲乙双方一致同意按照《中华人民共和国合同法》及相关法规执行。

（2）甲乙双方如在合同签订后、合同履行前，因自身原因取消服务，须支付本合同金额的10%作为违约金。

八、合同有效期
合同有效期为________年，自签订之日起生效。
寻猎时间为________年____月____日至________年____月____日止。
九、其他
(1) 本合同一式两份，甲乙双方各执一份，具有同等法律效力。
(2) 未尽事宜由双方友好协商解决；如协商不成，则向协议签订地仲裁机构提起仲裁。
附件：招聘外包方案书

甲方（签章）：	乙方（签章）：
代表：	代表：
开户行：	开户行：
账号：	账号：
签订日期：　　年　　月　　日	签订日期：　　年　　月　　日

二、招聘外包的管理阶段

（一）明确人力资源的定位和职责

事实上，招聘外包强化某些核心职能的同时，也弱化或分化了某些职能，这给人力资源管理者提出了更大的挑战。只掌握人力资源管理专业知识的人不再是称职的人力资源管理人员，必须具备广泛的经营管理知识，他们要充当企业决策的战略伙伴、企业变革的推动者、员工代言人等多重角色。

（二）充分沟通合作

虽然招聘外包把招聘管理部门从日常事务中解放出来，但是企业招聘管理人员在外包过程中的参与和监督也不可忽视。不断地参与和监督，可以保持和提升企业自身的招聘管理能力，使主管人员在与外部专业机构的交流中提高自身的业务水平，避免人力资源管理职能的边缘化，进而更好地行使其战略方面的职责，这种学习机会可以提高人力资源部门员工的满意度，减少人员流失。

更重要的是，作为与服务商接触最密切、最频繁的部门，人力资源部门要承担起对服务的监督和评估职能，要建立服务商的评估机制，彼此不断进行评审、反馈和沟通。

服务商往往会在招聘方案实行过程中更改原来的方案，这些变动有时是必需的，有时是为了节约成本或其他原因。这时，招聘企业必须及时监控服务商的工作变动情况，并对计划的改动进行审查，确保招聘外包的效果。

案例

强生医疗的招聘外包与系统管理

强生（中国）医疗器材公司自 2005 年开始使用国内领先的招聘流程外包供应商(Recruiting Process Outsourcing Provider，RPO）作为自己的招聘团队，来负责管理全国范围内几乎所有空缺职位的招聘活动（包括校园招聘项目）。为了能够实现专业的外包、专业的考核，它与 RPO 供应商共同建立了 Mr Ted Talentlink 招聘平台，实现了一站式、透明的、统一的、可控的招聘流程管理体系。如果没有这样一个系统，难以想象一个非自己公司的招聘服务团队能够有效地帮助强生管理所有的渠道，及时更新所有的招聘进度，完成所有需要的招聘报表以及建立一个完整的、可激活的人才库体系。

强生（中国）医疗器材公司自2005年开始使用招聘流程外包供应商以来，已经利用系统一站式的多渠道管理功能整合了除猎头渠道外的所有招聘渠道。这样一来，所有招聘人员只需要通过系统后台的操作就可以实现一站式的职位发布、职位刷新、简历处理、职位跟进等所有原来只有手工才能实现的工作。

同时，为了更好地实现招聘品牌的建立与推广，及人才储备的战略意图，公司利用系统建立了对内和对外的招聘专栏，并作为整个招聘管理的统一形象出现在公共媒体和内部员工系统上。这不但体现了一个统一的强生品牌形象，而且在完成对外部优秀人员的战略感召的同时，又实现了对内部的一站式、透明的、系统的自动化人才推荐招聘管理体系。

如果没有这样一个系统，强生是不可能让非自己公司的招聘服务团队来帮助管理公司的内部招聘渠道的；而这所有的一切又是基于Mr Ted Talentlink平台的搭建。

小提示

尽管服务商有先进的管理技术，但不可能“放之四海而皆准”。因此，服务商应加强与企业的沟通，尽量依据企业的文化习惯来进行项目合作；而企业除了积极配合、给予服务商一定的自主权外，也应适当监督、控制，防止服务商“走过场”、外泄本企业内部机密。

（三）相关信息安全监控

在招聘外包过程中，大多数信息资料都会由人力资源部门披露给服务商，在信息的安全保密方面，人力资源部门应当与用人部门进行协作，建立起文件管理和信息安全保障机制，避免机密信息的外泄。

（四）建立企业内部的人力资源信息系统

在外包合作中，企业应通过系统载体把与企业有关的知识、信息进行整理与记录，转化成企业自己的知识。这样就不会出现某个服务商一走，就使整个企业人力资源管理信息流失的情况，使企业的知识不会因服务商的变动而流失。人力资源管理事务性工作的外包，不仅是为了减轻人力资源工作者的工作量，一个更重要的原因是使他们从日常烦琐的工作中逐步解脱出来，用更多的时间与精力从事更有价值、更有意义的战略性工作，利用其知识和专长，站在战略层面上考虑企业的发展，建设一个架构，使公司内部的人力资源管理与整个企业的管理体系结合起来，这也正是人力资源管理在企业中战略地位的真正体现。

三、制定成果衡量标准和评估措施

如果没有一个好的基线，就很难评估外包战略带来的收益，因此，企业应建立人力资源职能模块的标杆。企业可以建立相关的矩阵来帮助评估：雇用操作矩阵（如表8—3所示）、薪资支付操作矩阵（准确度、单位处理成本、处理的时间）、福利操作成本（单位处理成本、问题解决、过程处理时间）和财务矩阵（报告时间、预测的准确度、报告的实用性）。

表 8—3　　雇用操作矩阵

	雇用时间	单位雇用成本	90 天内的雇员流动率	雇用质量
外包前				
外包后（　）月				

此外，双方需要约定定期报告制度。服务商与企业应该坚持每周至少一次的沟通，服务商应每周向企业提供一份关于外包绩效状况的书面报告。

在招募阶段以及初步甄选阶段结束后，人力资源部门应该及时按照计划参与到最终阶段的甄选与录用中来。在此阶段，人力资源部门与具体业务部门的主管对服务商推荐的候选人进行业务技能测试，并对候选人的性格、态度、职位适应能力进行评价，弥补招聘外包缺乏针对性的不利影响。在人员接收后，人力资源部门要对服务商和整个外包流程进行总结与评估，为以后的招聘工作做好准备。

案例

与服务商共同决策

J 公司是一家外资食品制造商，临近新年，订单增加，一时招不到足够多的员工。经人力资源部门提议、生产部门同意、总经理批准，J 公司决定采用招聘外包的方式解决人力资源临时短缺问题。人力资源部门经过多方筛选确定了一家服务商，服务商也很快选派了 100 名员工。但在实际合作中，生产部门对服务商总是有意见，不是说派遣来的员工质量不合格，就是说在某些环节上不能与服务商合作。

共同决策，共同实施，让相关环节的人员参与工作，工作的执行才可能得到各方面的最佳配合。因此，J 公司应成立人力资源外包实施决策小组，小组成员应当包括高层管理人员、人力资源部门和相关部门及相关人员代表，并指定人力资源部门为执行单位。

案例

防止服务商“钻空子”

W 公司是国内数一数二的人力资源服务供应商，在承接一个应届生项目的时候，W 公司利用甲方单位的监督缺位和学生对劳动保障政策的不熟悉，扣掉了应届生在三个月试用期内的社会保险费用。直至项目结束，甲方都未曾对合同执行过程进行审核，这让 W 公司利用甲方的监督疏忽，靠损害员工利益而昧心赚取了一笔黑心钱。

控制不力将导致招聘外包不仅没有降低成本、提高招聘成功率，反而浪费了时间和金钱。因此，应指定人力资源部门具体人员监督项目实施，维护合同和方案的实际执行。

本章小结

招聘外包是随着业务外包的出现而逐渐产生的，它改变了招聘企业和应聘者直接对话的传统模式，将招聘任务全部或部分外包给专业人力资源服务公司。

企业在决定是否需要进行招聘外包时，需要全面考虑招聘外包的各种因素，分析招聘外包的优劣势，明确什么样的企业、什么样的岗位及招聘管理中的哪些环节适合招聘外包。招聘外包既存在节约招聘成本等收益，也存在诸多风险。

招聘外包按照外包服务的内容可以分为中小企业代理招聘、长期招聘职能外包、项目团队招聘外包、应届生校园招聘外包和招聘流程整合咨询等。招聘外包涉及外包项目的选择、招聘外包商的选择、签订协议、合理参与和监督外包服务实施过程、制定成果衡量标准和管理措施、相关信息安全监控等多个方面，是一项系统工程。

重点概念

招聘外包　招聘外包协议

复习思考题

1. 做出招聘外包决策时，应考虑哪些问题?

2. 招聘外包的类型主要有哪些?

3. 如何确保招聘外包的效果?

4. 有的高层管理者视外包为提高企业效率的灵丹妙药，认为“一贴就灵”，对招聘外包寄予过高期望，而一旦短期内不见效果就觉得没什么作用。有的员工则认为实施招聘外包还不如由人力资源部门完成。你如何理解招聘外包?

实训题

由6～8名学生组成一个团队，分别扮演发包商（A组）和服务商（B组）的工作人员。

要求：A组模拟发包商的招聘状况（结合前面章节的招聘管理知识），B组模拟服务商的服务状况（借鉴本章知识及当前国内外服务商的运作），两组进行招聘外包谈判。

案例讨论与思考

A公司员工招聘外包方案

A公司是国家大型综合性化工施工企业，由于施工点分散，季节性用工大量存在，临时招聘也就司空见惯。而A公司人力资源部门仅有2名员工负责招聘，因而招聘外包成为首选。

A公司员工招聘外包方案如下。

一、成立员工招聘外包管理组织

A公司成立一个由来自内部不同职能部门（如人力资源部、财务部、技术部）的5～7人组成的招聘外包委员会，由主管人力资源工作的高级经理担任主席，全面负责员工招聘外包工作中确定招聘内容、选择服务商、签订外包协议、激励与监控服务商、评估员工招聘外包等管理工作，并明确由人力资源部门负责员工招聘外包工作的日常管理。

二、确定员工招聘外包的内容

根据A公司持续快速发展的需要，结合公司作为大型国有化工施工企业的特点，依据公司人力资源需求规划，在对公司员工招聘外包成本效益分析的基础上，A公司决定将下面四个方面的人员招聘外包给服务商。

(1) 大中专学生的招聘。人力资源部门每年根据A公司的整体人才计划，在征求各职能部门的意见后，制定全年的大中专学生招聘计划。

(2) 高级管理人员、特殊人才的招聘。A公司尤其需要招聘既通晓外语又懂经营、善管理的高级管理人才来开发、经营、管理工程项目。

(3) 临时人员的招聘。这类人员的招聘是A公司员工招聘的重头戏，A公司需要招聘大量的临时人员以满足新开工项目的需求。这些临时人员主要是管工、钳工、电气仪表工、防腐保温工、电焊工和大量的劳务人员。

(4) 国外施工项目人员的招聘。随着国外施工项目的增多，A公司对国外项目施工人员的招聘需求会越来越大。一般来说，国外施工项目的中上层项目主管和关键技术工人是从母公司派出的，中下层管理人员及劳务人员是从东道国或第三国选聘的，而这些人员的招聘必然受到我国法律、东道国法律以及第三国法律的制约，这是一件非常专业、烦琐的事情，所以，这部分人员的招聘特别适合于招聘外包。

三、科学选聘服务商

选聘服务商无疑是招聘外包成功的关键。

(1) 首先要确立选择服务商的原则。选择服务商应考虑三维度因素：成本维度（价格、交易成本）、质量维度（服务商的专业水平、经验、运营状况）和合作维度（亲密、共同愿景和沟通）。具体来讲，可考虑从服务商的资质、信誉度、服务质量、报价、技术管理能力、合作沟通能力六个方面综合抉择。

1) 资质。服务商是否有从事外包服务的资格。

2) 信誉度。服务商是否诚信以及在社会上的声誉。

3) 服务质量。服务商给客户提供的外包服务是否满足客户的要求。

4) 报价。服务商为完成客户的外包任务而提出的报酬是否低于客户自己招聘所消耗的成本。

5) 技术管理能力。服务商是否有先进的技术装备、创新的管理理念、对市场的快速反应能力等。

6) 合作沟通能力。服务商能否与客户密切沟通、愉快合作，能否实现双赢。

(2) 确定选择服务商的方法，即借鉴工程中的招投标法来选择服务商。A公司（招标人）就员工招聘活动公开招标或邀请服务商（投标人），让他们根据A公司的招聘意图或要求提出报价，择日当场开标、评标和定标，以便从中择优选定服务商。其间，A公司要提出详细明确的招标条件（如人员的年龄、性别、学历、工种、工作经验、工作能力、个性品质等），以便依据上述选择服务商的三个维度对照招标条件进行综合评价，并不是单看报价的高低来决定哪个投标人中标。选定服务商后要与之签订详尽明确的合同，以便招聘外包的监督、执行和评价，这也是为了防范合同风险。

四、建立招聘外包风险防范机制

A公司在招聘外包决策、选择服务商、激励监控与评价招聘外包成果等各个环节上，要进行风险管理，以防范外包活动中的风险，并建立招聘外包风险防范机制。

(1) 建立招聘外包风险预警机制，即在招聘外包前，分析一下外包风险的来源，并估计其可能产生的后果，以便采取前馈控制，使外包风险的损失降到最低。

(2) 建立招聘外包风险动态监测与控制机制，即实时监测，对招聘外包活动进行全过程动态监控与管理，并对招聘外包成果及时进行评估。当出现风险时，采用现场控制，及时控制外包风险，以便尽可能减少损失的发生。

(3) 建立招聘外包风险的激励约束机制。实行招聘外包的企业与服务商之间是委托与代理关系，要实行反馈控制，建立起一种符合双方利益及风险共担的激励约束机制来最大限度地防范风险。

A公司通过科学的员工招聘外包方案，使公司人力资源部门从烦琐的员工招聘事务中解脱出来，有时间充分利用自己有限的资源，专攻自己的专长，聚焦人力资源管理战略核心业务。通过招聘外包，一方面，A公司节约了人力资源管理时间，降低了人力资源管理成本，提高了人力资源管理的效率；另一方面，A公司人力资源部门的能力得到发展，有利于建立学习型组织部门，分散公司的管理风险，推动公司的持续快速发展。

讨论与思考：

1. A公司的招聘外包之所以取得较好的效果，主要原因是什么？
2. A公司的招聘外包有何特点？
3. 在A公司的招聘外包过程中，招聘负责人扮演了什么角色？你是否认可他们的行为？请阐述理由。

第九章

特殊员工的招聘

学习目标

- 了解应届毕业生的特点
- 了解“空降”的含义
- 了解劳务派遣与灵活用工的含义
- 掌握应届毕业生的招聘渠道
- 掌握应届毕业生、高级管理人员和劳务派遣人员的招聘方法

导入案例

校园招聘——想说爱你不容易

H公司是一家快速发展的集团公司，每年都需要招聘为数不少的应届大学毕业生。为了避免本地人才市场上生源的局限性，人力资源部制定了校园招聘方案，以保证招聘的质量和效果。2007年，H公司计划招聘120人，可是招了两次还没有招到合适的人选。

人力资源部李经理愁眉苦脸地去向总经理汇报:“前两次去招聘，收的简历不少，面试情况也很好，但发了录取通知书后，不少人都没有回音，打电话也联系不上。所以，只能选择一些没有去过的院校，再进行一次校园招聘了。”“那这次校园招聘还会不会遇到同样的问题呢？你有没有解决的方法呢?”这两个问题让李经理愣住了。总经理接着说：“现在看来，我们需要研究一个规避大学生招聘风险的方案才行。你回去考虑考虑，下午两点我们一起讨论。”

下午1点50分，李经理推开总经理办公室的门，挥了挥手里的文件夹：“我们部门头脑风暴了几个点子，您看行不行。”总经理仔细看了一下，解决方案主要有两个：一是在招聘现场录用并与大学毕业生当场签订三方协议；二是在制定录用方案时，适当增加录用比例，以保证报到人数。这两个方案基本可以解决报到人数不够的问题，但显然会引起一系列新的问题，如现场录用的质量如何保证，各院校之间的录用标准如何平衡等。

思考：

1. H公司进行校园招聘是否合适？
2. H公司进行校园招聘的方式是否合理？
3. 如何保证H公司的校园招聘获得成功？

引导案例显示的是特殊员工招聘中的应届毕业生的招聘。可以看出，应届毕业生的招聘存在许多难点和技巧，这与应届毕业生的自身特点有关。本章将详细介绍应届毕业生的招聘、高级管理人员的招聘、劳务派遣与灵活用工。

第一节　应届毕业生的招聘

一、应届毕业生的特点

随着高等教育规模的迅速扩大，我国大学毕业生人数逐年增加。据我国教育部统计，近年来高校毕业生人数一直呈几何级数增长。2003—2008年的高校毕业生人数分别为212万、280万、338万、413万、495万、559万。应届毕业生与其他就业人群的不同之处如下。

（一）分布比较集中

与其他应聘者相比，应届毕业生比较集中。各种专业的毕业生应聘者集中在各类型、各层次的高校中，这对准备招聘应届毕业生的组织来说，无疑是非常方便的。组织可以有针对性地向目标高校、目标专业发布招聘信息，从众多专业背景相近的毕业生中选择自己需要的人才。

（二）应聘时间集中

大多数应届毕业生于7月毕业，所以通常在前一年的国庆节过后就着手应聘工作了。由于次年1月之后，很多学生面临研究生入学考试，而5月、6月又是毕业生交论文与答辩的时间，对毕业生而言，11月底至12月以及春节过后的3月、4月是找工作的最佳时机。

招聘单位要抓住时机，组织好应届毕业生的招聘工作。教育部曾于1999年下发有关通知，规定用人单位到高等学校招聘毕业生的活动应安排在每年11月20日以后的休息日和节假日。为了避免与这一规定冲突，越来越多的企业采取了灵活措施，有的直接与高校就业指导中心或各院（系）就业办公室联系，发布招聘信息；有的在目标高校的BBS论坛上发布招聘信息；还有的企业选择了“曲线救国”的方式，利用“宣讲会”、“介绍会”等其他形式“潜入”学校，将其校园招聘活动尽早推广开来，抢得获取优秀人才的先机。

校园招聘的时间相对集中，而且被往前一提再提，用人单位必须拟订一个中长期的人力资源规划，以免“临阵磨枪”而丧失招聘良机，或临时突变而无法安排事先已经招到的毕业生。

（三）具有独特的工作优势

（1）善于学习，精力旺盛，能够胜任强度较高的工作。应届毕业生刚进入社会，对一切事物都有新鲜感，愿意去学习、尝试，而且都是二十几岁的年轻人，家庭负担小，工作精力旺盛，能够承担强度较高的工作。

（2）社会关系简单，注意力集中。应届毕业生刚进入社会，还没有积累太多的社会关系，所以能以工作为重，不受感情因素的干扰，工作起来比较专心。

（3）上进心强，可塑性较高。应届毕业生刚踏入社会，对前途充满希望，往往怀有雄心壮志，上进心很强，希望干出一番事业来。另外，应届毕业生的人生阅历浅，社会经验少，头脑中没有形成固有的思维模式，具有很强的可塑性，可以很快融入企业文化。

（4）朝气蓬勃，能够给企业注入新的生命力。应届毕业生富有朝气，思维活跃，观点新颖，可以打破以往的思维模式，并且敢于创新，勇于突破，能够给企业注入新的生命力。

（四）存在就业的劣势

相对于社会人员，应届毕业生有其自身的劣势，主要表现在：

（1）缺乏工作经验，企业很难仅凭其专业方向和专业成绩就确定其是否具备某项职位所要求的基本素质。

（2）缺乏明确的职位定位和规划。据调查，50%的大学生对自己毕业后的发展前途感到迷茫，没有目标。学校的单调生活使学生很难对自己的性格特征、职业倾向、人际交往模式等方面有全面的了解，这就导致很多应聘者自己也不清楚自己能够胜任或者适合从事哪些类型的工作，更谈不上对今后职业发展的长期规划。所以，很多人在选择第一份工作后没多久就发现选错了行，或者与期望有很大的差距，很快便辞职跳槽。

（3）当代大学生大都是独生子女，从小物质条件比较优越，没有吃过苦，不知道金钱来之不易，不愿意付出辛勤汗水。他们往往存在着责任心不强、承受能力弱、团队意识较差等诸多问题。物质的相对丰富和网络的快速普及对他们的影响比较深。

（4）当代大学生的价值观有很大变化，他们对成功和幸福的理解不同于老一辈人，选择公司的出发点是以提高自身职业技能为主，很难将就，要么热衷于自己的工作，要么辞职不干。他们对忠诚的理解也不同，忠诚于企业的愿望不强烈，更多的是忠诚于自己的职业生涯规划，忠诚于自己的成就感，希望做自己喜欢的事情。

二、应届毕业生的招聘渠道

为了吸引到优秀的学生人才，各式各样的校园招聘形式被众多用人单位开发出来，汇总起来主要有以下几种形式。

（一）校园宣讲会

近年来，校园宣讲会成为企业进行校园招聘的重要形式。校园宣讲会是企业针对目标高校组织的专门的讲座，由企业高层、人力资源负责人以及在本公司工作的该校校友介绍公司基本概况、企业文化、经营理念、职位空缺、招聘条件和招聘流程等，通过情绪的感召与互动引导学生全面了解企业。在宣讲会前，一般会通过在学校网站发布消息、在校园张贴海报等形式宣传企业形象及产品，达到一定的营销目的。有些实力雄厚的企业甚至选择全国巡回宣讲，整个校园招聘活动历时数月，足迹遍布全国主要城市。这种校园招聘虽然成本较高，但学校和专业定位准确，招聘效果是最理想的，对企业形象的宣传力度也比较强。

（二）传统的专场招聘会

在每年校园招聘的高峰时节，当地政府都会组织一些大型的专场招聘会，来自全国各地的企业在指定的时间和场馆“摆摊设点”，为前来投递简历的学生提供面对面的交流机会，并及时进行选拔测试。这种方式一般适合于招聘对象明确、招聘人数不多的中小型企业。相对校园宣讲来说，传统的专场招聘会可大幅节省招聘成本和时间，但因到场求职的学生来自于众多高校的众多专业，其学校及专业的针对性不强，而且由于地域限制，收集到的合格简历的数量也未必尽如人意，对具有大量招聘需求的企业来说，最终的招聘效果可能不会十分理想。

近年来，应届毕业生的就业压力越来越大，各高校都在通过各种渠道促进本校毕业生就业，举办专场招聘会就是其中的一种途径。专场招聘会一般在每年的1—3月举行，有的学校单独举办，有的学校联合举办。这种专场招聘会适合于招聘对象明确的企业，招聘的针对性较强，招聘的成功率较高。但是这种专场招聘会受限于高校的专业设置，企业可能招不到所需的各类人才。

（三）针对应届毕业生的网络招聘

网络已经成为大学生学习和生活中不可或缺的重要工具。网络招聘因其传播范围广、查询方便、速度快、信息量大、成本低而深得大学生喜爱。校园招聘的各个环节（公司发布校园招聘计划、招聘职位信息，学生在网上填写申请表或投递简历，公司对简历进行初步筛选，企业通知学生笔试、面试时间，确定录用意向等）都可以通过网络进行。

企业所选用的招聘网站决定了招聘的速度和应聘者的质量。招聘应届毕业生时，通常选择以下几种网站：

（1）以应届毕业生为主的专业招聘网站，如中华英才网、全国大学生就业网、研究生就业网等。这类网站的浏览对象广，信息传播快，并且通常提供专业的、一对一的服务。

（2）各高校的就业信息平台。目前，各高校的毕业生就业服务中心通常有自己专门的网站或BBS论坛，用来发布毕业生招聘信息。这种网站或论坛的针对性强，招聘效果比较好，与组织的预期接近度高。

（3）组织自己的网站。组织采用自己的网站发布招聘信息招聘应届毕业生，必须与高校的就业服务中心或相关院系建立联系，将自己的招聘计划通知这些部门，并请他们协助通知应届毕业生登录网站应聘。

（四）实习生计划

实习生计划作为校园招聘的前奏，一般在应届毕业生正式求职以前，特别是毕业前一年的暑假，为经过初步挑选的大学生提供一些实习岗位，那些表现优秀的实习生将会成为下一步正式录用的备选人才。实习生计划成为越来越多的企业招聘应届毕业生的一个渠道。

实习生计划可以避开校园招聘的人才争夺高峰，将一些优秀毕业生提前纳入人才储备库，在人才争夺战中抢占先机。

通过实习，企业能够提前了解应届毕业生的个性特点、人品、价值观及在实际工作中的能力表现，做出正确的录用决定。学生也能通过实习充分了解企业，亲身体会自己是否喜欢这个行业，为今后的择业方向做出更客观、更理智的规划。通过一段时间的实习，这些实习生已经对企业和工作有了较多了解，一旦被正式录用，将来上班后也能够很快上手。实习生计划对企业和毕业生来说是双赢的，目前国内外很多企业都在实行，如 IBM 的“蓝色之路”实习生计划、广东移动的“领先 100”暑期实习生项目等。

（五）管理培训生制度

管理培训生制度是企业为了满足对高级管理人才长远规划的需求而实施的一种人才培养制度。通常，企业集中优势资源对具备高层领导者潜质的优秀应届毕业生进行 1～3 年系统、全面的管理培训，包括提供轮岗机会、参与专案管理、接受资深经理量身定做的职业规划指导等，使这些初出茅庐的学生在短期内成为既具有实际工作经验，又具有专业技能和系统管理技巧的管理人才。一般说来，应届毕业生或毕业 3 年之内的大学生（特别是那些来自名校的英文流利又充满活力的高才生）是管理培训生制度的主要对象。

在国外，管理培训生制度非常流行。世界 500 强企业，如通用电气、汇丰、联合利华等都把管理培训生制度作为培养未来管理人才的战略措施，定期安排在校学生实习和培训，从中挑选出优秀者进入公司。在中国，由于传统和历史的原因，优秀、成熟的企业领导人才极其缺乏，而在高校中却潜藏着一大批极具领导者潜质的大学毕业生。因此，对今天的中国企业而言，能迅速将大学毕业生培养成优秀管理人员的管理培训生制度有着重要的意义。

管理培训生制度有助于企业吸引并打造最优秀的领导人才，保持持久的竞争优势。对中小企业而言，管理培训生制度可以更快地对组织的业务产生战略性的影响。根据经验，用 3 年左右的时间，就可以通过该制度迅速造就一批优秀的中高层管理人员，迅速提升企业的领导力，推动企业健康、快速地成长。管理培训生制度对中小企业的快速成长有着重要的意义。

管理培训生制度对应届毕业生有较强的吸引力，主要表现为以下几点：

（1）管理培训生经过 1～3 年后就可以独当一面，成为企业未来中高层领导的候选人。各个企业都会为这部分人群提供良好的职业培训和发展平台。

（2）企业会为管理培训生提供量身订制的职业发展规划。在管理培训生制度中，企业通常会给培训生安排几位导师对其进行指导，使其经验和解决问题的能力等迅速得到提高。

（3）管理培训生制度可以使应届毕业生体验充满挑战和机遇的竞争和培训过程，并享受由此带来的快乐。管理培训生的招聘程序同正式员工的招聘程序相同，要经过严格的笔试、面试、人格测试等；录用后的培训也充满挑战，培训形式和培训内容丰富多彩。

（六）俱乐部活动

一些企业为了和高校常年保持联系，在校园里面建立了俱乐部，不定期地组织一些活动。公司的中高层人员以及校友在学校组织专题讲座，通过俱乐部内部组织的郊游和聚餐等活动促进与学生的相互交流，帮助低年级的同学更好地了解企业，在校园内树立雇主品牌，为今后的校园招聘做好准备。例如，德勤公司推出了面向北京名校会计、财务管理和法律专业的“德勤俱乐部”，宝洁公司在各个知名高校建立了“宝洁学生职业发展俱乐部”等。

（七）夏令营活动

有的企业受地域限制等不太适合接收大量的学生到企业实习，但又希望吸引优秀的大学毕业生，所以就组织夏令营活动或参观计划。通过组织目标院校及特定专业的大学生到企业所在城市参观旅游，并进入企业与员工座谈等活动，展示企业品牌，传递企业文化。有些企业还要求学生在回校后撰写报告，帮助其在学校进行宣传，推动今后校园招聘活动的开展。采用这种方法的企业有三星中国公司、中国广东核电集团以及塔里木石油公司等。

（八）“选秀大赛”

“选秀大赛”是近年来悄然兴起的一种校园招聘形式。企业通过组织一些职业技能大赛或者商业大赛，模拟实际商业项目的运作，吸引大批学生报名参与，让最优秀的人才在竞赛中脱颖而出。获胜者除了能够获得丰厚的奖品外，更有机会赢得去企业实习或正式录用的机会。这类校园竞赛活动包括微软公司的“推荐就业之星大赛”、百度公司的“百度之星程序设计大赛”、谷歌的“中国编程挑战赛”、飞利浦公司推出的“短信创意大赛”等，其中最为著名的是欧莱雅同时推出的“在线商业策略竞赛”、“校园市场策划大赛”和“工业大赛”三大赛事。

除了以上列举的校园招聘形式外，很多企业还在高校中设立了企业奖学金，更有一些企业与高校密切合作，开展了在学校“定制”人才的提前培养计划，学校会根据企业需要开设专业对口的课程，企业相关专业人员会到学校授课，学生也会有一定的时间到企业进行现场实习。海信集团、中国广东核电集团在这方面已经具有丰富的经验。

企业到底要不要进行校园招聘，采取什么形式的校园招聘，与其所从事的行业、企业的类型、发展阶段、岗位设置要求以及企业文化息息相关，只有对自身有着明确清晰的定位，企业才能在校园招聘这场人才抢夺战中抢得先机。

三、应届毕业生的选拔和录用流程

应届毕业生的选拔和录用通常会花费很长的时间，精心设计招聘流程、科学地选拔优秀毕业生可以提高招聘的效率和效果。应届毕业生的招聘过程可分为三个阶段：准备阶段、招聘实施阶段、应届毕业生的接收与跟踪阶段。

（一）准备阶段

1．确定招聘职位和人数

确定招聘职位和人数就是根据企业年度招聘计划确定哪些职位需要招聘应届毕业生，需要多少名。只有明确了这两个方面，才能确定去哪些学校招聘，招聘哪些专业的学生。

2．成立招聘小组

招聘小组一般由人力资源部经理负责，有的企业由主管人力资源的副总负责，招聘小组的成员还可以包括直线经理。招聘小组的主要职责是准备招聘前期资料、制定应届毕业生招聘方案、实施招聘、录用等。

3．制定招聘方案

招聘方案包括招聘计划、招聘程序、日程安排、面试、笔试等。

4．联系招聘学校

在招聘工作具体实施前，招聘小组根据企业批准的招聘计划、本年度各校生源状况和各校往年毕业生在企业的表现等情况，选定相应的高校，将招聘计划发送给各高校的就业指导中心，并与学校保持联系。

5. 准备相关资料

准备相关资料包括申请招聘经费、明确小组内部分工、准备面试相关表格、准备企业宣传资料等。

（二）招聘实施阶段

1. 发布招聘信息

企业可以在企业网站（包括各子公司网站）、专业网站和校园网站上刊登招聘信息，介绍企业本年度对应届毕业生的需求、用人标准、招聘程序、人力资源政策及应聘方式等；也可以在校园内部张贴海报，宣传企业。现在，很多组织在校园举办招聘宣讲会，加强毕业生对企业的感性认识，并树立良好的企业形象，吸引潜在的应聘者。招聘宣讲会所用的资料，需要事先统一制定，在招聘宣讲会上演讲的人员必须事先经过培训。

2. 收集和筛选应聘资料

对应聘人员的资料进行初审和筛选是招聘工作的一个重要环节。应届毕业生逐年增加，应聘简历也迅速增加，这要求在筛选简历时，一方面要迅速从应聘者信息库中排除明显不合格者，提高招聘效率；另一方面要做到耐心细致，尽量不要错过优秀人才。此外，也可将所有求职资料进行记录归档，为人力资源部的事后分析工作提供素材。应届毕业生自己提供的资料也许有虚假成分，招聘人员需要通过多种渠道证实其真实性，如到所在院系核查分数、奖励情况等。

3. 测试与面试

测试与面试既要准确有效，又要简便易行，可以参考前面介绍的测试方式，并根据应届毕业生的具体情况进行选择。

（1）专业知识测试。对应届毕业生而言，专业知识测试是主要的测试内容。招聘小组需在正式招聘之前准备好各专业的测试试卷。

（2）分析能力测试。招聘企业可以事先准备一些商业案例材料等，用以考察应届毕业生的工作技能。

（3）无领导小组讨论。无领导小组讨论，即 5～8 名应届毕业生就某一问题开展 20～30分钟的不确定角色的自由讨论，3～5 位评委通过对毕业生在讨论中的言语及非言语行为的观察做出评价（主要包括口头表达能力、处理人际关系技巧、灵活性、适应性、情绪控制、自信心、合作精神、性格特点等）。这是一种对应聘者集体面试的方法，招聘应届毕业生这种应聘者较多的情况，最适宜采用这种方法。

（4）面试。绝大多数人员要通过面试来进行选拔，面试前要准备好每个职位的面试考察要素、面试题目、评分标准、具体操作步骤等，并且统一培训面试官，提高评估的公平性，从而使面试结果更为客观、可靠，使不同应聘者的评估结果具有可比性。应届毕业生没有工作经验，对他们的面试重点在于考察基本素质，即对潜质进行考察。例如，可以考察他们的灵活性、分析问题的能力、对待压力的态度等。

4. 录用

面试合格的人员可以确定为录用对象，根据应届毕业生招聘的相关规定签订协议。但是，不是签订协议后就万事大吉，企业还需要做好后期跟踪，优秀的应届毕业生很有可能被其他的企业相中，因此需要通过后期跟踪，打消他们另谋其他企业的念头。

(三) 应届毕业生的接收与跟踪阶段

在应届毕业生的接收阶段，人力资源部需要通过网络或其他方式，通知毕业生公司位置及乘车路线，如有可能，需派人去车站出口设接待点。毕业生到企业后，企业要热情接待，安排好他们的食宿，以消除其陌生感；同时，尽快安排毕业生入职培训，让他们了解企业和企业的运作，更快地融入集体。

在应届毕业生的跟踪阶段，人力资源部要定期了解他们的心态和需求，及时给予帮助与引导，不能用对待社会招聘人员的方式对待应届毕业生，他们需要更多的时间熟悉企业与本职工作，需要更多的理解与引导。企业始终要思考的一个问题是如何让应届毕业生在短期内完成从学校到企业的转变。转变所花的时间越短，企业支付的培养成本越低，应届毕业生也会越快为企业创造价值。

第二节　高级管理人员的招聘

高级管理人员是指单位的高层领导和一部分重要的中层领导，如人力资源部经理、财务经理、采购经理、营运经理、门店店长等，他们都是企业的核心人员。对这些人员的招聘事关企业发展大计，其个人能力、素质对一个部门甚至整个企业的发展是非常重要的。企业高级管理人员的招聘对企业具有重要的意义。

企业在选拔高级管理人员时，一般都会采取两种方式：一种是外部招聘，另一种是内部选拔。外部招聘可以促使外部新鲜血液的输入，但是怎样保证输入的“血液”符合公司本身的“体质”，又成为高级管理人员招聘工作中的一个瓶颈。内部选拔存在着来源少、周期长、难以保证就职质量、容易造成“近亲繁殖”、可能会因操作不公造成内部矛盾等缺点，但可以给内部员工提供更多的发展机会。

一、高级管理人员的特点及应具备的素质

(一) 高级管理人员的特点

(1) 高级管理人员很难由学校培养产生，他们在实际工作岗位中靠出色的业绩脱颖而出，在竞争中成长起来，有远见卓识，有扎实的管理经验。他们对工作和生活环境要求也很高，要求有一定的社会地位，受人尊敬。

(2) 高级管理人员一般自尊心强、有成就感，要求有独立运作空间，有充分的专业和岗位授权。在很多情况下，他们会对局外人或外行的指手画脚感到反感。这些特点使这类人才非常注重发展潜力和机会。这些人在发现组织内不再有发展机会或对工作、生活环境不再满意的情况下，往往向外部寻求发展空间，所以这类人的另一大特点就是流动性高。

(3) 高级管理人员在市场上往往处于供不应求的状态。因此，高级管理人员有比较大的选择空间，他们不缺工作机会，他们向往更大的职业发展空间。

(4) 高级管理人员都已经比较成熟，决策比较理性，除了具有竞争力的薪酬待遇以外，他们比较关注发展机遇、工作环境、企业文化等。

（二）高级管理人员应具备的素质

一个合格的高级管理人员应该具备什么样的素质呢？不同地区、不同规模、不同发展时期的企业，甚至不同部门都会有不同的用人条件。例如，财务部门的管理者除了需具有对公司绝对的忠诚、较高的受教育程度、熟练掌握的财务法律法规之外，更重要的是，他要能根据公司各种财务数据进行分析与决策，为领导提供开源节流的建议与方案。连锁店店长一般应具有很好的语言表达能力、说服他人的能力和谈判能力，具有外向和乐观的性格，同时有强烈的创新意识，擅长鼓动和激励下属，能够打造一个有战斗力的销售团队，从而提高企业的整体效益。尽管不同岗位的要求不同，但是高级管理岗位对高级管理人员的素质还是有一些共性的要求的。

1. 良好的组织能力

组织能力是指组织一群人去完成组织目标的能力，它是领导者成功有效地完成某种活动的基本条件，是领导者不同于被领导者的一种独特的心理特征。国外很多心理学家和管理学家认为，组织能力是指用人的能力。美国管理学家 W. J. 鲍莫尔认为，组织能力是发掘部属的才能，善于有效地组织人力、物力、财力的能力。日本著名管理学家占部都美认为，组织能力是指识别人、培养人和使用人的能力。在高级管理人员的面试过程中，组织能力是考察的核心项目之一，面试官要尤为重视。

2. 良好的协调能力

协调能力是指妥善处理与上级、同级和下级之间的人际关系，以达到共同完成任务的目的的能力。工作中每一个人都需要同各种各样的人打交道，而这些人的身份、地位、交往需求、心理状况和掌管的工作性质不尽相同，能否与他们友好相处，互相配合，协调一致，使上下级相互沟通，同级相互信任，直接关系到工作的成败。在面试高级管理人员的过程中，考察其协调能力显得尤为重要。

3. 良好的决策能力

决策能力是指高级管理人员对某件事拿主意、做决断、定方向的综合性能力，包括经营决策能力、经营管理能力、业务决策能力、人事决策能力、战术与战略决策能力等。这些能力直接关系到企业或其他团体的经营管理状况及团体领导者的管理绩效，甚至企业的命运。在很多时候，高级管理人员的一个正确决策会使整个企业得以飞跃式发展。例如，海尔集团张瑞敏在公司绩效刚刚好起来的时候，就决定建设海尔工业园。别人都认为这是疯子的行为，是不应该和不可能做的事情。而作为首席执行官的张瑞敏，根据自己的分析与判断，毅然做出英明决策，最后成就辉煌的海尔集团。企业高级管理人员的决策能力是决定企业或部门兴衰的核心因素之一，在对其面试过程中，必须认真考察。

二、高级管理人员的外部招聘

（一）“空降”的含义

在军事领域，伞兵又称空降兵，主要以空降到战场为作战方式，其特点是装备轻型化、高度机动化、兵员精锐化。高级管理人员的“空降”是指企业从外部招聘合适的管理人员的过程。企业以高薪从外界聘请来的高级管理人员也被称作高级“空降兵”。

（二）高级管理人员外部招聘的优缺点

1. 高级管理人员外部招聘的优点

（1）有利于树立企业形象。外部招聘是一种有效的对外交流方式，能起到广告的作用。在招聘的过程中，企业在其员工、客户和其他外界人士中宣传了自己，从而形成良好的口碑。

（2）能够带来新理念、新技术。从外部引进的员工对组织文化有一种崭新的、大胆的视野，而少有主观的偏见。典型的内部员工已基本适应组织文化，与外部人员相比，他们既看不出组织有待改进之处，也无进行改革和自我提高的意识和冲动，整个组织缺乏竞争意识和氛围。另外，通过从外部引进优秀的技术和管理专家，能够给组织现有员工带来一种无形的压力，使其产生危机意识，激发其斗志和潜能，从而产生“鲶鱼效应”。

（3）有利于招到优秀人才。外部招聘的人才来源广泛，选择余地充分，有利于满足企业的用人需要。外部招聘能引进许多杰出人才，特别是某些稀缺的复合型人才，在一定程度上，既能够节约企业内部培养和业务培训费用支出，又能够给企业带来急需的知识和技能。

（4）可以缓解内部竞争者间的紧张关系。由于空缺职位有限，企业内部候选人之间的不良竞争可能导致勾心斗角、相互拆台等问题。一旦某一员工被提升，其他候选人可能会出现不满情绪，消极懈怠，不服管理。外部招聘可以使内部竞争者得到某种心理平衡，避免了组织成员间的不团结。

2. 高级管理人员外部招聘的缺点

（1）筛选时间长，难度大。要招聘到优秀的合适的员工，企业必须能够比较准确地测定应聘者的能力、性格、态度、兴趣等，从而准确预测他们在未来的工作岗位上能否达到组织所期望的要求。研究表明，这些测定结果只有中等程度的预测效果，仅仅依靠这些测定结果来进行科学的录用决策是比较困难的。为此，一些组织还辅助采取如推荐信、个人资料、自我评定、工作模拟等方法。这些方法各有各的优势，但也都存在着不同程度的缺陷，这就使录用决策耗费的时间较长。

（2）进入角色慢。外部招聘的员工需要花费较长的时间才能了解组织的工作流程、运作方式以及企业的文化，并融入其中。如果外部招聘的员工的价值观与企业的文化相冲突，那么员工能否适应企业文化并及时进入角色将面临一定的考验和风险。

（3）引进成本高。外部招聘需要在媒体发布信息或者通过中介机构招募，一般需要支付一笔不小的费用；而且外部应聘人员相对较多，后续的挑选过程也非常烦琐、复杂，不仅花费较多的人力、财力、物力，还占用大量的时间。

（4）决策风险大。外部招聘只能通过几次短时间的接触，判断候选人是否符合本组织空缺岗位的要求，而不像内部招聘那样经过长期的接触和考察，所以很可能因为一些外部原因（如信息不对称、逆向选择及道德风险）而做出不准确的判断，进而增加决策风险。

（5）影响内部员工的积极性。如果组织中有胜任的人未被选用或提拔，即内部员工得不到相应的晋升和发展机会，内部员工的积极性可能会受到影响，容易导致招来外部员工气走内部员工的现象发生。

（三）高级管理人员的外部招聘渠道及流程

高级管理人员的外部招聘可以考虑以下几个渠道：企业老总及相关高级管理者有意识地参加各类高层次的社会活动，结识各界精英；通过朋友关系、供应商关系、内部员工推荐等方式获取高级人才信息；借助猎头公司；在中高端刊物上发布招聘广告。

一些管理规范的公司为了确保高级管理人员招聘的质量，在招聘流程上进行了严格的设计，有以下几个特点：一是招聘流程长，最少要有5个环节；二是招聘注重深层软性素质，如人际理解力的测试；三是采用了多种科学的测评办法。

高级管理人员的招聘成功与否直接关系到组织战略目标能否实现，在进行“空降兵”招聘时应有一套相对严谨科学的招聘流程，一般包括以下两个方面。

1．明确标准，界定素质

（1）理解公司战略。战略决定组织结构，组织结构决定职位。战略不同，组织结构和职位就会有很大差异。即使名称相同的职位如营销副总裁，公司战略不同，职责是不同的，对人的要求也会有很大差别。例如，经营新业务、实行差异化竞争战略的公司要求经理们具有高度的主动性、创造力、快速组建和领导团队的能力；而希望扭亏为盈的公司要求经理们具有迅速诊断问题、坦然面对不确定因素的能力；低成本竞争战略的公司往往要求管理人员成本意识强烈，有很强的控制能力，为人谨慎、节俭、循规蹈矩，不需要很强的创新意识。

（2）全面考虑待聘职位。公司的整体战略和总体框架只是指明了大方向，而待聘职位的具体情况各有不同。招聘前真正重要的是全面理解待聘职位本身。在招聘某个空缺的中高层职位时往往有一些需要优先考虑的事项，例如，两年以后，我们将如何判断新经理是否成功？我们期望他干什么？他在我们的组织中应该如何着手做这些？这个职位的目标是什么？如何对该职位实施激励？

（3）明确待聘职位的关键职责。这一步是对待聘职位进行分析，从而确定职位对待聘人员的能力要求。通过观察和约见公司中职位类似且工作富有成效的经理，以及对未来新经理的同事和下属进行民意调查，确定待聘职位的关键职责。从该职位的前任那里也可以获取有关关键职责的建议。

（4）明确职位的能力模型。高级管理人员的招聘工作要做到有效，需要先明确标准，这个标准不是领导人心中的个别标准，而是针对战略和职位要求严格分析得出的客观标准。这个标准就是素质模型，或者叫能力模型。例如，一家公司针对某个新的管理岗位，分析得出这个岗位需要待聘人员熟谙某种技术，具有激励一线工人的技巧、极强的分析能力、冒险精神等。

案例

优秀CEO的失败

几年前，一家在业界领先的欧洲银行决定开办个人银行业务，一位来自美国顶级个人银行的颇有能力的经理受聘担任CEO，而且获得了组建管理团队和开设分支机构的完全自主权。他迅速而成功地完成了所有工作，但是这位新总裁疏于与身边的同事打交道，结果他无法制定出有效而合理的内部转移定价政策，也没能够在整个银行范围内促进交叉销售。尽管这位总裁在其他方面很成功，但是他与同事的不和招致了妒忌和怨恨，两年后整项计划泡汤。

(5) 能力模型获得认可。确定能力模型后，负责人要进行大量的沟通说服工作，获得待聘职位上司的认可。

2. 寻找、评估候选人

(1) 找出候选人。建立能力模型后，接下来的问题就是收集简历、面试甄选。高级管理人员在市场上非常稀缺，找到他们、吸引他们应该采取一些具体的策略。

第一个策略可以称作借力法。经验告诉我们，主管人员在寻找候选人上要花费很多时间。他们登广告、查通讯录、给朋友和同事们打电话，但是事实上有一些人马上就能提供好几个人选，为什么不向他们求助呢？所以在开始时，要找的不是候选人，而是知道优秀候选人在何处的人。

案例

靠推荐获取高级管理人员候选人

一家国外的高科技公司要招聘一位营销总监。公司在著名媒体上刊登了广告，又花了近3个月的时间浏览了几百份简历，进行了几十次面试。尽管如此，中意的人选还是难觅踪影。沮丧中，CEO终于做了他早就应该开始着手做的事情——联系本行业那些见多识广、一口气能说出五六个候选人的人。他有一位朋友，在一家本行业咨询公司做顾问，他跟这位朋友提了这件事，结果这个朋友给他提供了四个可能胜任这一职位的候选人。他还认识一位商学院教授，该教授在给好几家与他的公司规模类似的大公司做营销方面的顾问，在与这位教授共进午餐时，教授又向他推荐了几个候选人。这些消息灵通的人士不仅了解这位CEO的公司以及他想招聘什么样的人，而且有着发展多年的人脉关系。最后，这位CEO聘用的是两个朋友都提到的某个同行的市场经理。

第二个策略是逆向思维法，突破常规思维去寻找人才。一般的企业在招聘“空降兵”时最容易犯的错误是，认为只有同行那里才有自己想要的“空降兵”。要想成功招聘到高级管理人员，就必须打破这种假设。

案例

扩展思路，广开“招”路

国内一家著名制药企业原来一直在业内招聘中高级营销管理人才，招了几次，效果不理想。后来，董事长对人力资源总监说：“不要总是盯着制药行业，类似行业也可以考虑。”人力资源部去一些消费品公司找来几个人面试，效果果然不错。

对高级管理人员来讲，最关键的是人际技能、概念技能和政治技能，专业技能不是最关键的。例如，IBM前CEO郭士纳在进入IBM之前，对电脑和IT行业了解很少，但是后来取得了一般业内人士很难取得的辉煌业绩。

(2) 根据能力模型，科学评估、仔细甄选候选人。对高级管理人员的甄选办法有很多，从评价中心到笔迹测试等总共不下 10 种。根据科学统计，准确性（效度）最高的方法是评价中心。

在采用评价中心方法时，要求候选人在 2～3 天执行现实管理任务（如发表演讲），由一些谨慎的评价专家进行观察，并对每位候选人的管理潜力进行评价。测试通常是在一个特别的房间里进行，候选人与评价者之间由单向玻璃隔开，以方便评价者隐蔽观察。典型的评价中心测试包括以下模拟练习：

1）公文处理。在这个练习中，候选人面对大量报告、备忘录、电话记录、信函等待处理材料，被要求对每一材料采取适当行动。例如，候选人必须写信和便条或会议议程。候选人行动结束后，由训练有素的评价者检查。

2）无领导小组讨论。向无领导小组提供一个讨论议题，并要求其达成一个小组决定。由评价者评价每一小组成员的人际技能、群体接受度、领导能力及个人影响力等。

3）管理游戏。让候选人解决一些实际问题，如就如何做广告、如何生产以及保持多少存货等问题做出决策。

4）个人演说。通过让候选人就一指定的题目发表演讲，来评价其沟通技能和说服能力。

5）客观测试。各种类型的人格测试、智力测试、兴趣测试和成就测试也可以作为评价中心测试的一部分。

6）面试。多数评价中心测试要求至少有一名评价者对每一位候选人进行面试，并对候选人的兴趣、背景、过去的表现和动机等进行评价。

对高级管理人员的甄选，除选择恰当的甄选方法外，还必须注重甄选流程。根据大量的统计数据和经验，一个高级管理人员的甄选最少包含三个环节：一是人力资源部门进行的价值观、稳定性、适配度和管理能力的评价；二是业务部门直接上级的专业能力评价和管理能力评价；三是上级的上级进行的综合评价。为了避免在业务部门面试过程中发生各种不规范的行为，人力资源部门应参与业务部门的面试，起到监督、确保和支持的作用。

(3) 背景调查。只要从公司外部招聘高级管理人员，进行背景调查就非常必要，否则风险会很大。

案例

不辞而别的经理

浙江绍兴一家知名民营企业从宁波招聘了一名行政部经理，刚开始的时候老板很满意，但是试用期刚过，该经理就受贿携款潜逃：该公司的食堂实行外包，在新的一轮招标过程中，行政部经理示意一家供应商向自己提供好处。于是供应商就给了该经理 30 000 元，该行政部经理拿到钱后就不辞而别。这不仅给企业管理造成麻烦，而且造成经济损失。

(4) 向优秀候选人推介本职位。招聘“空降兵”的最后一个环节是极力向候选人推介本职位。并非每位候选人都愿意加盟企业，有的时候，优秀人才前来应聘只是为了验证自己的实力。很多最好的候选人在聘用环节的时候却选择离开，原因是主管人员在推介该职位时，没有遵循好的方法或者毫无章法。

要想成功地推介招聘职位，最重要的是了解候选人的主要动机及主要顾虑。有人因薪酬而跳槽，有人则想寻找更大的平台或喜欢挑战。招聘时需要考虑这些个性差异，甚至应该“量体裁衣”。同时，切忌承诺公司不能兑现的东西。如果候选人追求的是一个优秀的团队，而企业能给他的只是一个平庸的团队，那就要跟对方说明白；否则，可能会使成功在即的招聘前功尽弃。

在劝说满意的候选人加盟本企业的时候，应遵循一个原则，即“精诚所至，金石为开”。这方面最好的案例就是刘备三顾茅庐了。如果想得到某位候选人，就要锲而不舍。

案例

民营企业如何推销本公司的形象

位于浙江宁波的H企业，想要聘请一位在江苏仪征的菲利普工厂的质量经理。开始，该经理嫌距离太远，不愿意来，家里也不同意。董事长亲自开车8小时去仪征劝说该经理加盟，还是不行，最后董事长就想了一个绝招，又开车8小时，亲自把该经理的母亲和妻子从仪征接到宁波，让她们参观工厂，与她们沟通。这样，妻子和母亲很受感动，都觉得这个企业不错，这位董事长确实真心对待她们，于是同意该经理加盟这家企业。良马易得，一将难求，要想招聘到重要的人员，一定要有足够的诚意。

小提示

在招聘高级管理人员时，企业通常会感到对其工作经验、工作背景、工作表现缺少足够的信息，导致招聘风险相对较高。企业在招聘高级管理人员时，经常要考虑很多因素，不但需要考虑候选人的技术能力、管理素质，还要考虑他长期形成的价值观是否符合新公司的要求、他的人际交往能力如何，能否与团队的其他成员愉快相处等。实践证明，招聘高级管理人员的失败率很高，高额的薪酬并不一定能招聘到一个能把企业推向成功的人才。一个高级人才也许会帮助企业渡过难关、获得长远发展，但也有可能使企业陷入更加混乱的状态。

三、高级管理人员的内部选拔

内部选拔，也叫内部获取，是在组织中搜寻合格人才，通过内部晋升或调整来满足空缺岗位人力资源需求的活动。大多数企业在出现高级管理人员职位空缺时，总是先在内部进行人员调配，采用内部晋升的方法来满足人力资源需求。除非企业出于某些考虑（如重新建立销售渠道、增加新鲜血液），才进行外部招聘。

（一）高级管理人员内部选拔的优缺点

1. 高级管理人员内部选拔的优点

（1）有效性强，可信度高。企业管理人员对该员工的业绩评价、性格特征、工作动机及发展潜力等方面都有比较客观、准确的认识，在一定程度上减少了逆向选择甚至道德风险等方面的问题，从而减少用人方面的失误，提高人事决策的成功率。

（2）适应性强。从运作模式看，现有的员工更了解本组织的运作模式，与从外部引进的新员工相比，他们能更好地适应新工作。从企业文化角度来看，内部员工已经认同并融入企业文化，与企业形成事业和命运的共同体，更加认同企业的价值观和规范，有更高的企业责任心和对企业的忠诚度，进入新岗位的适应性更强。

（3）激励作用强。对获得晋升的员工来说，由于自己的能力和表现得到企业认可，会产生强大的工作动力，其绩效和对企业的忠诚度便随之提高。对其他员工而言，由于组织为员工提供晋升机会，从而感到晋升有望，工作会更加努力，增强对组织的忠诚度和归属感。这样，内部选拔就把员工的成长与组织的成长联为一体，形成积极进取、追求成功的气氛，达成美好的愿景。

（4）费用低。内部选拔可以节约费用（如广告费、招聘人员和应聘人员的差旅费等），同时还可以省去一些不必要的培训，减少间接成本。另外，内部员工已经认可企业现有的薪酬体系，其工资待遇要求会更符合企业的现状。

2. 高级管理人员内部选拔的缺点

（1）可能造成内部矛盾。内部招聘时会有许多员工参与竞争，而竞争的结果是失败者占多数。竞争失败的员工可能会心灰意冷，士气低下，不利于组织的内部团结。内部选拔还可能导致部门之间“挖人才”的现象，不利于部门之间的协作。此外，如果内部选拔按资历而非能力进行选择，将会诱发员工养成“不求有功，但求无过”的心理，使优秀人才流失或被埋没，削弱企业的竞争力。

（2）容易造成“近亲繁殖”。同一组织内的员工有相同的文化背景，可能产生“团队思维”现象，抑制个体创新。

（3）失去选取外部优秀人才的机会。一般情况下，外部优秀人才比较多，一味寻求内部选拔，降低了外部“新鲜血液”进入本组织的机会，表面上看节约了成本，实际上是对机会的巨大浪费。

（二）高级管理人员内部选拔的形式

企业采用内部选拔的方式补充需要的人力资源时，通常有提拔晋升、平级调动、工作轮换和召回原有员工等形式。

1. 提拔晋升

管理人员的提拔晋升是指将组织内部的职工调配到较高的职位上。一方面，这种做法给员工以升职的机会，使员工感到有希望、有发展的机会，对激励员工非常有利。另一方面，内部选拔的人员对本单位的业务工作比较熟悉，能够较快适应新的工作。内部选拔也有一定的不利之处，如内部选拔的不一定是最优秀的，有可能使其他员工感到不平衡。任何人都不是十全十美的，一个人在一个单位待的时间越长，在别人眼中的优点越少，缺点越多，尤其是在被提拔的时候。因此，许多单位在出现职位空缺后，往往从内部和外部同时寻找合适的人选。

2. 平级调动

平级调动是指内部人员在同级水平的职位之间调动，这是一种较常见的人员配置方式。一个组织可供晋升的职位是有限的，职位越高，可用于晋升的职位就越少。多数人员只能在同级水平调动，但是平级调动也有激励作用，如将经常上“三班”的员工调到白天上班。如果职工被调任到一些重要的岗位，平调之人也有受重用之感。人员平调的关键是确定谁可以调动，人员调动的依据是资历和业绩。一般组织希望根据员工的能力大小安排平调，而员工更愿意依据资历深浅调动工作。

3. 工作轮换

工作轮换是指派员工在一段时间从事一项工作，在另一段时间从事另一项工作。轮换工作的员工，其岗位有临时的特点。工作轮换有助于丰富员工的工作经验，通过工作轮换可以培养技术和行政管理人员，将他们置于组织的各部门，使其熟悉组织的更多领域及各部门之间的相互活动，为今后的管理工作打下扎实的基础。

4. 召回原有员工

这种招聘方式是将那些暂时离开工作岗位的人员招回到原有的工作岗位。与其他方法相比，这种方法支出的费用较少，适用于商业周期明显的行业。重新聘用的员工与新的职位申请人不同，这些人员熟悉组织的工作程序，了解组织的文化特点，有丰富的工作经验，容易适应工作环境及胜任新的工作。同时，组织一般有员工记录，对他们较了解，使用这些人更安全。通常，他们比新招进的员工有更好的业绩，对企业也较忠诚，更稳定，流动性小。但是，这些人员也可能被其他企业聘走或不愿意重新加入组织。因此，在暂时解聘员工时，组织仍应与这些员工保持较好的人际关系，以保证组织在需要人员时能及时将他们招回。

（三）高级管理人员内部选拔的渠道

内部选拔高级管理人员有许多方法，如发布招聘通知、口头传播、从公司的人员记录中选择等。

发布招聘通知是组织向员工公布空缺职位信息，邀请所有人员应聘新职位，这是常用的内部选拔方法。它向员工提供平等的成长和发展机会，员工可自由、自愿地申请，不必事前得到其直接领导的批准。企业通常通过布告栏、内部报纸、广播、员工大会和内部办公网络等发布招聘消息。

发布招聘通知的关键是与员工有良好的沟通和将招聘结果反馈给员工。招聘通知应该描述职位工作内容、职位的重要性、报酬、应聘者必须具备的条件等，增加职位透明度，让员工了解组织的需要。有时招聘通知也说明希望员工介绍和推荐适合的人员应聘，并给介绍人一定的奖励。为了保证招聘工作的公正和公平，组织需要向员工宣布最终决定聘用的人及被聘理由。这种方式向员工提供多样化的职位，使组织能以较低的成本将员工安排在最适合的位置，但是也要防止有些员工不顾个人的知识、技术和能力，利用公开招聘方式在组织内部连续“跳槽”，影响员工在某些职位上的稳定性。

第三节　劳务派遣与灵活用工

一、劳务派遣

（一）劳务派遣的含义

劳务派遣这一用人方式最早起源于日本、美国。它的特点是劳务派遣服务机构“招人不用人”，用人单位“只用人不招人”，这种招聘和用人相分离的模式是国际上十分流行的用工形式。随着我国改革开放的不断深化、社会劳动保障制度的完善以及新一代应聘者就业观念的变化，劳务派遣开始在不同层次的劳动力市场、人才市场得到发展。劳务派遣也成为近年来我国人才市场根据市场需求而引进开发的新的人才服务项目，是一种新的用人方式，可跨地区、跨行业进行。

劳务派遣也叫人事外包或人才租赁，即用人单位根据本行业的特点或自身工作和发展的需要，向劳务派遣服务机构提出所用人员的标准条件和工资福利待遇等，劳务派遣服务机构通过查询劳务库等手段搜索合格人员，经严格筛选，把人员名单送交用人单位，由用人单位进行最后确定；劳务派遣服务机构与员工签订劳动合同、建立劳动关系，并将员工派遣到用人单位工作，同时为员工提供人事、行政、劳资福利、后勤保障等综合配套服务，流程如图 9—1 所示。实行劳务派遣后，实际用人单位与劳务派遣服务机构签订劳务派遣合同，劳务派遣服务机构与劳务派遣人员签订劳动合同，实际用人单位与劳务派遣人员签订劳务协议，如图 9—2 所示。用人单位与劳务派遣服务机构的关系是劳务关系；劳务派遣人员与劳务派遣服务机构的关系是劳动关系；劳务派遣人员与用人单位的关系是有偿使用关系，无劳动合同关系。

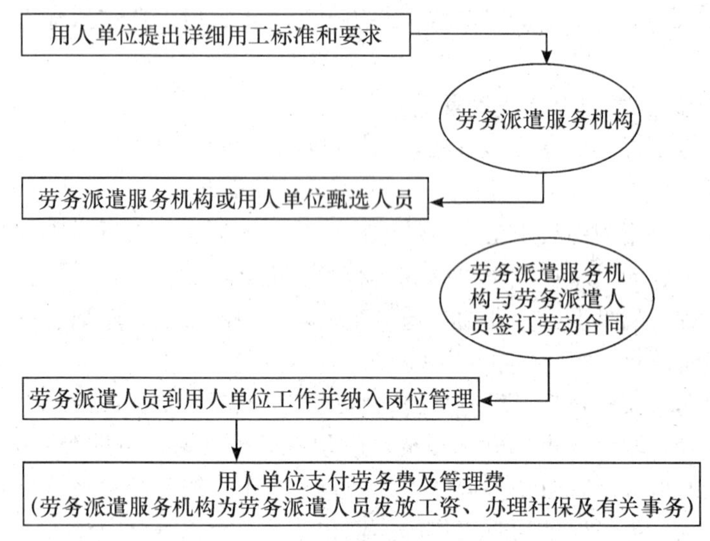

图 9—1　劳务派遣流程

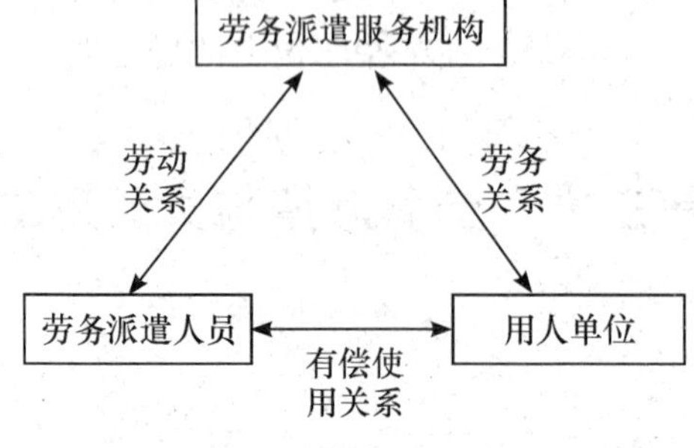

图 9—2　劳务派遣关系

(二) 劳务派遣的优势与存在的问题

1. 劳务派遣的优势

(1) 用人单位和劳务派遣人员的合法权益都能得到有效保障。劳务派遣人员与劳务派遣服务机构签订劳动合同，工资和福利、社会保险以及其他劳动权益能够得到有效保障。劳务派遣人员因有劳动合同的保护和约束，会更尽职尽责地为用人单位工作，使用人单位的生产、经营得到保障。用人单位也因与劳务派遣人员没有劳动合同关系，最大限度地避免了劳资纠纷，并减轻了在劳动、人事管理方面的工作负担，从而节省很多费用与精力，全力参与市场竞争。

(2) 人事管理简便，提高企业管理效率。企业不需要设立专门人员、机构对劳务派遣人员进行具体、烦琐的人力资源管理工作，可以克服“小而全”、“大而全”重复建设造成人力资源浪费的弊端，提高人事管理工作的法治化、社会化和专业化程度。人事处可以有更多的精力专注于提高核心竞争力的管理，如进行科学的岗位设置、员工考核、员工技能的培训等，真正实现“用人不管人，增效不增支”的人力资源管理效益。

(3) 用人机动灵活，提高员工管理的效能。这种方式增加了员工工作的危机感和责任感，促使他们刻苦学习、努力工作，为单位创造更大的效益。用人单位用人不受户口及学历限制，用人进出灵活，不受编制限制。

(4) 规避劳动纠纷，维护单位信誉。劳动、人事政策、法律法规的不断修订，各项政策法规存在的差异，使用人单位不但需要为掌握和遵守复杂的政策法规花费大量的时间和精力，还面临着因管理失误而受到违法处罚的风险。采用劳务派遣的人事代理制度，用人单位与劳务派遣人员之间没有劳动合同关系，劳务派遣人员的劳动关系隶属于劳务派遣服务机构。这样，用人单位避免了与劳务派遣人员发生人事（劳动）纠纷，从而保证管理精力，专心于事业的发展。

2. 劳务派遣存在的问题

目前，我国劳务派遣正处于起步、发展阶段，作为一个新生事物，还没有完备的法律法规。《中华人民共和国劳动合同法》（以下简称《劳动合同法》）对劳务派遣规定只是框架性的，还缺乏详细的规定。在这种情况下，劳务派遣在运作中暴露出以下几个方面的问题：

(1) 劳务派遣服务机构本身存在的问题。劳务派遣服务机构从事的是一种特殊的劳务经济，其经营的业务还没有法律的明确规定，这给劳务派遣服务机构开展业务造成很大影响，如企业无法按业务内容进行登记注册，如何核算劳务派遣服务机构的收入以及纳税依据等，目前还没有规定。

由于经营地位不明确，目前还没有专门的部门对其经营资质和经营业务进行审批，可能造成盲目发展的局面。

从全国情况来看，很少有纯粹的劳务派遣服务机构，大多是以劳务承包或劳务中介为主，兼营劳务派遣。

(2) 企业使用劳务派遣型工作的规模和岗位缺乏规范。目前，劳务派遣被许多企业广泛用于各种可能的岗位。一些比较正规的企业根据自身的需要，合理地安排本企业劳务派遣型工作的规模，并对劳务派遣进行严格管理。它们制定专门的劳务用工管理规定，对劳务派遣三方的职责，劳务派遣员工的培训、考核，劳务费的发放原则和标准，以及劳务派遣员工参加工会和党团活动等做出明确规定。合理的用工规模和严格的管理使劳务派遣成为企业的一种有机的用工形式。企业通过建立末位淘汰制，将空出的固定岗位让给劳务派遣人员，把不合适的人员转为劳务派遣人员的方式，使企业用工机制更灵活，使劳务派遣成为帮助企业进行经济结构调整和用工制度改革的有效途径，从根本上节约了经营成本，提高了经济效益。

另外一些企业为了降低用工成本，借劳务派遣的名义，大规模裁员。劳务派遣还使一些企业减少或不用固定职工。例如，上海市嘉定区某高新企业就已经不设人事部门，也不再为职工开设养老金账户，企业只将一定数额的费用支付给人才服务中心，职工档案保管、社会保险等有关人事工作都交给了人才服务中心。

(3) 劳务派遣三方的权益缺乏保障。目前，凡是从事劳务派遣的，一般都能做到以下几点：劳务派遣服务机构与用人单位签订有劳务派遣合同，劳务派遣服务机构与部分劳动者签订劳动合同，实行行业自律规范。但是，我国劳动保障的总体法制还不健全，劳务派遣在实际运作中无法可依、无章可循，导致出现以下问题：一是各劳务派遣服务机构在具体协议内容和标准上做法不一；二是一些责任问题没有解决办法；三是发生争议也无法解决。结果，劳务派遣服务机构、用人单位和劳动者的权益都无法完全得到保障。劳务派遣所引发的具体问题有：劳动合同问题、参加社会保险问题、跨地区就业的政策衔接问题、劳动者的其他权益问题、容易发生争议的问题。

(4) 与正式员工相比，没有实现同工同酬。虽然《劳动合同法》规定劳务派遣人员只能从事临时性、辅助性的工作，但是在实际操作中，很多组织聘用的劳务派遣人员从事的工作并不是临时性、辅助性的，这是组织变相使用劳动力的一种方式，容易引发劳务派遣人员与组织正式聘用人员之间产生同工不同酬的现象。

(5) 劳务派遣人员缺乏职业发展的归属感。劳务派遣人员大多属于短期聘用，组织在对待这部分员工时，通常只考虑其为组织做出的短期贡献，而不考虑其职业发展问题，使劳务派遣人员没有归属感，担心随时丢掉工作，职业发展和就业稳定性比较差。

(6) 劳务派遣人员缺乏有效激励。劳务派遣人员处于组织的边缘地位，组织通常不会将他们的激励问题进行重点考虑，所以不能对其进行有效考核和激励，在一定程度上影响了劳务派遣人员的绩效产出。

小提示

劳务派遣是一种新生事物，为用人单位开辟了一种灵活用人的方式，但由于相关法律法规不健全，也引起了一些劳动争议，用人单位必须谨慎选择使用。

(三) 劳务派遣员工的招聘

劳务派遣员工的招聘比较灵活，组织可以采取以下方法。

1. 自行招聘

用人单位自行负责进行招聘及面试初审，确定符合条件的人员后，向劳务派遣服务机构提交劳务派遣人员名单，办理派遣手续。

2. 联合招聘

如用人单位需要，可通过与劳务派遣服务机构合作进行联合招聘，用人单位派人参加面试初审，面试合格后，确定录用劳务派遣人员名单，劳务派遣服务机构办理派遣手续。

3. 全权委托招聘

受用人单位委托，劳务派遣服务机构进行独立招聘，用人单位也可以派人参加面试初审，面试合格后，确定录用劳务派遣人员名单，劳务派遣服务机构进行初级的培训，达到委托单位要求后，再办理派遣手续。

4. 其他渠道招聘

如果用人单位自己有特定的招聘渠道（如外省某地区），可委托劳务派遣服务机构进行招聘工作。

(四) 我国劳务派遣的状况

劳务派遣涉及面极为广泛，从管理人员、专业技术人员，至一般劳务人员，均可采用派遣方式。目前，我国劳务派遣状况主要如下所示。

1. 地区分布

东部地区的劳务派遣发展较快，规模较大。目前，已经开展劳务派遣的地区主要包括北京、天津、上海、广东、江苏、浙江、福建、广西、黑龙江、辽宁、吉林、江西、湖南、山东等地，劳务派遣在其他地区也陆续开展起来。

2. 行业分布

采用劳务派遣的行业主要是服务业（如电信、邮政、家政、电力、铁路运输等）、制造业和建筑业。

3. 企业分布

劳务派遣特别受到外资企业和国有大型企业的欢迎。在深圳，外向型企业与股份制企业以及竞争激烈的电信、银行等行业对劳务派遣的需求大。一些著名的企业如深圳华为、赛格三星、赛格日立、希捷等，都使用过派遣员工。此外，部分国家事业单位也采用劳务派遣的方式聘用编外员工。

4. 从业人员情况

劳务派遣的从业人员以城市外来劳动力、大中专毕业生、企业下岗分流人员及专门人才为主。

5. 岗位分布

劳务派遣的专业、岗位很多，如钟点工、秘书、话务员、柜台小姐、销售人员、客户经理、司机、保安、广告创意、股票运作、高级管理、市场分析、企业认证、商务谈判、外文翻译、装饰设计、课程讲学、电视拍摄、报刊写作、名人传记、时装模特、法律顾问、制造业企业辅助工种等。

案例

中复公司与劳务派遣人员的纠纷

2005年1月1日，中复有限责任公司（以下简称中复）与大华劳动事务咨询服务公司（以下简称大华）签订了为期一年的劳务派遣合同，委托大华提供人力资源，并与劳务派遣人员签订劳动合同，办理社会保险，发放工资。双方约定中复与劳务派遣人员之间无任何协议性或事实性的劳动或劳务关系。

2005年1月，刘丽与大华签订劳动合同，约定合同期限为2005年1月6日至2006年1月5日。刘丽同意由大华安排到服务单位工作，服务单位因工作需要变动刘丽的工作岗位时，刘丽应当服从，且应遵守服务单位的工作制度。刘丽的月工资数额按服务单位安排的工作岗位确定，当刘丽的工作岗位发生变动时，月工资也将随之发生变动。

合同签订后，刘丽即被大华派遣至中复下属的分支机构工作。2006年1月5日，刘丽与大华的劳动合同到期，双方未续签新的劳动合同，刘丽也没有被大华召回，而是继续在中复下属公司工作。2006年1月14日，中复致电刘丽，认为她不适合担任储备店长职务，预将其职位调整为组长，但未出具书面降职通知，也未正式降低其薪水。2006年1月27日，刘丽向大华发出辞职申请，称对其降职行为不能接受，决定离职，并提出赔偿请求，且于当日离开中复不再上班，亦未回大华。2006年2月24日，中复向刘丽发出通知，称其旷工8天，故受到立即终止服务关系的处分。2006年2月25日，大华向刘丽发出“辞退通知”，称因刘丽无故旷工，公司不再与其续签劳动合同。2006年3月，刘丽向劳动争议仲裁委员会提出仲裁申请，要求撤销大华做出的辞退决定，解除劳动关系，并要求中复、大华两家公司支付经济赔偿金。

劳动争议仲裁委员会经开庭审理后做出裁决：第一，撤销大华的“辞退通知”；第二，大华和中复为刘丽办妥终止劳动关系手续；第三，驳回刘丽的其他仲裁请求。

刘丽不服仲裁裁决，向法院提起诉讼。一审法院审理认为，中复与刘丽之间并无劳动关系，三方当事人的权利、义务关系在劳动合同与派遣协议中均有明确约定，故刘丽要求中复承担连带责任支付赔偿金的要求没有依据。一审法院判决如下：第一，大华支付因未及时给刘丽办理退工手续所造成的损失2 640元、经济补偿金3 654.24元；第二，驳回刘丽要求中复承担连带责任的诉讼请求。

一审判决后，大华不服，以原审判决其支付经济补偿金不当为由提起上诉。二审法院审理认为，本案系刘丽单方解除劳动关系，故大华无须支付经济补偿金，其余原审判决并无不当。故判决撤销关于大华支付经济补偿金3 654.24元的原审判决，其余部分维持原判。

二、灵活用工

（一）灵活用工的含义及优点

灵活用工也叫弹性用工，是指企业为了合理利用社会劳动力、降低企业人工成本和简化人力资源管理工作而采用的一种劳动时间灵活、劳动地点灵活、劳动报酬灵活的用工形式。

灵活用工有以下优点：

（1）对用工单位来说，灵活用工制度可以提高企业人力资源管理效率并增强其竞争力。企业可以根据自身发展规划，经过科学测定的岗位成本和条件进行用工组合，并招聘人员和实施用工，在人员配置上机动地应对需求不断变化的市场，以此来增强企业的竞争力。例如，企业可固定雇用一定比例的核心员工，在因订单增多或产品转型而导致人员不足时，再以多种方式灵活雇用非核心员工，这样既可降低人力成本，又可提高设备的利用效率。

在知识经济条件下，全员 8 小时工作制已不太适应现代企业人力资源管理的需求。很多岗位的工作地是不固定的，不需要用日 8 小时、周 40 小时的工作时间规则来约束。事实上，科技的发展已经为企业实施灵活用工制度提供了充分的技术支持，如互联网的普及为远程办公提供了可能和便利。如果企业能基于弹性岗位使用人员，则不仅可以节约劳动力成本，还能提高工作效率，最终增强企业竞争力。现实中，一些企业已开发出多种有效的灵活用工形式，如非全日制用工、工作分享制、弹性工作制、压缩工作周制、随叫随到制、计时工资制等。

(2) 对劳动者来说，灵活用工制度能够实现工作与生活之间的平衡。灵活用工制度在劳动者个人层面表现为灵活就业制度。劳动者出于主动原因（如继续教育、家庭消遣、保健活动）和被动原因（如健康原因、能力原因）都需要灵活就业。根据职业生涯周期理论，在劳动者的职业生涯中不可避免地会遇到工作与生活的冲突和矛盾。通常，每个人的职业生涯为 40 年，并分为就业初期、中期和晚期三个阶段。在就业初期，可能有 2～3 次职业或岗位的选择以适应就业。在就业中期则面临来自个人和家庭的一系列要求，对工作外的时间需求较多，如婚恋、生育、照顾老人、继续教育等。在知识经济条件下，劳动力市场竞争日趋激烈，终生学习已不再是对少数科研和咨询人员的特殊要求，大多数劳动者都需要不断学习新知识，以提高自己的竞争力。对女性劳动者而言，生育与工作时间的冲突更为突出。此外，消费市场（如旅游经济）的发展和服务行业的扩大，提高了人们的消费期望值，越来越多的人开始在获得收入和争取自由时间之间进行选择。到了就业晚期，虽然劳动者可专心工作，也更热爱工作，但很多人的体力和精力已显得不足，难以适应全日制工作，劳动者在职业生涯晚期通常会遇到工作与生活难以取舍的矛盾。在刚性用工制度下，上述这些冲突无法化解，然而，若建立灵活就业制度，这些问题将迎刃而解，“在工作中享受人生”的理念也将成为现实。

(3) 对政府来说，灵活用工制度可在促进就业的同时规范劳动力市场。在灵活用工制度下，企业的灵活用工和劳动者的灵活就业都可释放出就业岗位，拓展人们的就业选择范围，创造更多的就业机会。例如，可以既有空姐也有空嫂，家政可用女工也可用男工等。希望继续学习的人可安排阶段就业或中止就业，其养老保险缴费也可得到妥善安排。

(二) 灵活用工的形式

1. 非全日制用工

《劳动合同法》规定：非全日制用工是指以小时计酬为主，劳动者在同一用人单位一般平均每日工作时间不超过 4 小时，每周工作时间累计不超过 24 小时的用工形式。从事非全日制用工的劳动者可以与一个或者一个以上用人单位订立劳动合同，但是，后订立的劳动合同不得影响先订立的劳动合同的履行。

这种用工方式的工作时间可由企业和劳动者协商确定，这种用工方式可以以天或周为单位计算报酬。目前，教育、咨询、培训行业聘请专家进行临时性的讲座、咨询等就属于这种用工形式。另外，各种企事业单位也可以以非全日制用工聘请专家、顾问、学者。例如，企业可以聘请法律顾问为企业提供法律服务，而这种法律顾问一般不需要每天 8 小时在某个企业工作，高校院所、医院等可邀请某位学术专家每周或每月来单位工作一天。这样的用工形式可以做到优秀人力资源的共享。

2. 工作分享制

工作分享制，也称职位分享制或分职制。所谓工作分享，德雷兹将其定义为：为了减少大范围的非自愿失业而在员工之间进行的工作重新分配；汉弗莱斯的定义为：为了维持或提高就业水平，重新调整付薪工作时间安排的方法；欧洲工会组织解释为：根据对目前工作需求短缺的观测与分析，在特定的经济系统中重新分配工作总量，以提高就业水平。简言之，工作分享包括这样一些措施：重组和重构工作岗位及付薪的工作时间。工作分享制的形式主要有：工作岗位分享制、时间购买计划、缩短法定工作时间、过渡性退休和弹性工作制等。工作分享制主要是在脑力劳动者（特别是专业技术人员）中实行，如管理设备的工程师、人事管理人员、心理卫生顾问、教师、实验室技术人员、节目安排人、审计人员等。据了解，工作分享制在很多发达国家被广泛采用。

3. 弹性工作制

弹性工作制是指在完成规定的工作任务或固定的工作时间长度的前提下，员工可以自由选择工作的具体时间安排，以代替统一固定的上下班时间的制度。弹性工作制从 20 世纪 70 年代开始在欧美得到了稳定的发展，美国一些脑力劳动占重要地位的行业也在推行弹性工作制。到 20 世纪 90 年代，大约 40%的大公司采用引用性工作制。弹性工作制有多种形式：

（1）核心时间与弹性时间结合制。一天的工作时间由核心工作时间（通常 5～6 小时）和弹性工作时间所组成。核心工作时间是每天某几个小时所有员工必须到班的时间，弹性时间是员工可以在这部分时间内自由选定上下班的时间。例如，某个公司规定每天工作时间为 8 小时，不算 1 小时的午餐休息时间，核心工作时间为上午 9 点到下午 3 点，而办公室实际开放时间为上午 6 点到下午 6 点。在核心工作时间内，所有员工都要来到工作岗位，但在弹性时间内，员工可以任选其中的 3 个小时工作。

（2）成果中心制。企业对职工的劳动只考核成果，不规定具体时间，只要员工在所要求的期限内保质保量地完成任务，就照付薪酬。

（3）紧缩工作时间制。职工可以将一个星期内的工作压缩在两三天内完成，剩余时间由自己处理。职工上班时间减少，可以节省交通费，提高公司的设备利用率。

弹性工作制比传统的固定工作时间制度，有着显著的优点：可以减少缺勤率、迟到率和员工的流失率，增加员工的生产率。有一项研究发现，在所调查的公司中，弹性工作制使拖拉现象减少了 42%，生产率增加了 33%。对这种结果的解释是，弹性工作制可以使员工更好地根据个人需要安排工作时间，行使一定的自主权。其结果是员工更可能将他们的工作活动调整到最具生产率的时间内进行，同时更好地协调工作时间同他们工作以外的活动安排。

当然，弹性工作制也具有一定的缺陷。例如，在核心时间以外，它会给管理者对下属人员进行工作指导造成困难，或者当某些具有特殊技能或知识的人不在现场时，产生的问题难以解决等。

一般来说，对使用弹性工作制的企业有以下几方面的要求：第一，该项工作能进行精确的个体工作绩效（如质量、数量）考核；第二，企业的生产工艺流程和技术规范应能允许该工作实行弹性工作制；第三，企业具有较严密的管理规章制度；第四，各级企业管理人员，包括基层管理人员具有较高的管理水平，而且支持这一变革措施；第五，职工对这一制度有足够的认识和理解。

（三）灵活用工的注意事项

1. 科学规划好长期用工与临时性用工

企业应该尽量通过人力资源规划对未来的人员需求和供给进行相关的预测，通过工作分析、定岗定员分析对当前人力资源状况进行分析，进而针对当前和未来的人员需求和供给情况制定可行的综合平衡计划。对那些长期的任务和工作，采用全日制用工形式；对临时性的工作采用灵活用工形式；对重要岗位，采用全日制用工形式；对普通岗位和人员供给充足的岗位，可以采用灵活用工形式。

2. 科学平衡全日制员工和灵活用工制员工之间的关系

在实施灵活用工的过程中，企业绝不能顾此失彼。一方面，企业不能过分重视非正式员工或非全日制员工（如临时专家、顾问等），而忽视了企业的核心员工，否则会造成企业人才大量流失，基本员工队伍不稳定；另一方面，企业不能过于轻视灵活用工制员工，否则会造成灵活用工制员工懈怠工作，造成人力资源的浪费，增加企业的成本。

3. 避免非全日制员工在不同单位的工作时间、工作内容等发生冲突

企业在招聘非全日制员工时，应当对其基本情况进行全面了解，要求应聘者说明在其他单位的工作内容和工作时间等。对工作时间有冲突，或在竞争对手、客户等利益单位工作的应聘者不予录用。

4. 遵守国家的法律法规

企业在灵活用工时一定要严格遵守国家的法律法规，要灵活掌握、区别对待各种灵活用工制员工，确保他们的工资待遇、社会保险不低于国家和地方标准，同时要按照法律规定签订相应的劳动合同。

本章小结

应届毕业生既有得天独厚的优势，也有明显的劣势，是否招聘应届毕业生取决于企业的人力资源战略。招聘应届毕业生是一把双刃剑，做好了可以为企业创造巨大的价值，做不好也能让企业付出高昂的代价。

企业在选拔高级管理人员时，一般会采取两种方式：一种是内部选拔，另一种是外部招聘。

劳务派遣的特点是劳务派遣服务机构“招人不用人”，用人单位“只用人不招人”。这种招聘和用人相分离的模式是国际上十分流行的用工形式。

灵活用工也叫弹性用工，是指企业为了合理利用社会劳动力、降低企业人工成本和简化人力资源管理工作而采用的一种劳动时间灵活、劳动地点灵活、劳动报酬灵活的用工形式。

重点概念

应届毕业生　高级管理人员　“空降”　劳务派遣　灵活用工

复习思考题

1. 应届毕业生的招聘渠道有哪些?
2. 高级管理人员的外部招聘渠道有哪些?
3. 简述高级管理人员的外部招聘的流程。
4. 简述高级管理人员内部招聘的优缺点。
5. 高级管理人员内部招聘的形式有哪些?
6. 简述劳务派遣的优势和存在的问题。
7. 简述灵活用工的优点。
8. 简述灵活用工的形式。

实训题

某国际知名医药企业在中国市场的销售业绩持续下滑，重要原因之一是负责全国销售市场的销售总监不够得力。企业高层经过慎重考虑决定换帅。外籍总经理说："我们需要一位既有市场开拓能力，又会激励与管理下属的销售总监。他必须善于沟通，又能出色解决困境。"

要求：假设你是该医药企业的人力资源部负责人，请利用本章所学内容，为该企业设计招聘销售总监的途径和方法。

案例讨论与思考

宝洁的内部提拔

已有170多年历史的宝洁公司从1837年开始就已经采用内部提拔的制度。让员工一直留在宝洁的关键原因在于员工的归属感、价值观与企业的价值观相吻合。宝洁只对律师和医疗方面的人员采用非内部提拔的方式，公司认为，经过培养的员工在企业文化、企业政治等方面有认同感。宝洁将内部提拔作为一种制度，利用其为宝洁铸造了深厚的企业文化，并使企业文化成为宝洁公司独一无二的竞争优势。

宝洁原大中华区副总裁许有俊曾提到这样一个小故事：在美国的一个偏僻地区，一个分公司的员工接到了客户要求及时送达货品的业务，不巧的是随后的大雪堵住了道路。为了实现对客户的承诺，这个普通员工在无法与领导层取得联系的情况下，直接租赁了一架直升机把货品送到了飞机场，并办理了长途货运。这种工作也许每一个人都会做，但这种意识与胆量只有在有内部提拔的公司里才有可能产生，他必须理解公司的文化与自己的责任，然后才能做出维护公司声誉的决定，这种内部人才的出现将保证企业基业常青。

宝洁公司的人力资源内部提拔系统有四个步骤：

(1) 人才供给系统——招聘。宝洁公司的招聘程序与众不同，不仅人力资源经理去招聘，用人部门的经理也去招聘。用人部门经理对需要的人才有一个基本的目标，对人才的潜力等方面也有着他们自己的认识。在招聘工作方面，宝洁的领导层给予大力支持，他们会派遣最有经验的经理去招聘。

(2) 表现——绩效管理。首先是营造良好的上下级关系。宝洁的人际关系非常好，上下级和平级间可以无顾忌地沟通。其次是设立高绩效的标准，定期实行一对一的反馈以及指导。管理人员必须从人力资源的角度去理解员工的心理以及经营方法的异同，并及时主动与员工沟通，而不是命令与责难。最后是要确立员工个人的工作与发展计划。这种计划的制定不能是命令式的，必须建立在与下属相互信任的基础上。

(3) 人才的培养以及职业发展系统。宝洁公司有着严谨的任命计划，只要有职位空缺就会在企业的内部网上公布，让员工去申请，并且公开绩效考核。公司内部实行透明的职业发展讨论机制，并形成管理自我职业发展的主人翁精神。

(4) 奖励与认可。宝洁曾有一位品牌经理经常被顶头上司批驳得体无完肤，几乎所有的方案都受到了驳斥。到了年底，他认为需要卷铺盖走人的时候，上司却意外地在绩效考核中给了他高分。批评是因为他提出的方案的前瞻性不足，但他当年的工作却做得非常出众，他在思考、在努力，并且获得了上司另外一种形式的肯定。对组织发展有贡献的员工，宝洁会给予奖励，如提升、任命计划等。

不过，宝洁的内部提拔制度也形成了企业员工老龄化，以及企业内部人才圈子的内向趋势。宝洁公司不乏60多岁的员工，菲律宾宝洁公司中，50多岁的老员工比比皆是。宝洁的原大中华区副总裁认为，“年龄从来不是问题，关键是能力”。

讨论与思考：

1. 宝洁公司的内部提拔有何特点？主要针对哪些员工群体？
2. 您认为宝洁公司的内部提拔是成功的吗？

第十章

招聘评估

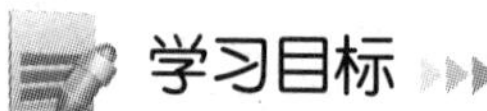

学习目标

- 了解招聘评估的重要性
- 掌握招聘评估的内容
- 掌握成本评估、录用人员评估、效果评估的方法

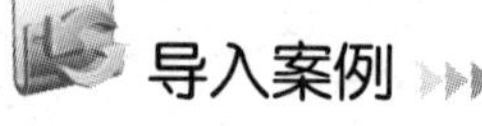

导入案例

招聘成本——公司能否承受其重

为了加强销售工作，长城公司自 2012 年 3 月开始招聘销售经理。他们在两个招聘网站发布了招聘信息，在当地的晚报上也登了一个月的招聘广告，还委托一个猎头公司为其寻找候选人。广告登出后，长城公司人力资源部收到了近 500 份简历。由于挑选简历的工作量很大，人力资源部决定让 3 名员工暂停手头的工作，进行简历初选。经过一周的紧张工作，3 名员工从 500 份简历中筛选出了 10 名候选人。同时，猎头公司经过一段时间的跟踪选拔，也推选出 3 名候选人。随后，公司对这 13 名候选人进行了笔试、面试（面试程序由长城公司聘请的某大学教授设计）、性格测评，却发现所有候选人都不是特别符合长城公司销售经理这个职位的要求。考虑到急需一名销售经理，长城公司最终还是从猎头公司推荐的人选中选拔出了一名销售经理。此次招聘费用包括招聘广告费、猎头公司代理费、工作人员误工费、测试费、差旅费等，总共大约 5 万元，前后用时近 3 个月。该销售经理上任后业绩平平，并于半年后辞职，带走了公司一半的客户，使公司遭受巨大损失。

思考：

1. 长城公司花费 5 万元招聘销售经理值得吗？

2. 你怎样评价这次招聘工作?

从引导案例可以看出，长城公司在招聘上的投入（财力和人力）并没有得到预期的回报。在招聘活动结束以后，企业应对此次招聘的效果做一次全面、深入、科学、合理的评估。评估的内容包括：招聘目的是否达到，招聘渠道是否有效，招聘流程是否流畅，招聘预算的执行是否得当，招聘时间（周期）的安排是否合理，人才测评的方法是否可靠有效，所录用人员的实际业绩如何等。这些都是组织要认真探究的问题。本章将详细介绍招聘评估的主要内容，包括成本评估、录用人员评估和效果评估。

就企业而言，人员招聘工作的成效可以有多种方法来检验。但是归根结底，所有的评估方法都要落实到一点上：在耗费既定资源的条件下，是否为工作岗位招聘到合适的应聘者。全部应聘者中合格者的比重、合格应聘者的数量与工作空缺的比率、实际录用的数量与计划招聘数量的比率、录用后新员工绩效的水平、新员工总体的辞职率及各种招聘来源的新员工的辞职率等可以作为检验人员招聘工作成效的量化指标。当然，不管使用什么方法，都需要考虑招聘的成本，其中包括整个招聘工作的成本和所使用的各种招聘方式的成本。不仅要计算各种招聘方式的总成本，也要计算各种招聘方式招聘到的每位新员工的平均成本。

招聘评估对组织的作用主要体现在以下几个方面：有利于为组织节省开支；有利于检验岗位分析的有效性；有利于检验招聘计划的有效性；有利于检验招聘工作的有效性；有利于正确评价招聘人员的工作业绩，调动其积极性；有利于发现组织的其他问题。

实际操作中，组织可以就招聘成本与效用、招聘工作的流程、某项具体活动、招聘方法、招聘中相关人员等方面进行评估，也可以选择其中的几个方面进行系统评估。一般来说，组织大多注重成本评估、录用人员评估和效果评估。本章将具体阐述这几个方面的评估工作。

第一节 成本评估

成本评估是指对招聘中的费用进行调查、核实，并对照预算进行评价的过程。它是鉴定招聘效率的一个重要指标。如果成本低，录用人员质量高，就意味着招聘效率高；反之，则意味着招聘效率低。另外，成本低，录用人数多，就意味着招聘成本低；反之，则意味着招聘成本高。

一、招聘成本分析

招聘成本是指企业从外部获得人力资源所消耗的资源总和，包括招募成本、甄选成本、录用成本、安置成本、离职成本、重置成本六个方面。

(一) 招募成本

招募成本是指在招聘人力资源过程中所发生的各项支出，主要有招募广告费，宣传资料费，招聘工作人员的工资及福利费，委托中介机构或其他单位招聘企业人力资源所支付的手续费，因招聘而发生的差旅费、接待费、行政管理费等。

招募成本可分为直接成本和间接成本。

1. 直接成本

直接成本是指在招募过程中直接支付的各项费用，主要包括以下内容：

(1) 招聘会、广告、网络信息发布等用来传播招聘信息的媒体、场所使用费。

(2) 图片、文字等宣传资料制作费。

(3) 付给猎头公司或其他中介公司的中介费。

2. 间接成本

间接成本是指发生在招聘人员方面的费用，主要包括以下内容：

(1) 参与招募工作的员工的劳动报酬。

(2) 因招聘而产生的交通费、通信费、住宿费、餐饮费、出差补助费等。

(3) 各类面试人员的工时损失，以各级面试人员的基本工资（时薪）结合面试的时间估算。

(二) 甄选成本

甄选成本是指从应聘的人力资源中挑选符合条件人员的过程中所发生的支出，主要包括接待、面试、考试、处理求职申请书、调查和咨询所支出的费用。

甄选成本因甄选人才的要求、甄选人才的范围而有所差别。一般来说，甄选对象应聘的岗位越重要，所发生的甄选费用越高；甄选经过的环节越多，甄选费用越高。招募方式也会影响甄选成本，如果采用中介机构代理招募，甄选成本相对较低；如果通过电视、报纸、洽谈会等方式招募员工，则甄选成本会较高。另外，不同的招聘渠道也会产生不同的甄选成本。一般而言，外部招聘的甄选成本要比内部选拔高。

对于不同的企业，采用的甄选程序不同，则甄选成本也不同。甄选通常包括以下环节：初步筛选简历，初步面谈，组织笔试或机试，进行管理能力、人际能力等方面的诊断性测试，进一步面试，确定录用人选。

以上各个环节所发生的费用各不相同，这些费用可以用以下公式来计算：

$$\text{应聘材料甄选费}=\begin{matrix}\text{应聘材料}\\\text{甄选时间}\end{matrix}\times\begin{matrix}\text{甄选人员的平均}\\\text{小时工资率}\end{matrix}$$

$$\text{谈话甄选费}=\begin{matrix}\text{谈话甄选}\\\text{所花时间}\end{matrix}\times\begin{matrix}\text{甄选人员的平均}\\\text{小时工资率}\end{matrix}+\begin{matrix}\text{谈话甄选}\\\text{所花时间}\end{matrix}\times\begin{matrix}\text{单位时间的}\\\text{电话费率}\end{matrix}$$

$$\text{笔试费}=\text{命题费}+\text{材料费}+\text{监考费}+\text{阅卷费}+\text{统计费}+\text{其他}$$

$$\text{机试费}=\text{软件费}+\text{场地费}$$

$$\text{诊断测试费}=\begin{matrix}\text{考试命题费、测试费及}\\\text{报告撰写费}\end{matrix}+\begin{matrix}\text{企业测试人员}\\\text{所花时间}\end{matrix}\times\begin{matrix}\text{测试人员的平均}\\\text{小时工资}\end{matrix}$$

(三) 录用成本

录用成本是指企业从应聘人员中选拔出合格者，将其正式录用为企业成员的过程中所发生的费用。录用成本主要包括录取手续费、调动补偿费、搬迁费、旅途补助费、违约补偿金等。

调动补偿费是指企业支付给被录用人员由于工作调动而在原单位损失的工资、福利。

违约补偿金是指企业招聘到与原企业的劳动合同未到期或处于竞业限制期内的员工所发生的费用。例如，被录用人员与原单位签有服务合同，企业在服务期内将其录用时，可

能要为录用人员支付由于违约而必须承担的赔偿金等。

（四）安置成本

安置成本是指将录用的人力资源安排到适当的工作岗位所发生的各项支出，包括行政管理费、欢迎新员工入职的费用、为新员工购买办公用品的费用、对新员工进行岗前培训的费用、搬迁费、差旅费、接待费、录用部门为安置人员损失的时间费用。一些比较重要的被录用员工，企业可能还需要支付其他安置费用，如住房费、安家费、配偶安置和小孩入学等费用。一般而言，被录用员工的职位越高，企业支付的安置成本越高。

（五）离职成本

离职成本是指由于企业职工离职而发生的相关费用，主要包括离职补偿成本、离职管理费用和空职成本。

1. 离职补偿成本

离职补偿成本是指企业辞退员工，或者员工自动辞职时，企业所应补偿给员工的费用，包括至离职时间为止应付员工的工资、一次性付给员工的离职补偿金、必要的离职人员安置费等。

2. 离职管理费用

离职管理费用是指企业管理人员因处理离职人员有关事项而发生的管理费用，包括面谈时间成本费、与离职有关的管理活动费用、离职前效率损失，具体计算公式如下：

$$\text{面谈时间成本费}=\left(\text{与每人面谈前的准备时间}+\text{与每人面谈所需时间}\right)\times\text{面谈者工资率}\times\text{企业离职人数}$$

$$\text{与离职有关的管理活动费用}=\text{各部门对每位离职者的管理活动所需时间}\times\text{有关部门职工的平均工资率}\times\text{离职人数}$$

$$\text{离职前效率损失}=\text{正常情况的平均业绩}-\text{离职前的平均业绩}$$

3. 空职成本

空职成本是指员工离职后职位空缺的损失费用。职位空缺可能会使某项工作或任务的完成受到不利影响，从而造成企业的损失。

（六）重置成本

重置成本通常包括为取得和开发一个替代者而发生的成本，以及由于目前受雇的某一员工的流动而发生的成本。人力资源重置成本具有职务重置成本和个人重置成本的双重概念。职务重置成本是指重新配备一名能够胜任某一职务的员工所必须发生的成本。个人重置成本是指重新配备一名与原有员工各种能力基本相同或相似的员工而必须发生的成本。

二、招聘的成本效益评估

（一）招聘成本评估

1. 招聘总成本评估

招聘总成本是指招募、甄选、录用、安置、离职、重置环节中的费用之和。招聘总成本评估是对招聘工作中所发生的所有费用进行调查、核实、统计，然后参照一定的标准进行分析评价的活动。企业一般参照预算标准或历史标准来进行评估。企业在对招聘总成本进行评估时，除了考虑总成本的绝对值大小，还要考虑与相关标准比较的相对值大小。招聘总成本的计算公式如下：

招聘总成本＝招募成本＋甄选成本＋录用成本＋安置成本＋离职成本＋重置成本

2. 招聘单位成本评估

招聘单位成本也是招聘成本评估的一个重要指标。企业除了要考虑招聘总成本外，还必须考虑招聘单位成本。招聘单位成本包括年人均招聘成本和年人均有效招聘成本。

年人均招聘成本是指企业录用一个人所花费的平均招聘成本，用年招聘总投入除以录用总人数。该比例越大，说明企业每做出一个录用决定所花费的费用越高；相反，该比例越小，说明企业每做出一个录用决定所花费的成本越低。其计算公式为：

$$\text{年人均招聘成本}=\frac{\text{年招聘总投入}}{\text{录用总人数(含试用期后未留用人员)}}$$

年人均有效招聘成本是指企业实际签约一个人所花费的平均招聘成本，用年招聘总投入除以签约总人数。该比例越大，说明实际招聘每个员工的招聘成本越高；相反，该比例越小，说明企业实际招聘每个员工的招聘成本越低。其计算公式为：

$$\text{年人均有效招聘成本}=\frac{\text{年招聘总投入}}{\text{签约总人数(不含试用期后未留用人员)}}$$

3. 招聘预算

每年的招聘预算应该是全年人力资源开发与管理的总预算的一部分。招聘预算主要包括招聘广告预算、招聘测试预算、体格检查预算、其他预算，一般来说，各部分按 4∶3∶2∶1 的比例分配较为合理。例如，一家企业的招聘预算是 5 万元，那么，招聘广告预算应是 2 万元，招聘测试预算应是 1.5 万元，体格检查预算应是 1 万元，其他预算应是 5 000 元。

4. 招聘核算

招聘核算是指对招聘的经费使用情况进行度量、审计、计算、记录等。通过核算可以了解招聘中经费的使用情况是否符合预算，以及主要差异出现在哪个环节上。

（二）成本效益评估

成本效益评估是对招聘成本所产生的效果进行分析，主要包括招聘总成本效用分析、招募成本效用分析、甄选成本效用分析和录用成本效用分析等。

1. 招聘总成本效用分析

招聘总成本效用是指全部招聘费用对实际录用人数的效用，用录用人数除以招聘总成本来表示。这个比例越大，说明企业花费的招聘费用所获得的效果越好，即每单位招聘成本录用的人数越多；反之，则说明效用较低。其计算公式为：

$$\text{总成本效用}=\frac{\text{录用人数}}{\text{招聘总成本}}$$

2. 招募成本效用分析

招募成本效用是指招募工作的费用支出对吸引应聘者的效用，用应聘人数除以招募期间的费用来表示。这个比例越大，说明企业花费的招募费用的效用越高，能为企业吸引大量的应聘者，有利于扩大企业的备选人数量；反之，则说明效用较低。其计算公式为：

$$招募成本效用=\frac{应聘人数}{招募期间的费用}$$

3. 甄选成本效用分析

甄选成本效用是指甄选所花费的费用支出对挑选应聘者的效用，用被选中人数除以甄选期间的费用来表示。这个比例越大，说明企业的甄选成本效用越高；反之，则说明效用较低。其计算公式为：

$$甄选成本效用=\frac{被选中人数}{甄选期间的费用}$$

4. 录用成本效用分析

录用成本效用是指在录用过程中所发生的费用对正式录用应聘者的效用，用正式录用的人数除以录用期间的费用来表示。若该比例小，说明企业用在每位正式录用员工身上的平均费用较高，这说明企业录用的可能是高级员工或员工有一些特殊情况；若该比例大，则说明企业用在每位正式录用员工身上的平均费用较低，这可能是由于企业录用的是一般员工。其计算公式为：

$$录用成本效用=\frac{正式录用的人数}{录用期间的费用}$$

（三）招聘总收益—总成本比

招聘总收益是指所有招聘成本所能带来的收益，包括招募产生的效益（吸引应聘者、对企业的宣传）、甄选的有效性、录用人员的数量、录用人员的素质和能力、录用人员的工作绩效、由于录用新员工而带来的企业整体效率的提高和企业文化的改善等。招聘总收益—总成本比指标是对整体招聘工作有效性的评估，该值越高，说明招聘工作越有效。其计算公式为：

$$招聘总收益—总成本比=\frac{所有新员工为组织创造的总价值}{招聘总成本}$$

案例

T公司的招聘成本

T公司2013年2月的招聘情况如下：

(1) 参加一次招聘会，招聘成本（展会费+差旅费）合计为4 480元。通过此招聘会，招聘到技术工人2人，月薪为2 800元。

(2) 刊登一次报纸广告，招聘成本为3 000元。通过此广告，招聘到文员2人，月薪为2 400元。

(3) 通过猎头招聘到一技术研发员，猎头服务费为12 000元，技术研发人员工资为8 000元。

则各个岗位的招聘成本如下：

（1）技术工人：$\frac{4\,480}{2}=2\,240$（元）。

（2）文员：$\frac{3\,000}{2}=1\,500$（元）。

（3）技术研发人员：$\frac{12\,000}{1}=12\,000$（元）。

通过此项分析表明，此次招聘技术研发员的成本最高。

第二节　录用人员评估

在实际工作中，我们通常会根据招聘计划，对招聘过程中的应聘人员以及实际录用人员的数量和质量进行评价。显而易见，若所录用的人员不合格，那么整个招聘过程就没有实际意义。只有完全招聘到适合要求的新员工，才能说是完满地完成了招聘任务。

众所周知，我们可以通过衡量职位空缺是否得到满足，录用率是否真正符合招聘计划的设计来判定招聘数量的评估情况，但对招聘质量的评估则是按照组织的长短期经营指标来分别确定的。在短期计划中，组织可根据求职人员的数量和实际录用人数的比例来确定招聘的质量。在长期计划中，组织可根据录用人员的稳定性、成长性、工作业绩、工作表现等来确定招聘质量。

一、数量评估

（一）录用比

录用比是录用人数和应聘人数的比值，也是最终产出率。相对来说，录用比越小，录用者的素质越高；反之，录用者的素质越低。录用比的计算公式为：

$$录用比=\frac{录用人数}{应聘人数}\times100\%$$

（二）招聘完成比

招聘完成比是指录用人数和计划招聘人数的比值，是反映招聘完成情况的一个指标。一般来说，该指标越接近100%，招聘的效果越好。如果招聘完成比等于或大于100%，则说明在数量上全面或超额完成招聘计划。招聘完成比的计算公式为：

$$招聘完成比=\frac{录用人数}{计划招聘人数}\times100\%$$

（三）应聘比

应聘比是指应聘人数和计划招聘人数的比值，反映的是招聘宣传的力度和招聘广告的吸引力。应聘比越大，说明发布招聘信息的效果越好，录用人员的素质可能越高。应聘比的计算公式为：

$$应聘比=\frac{应聘人数}{计划招聘人数}\times100\%$$

二、质量评估

录用人员的质量评估实际上是对录用人员在甄选过程中表现出的能力、潜力、素质等进行的各种测试与考核的延续，也可根据招聘的要求或工作分析中得出的结论，对录用人员进行等级排列来确定其质量。

录用人员的受教育年数可以反映其知识水平，录用人员参加工作的年数可以反映其从事工作的经验和能力，录用人员担当的职位可以反映其重要程度。这几个指标能够有力地说明录用人员的总体素质情况。

录用人员在进入岗位后的工作业绩、工作表现等也是对录用人员质量进行评估的指标，如录用合格比、录用员工的稳定性、录用员工的成长性、录用员工的业绩等。

(一) 录用合格比

录用合格比可以用来衡量胜任工作的录用人员人数占实际录用人数的比例。在招聘的新员工中，能够胜任工作的新员工人数越多，说明录用人员的质量越高。录用合格比的计算公式为：

$$录用合格比=\frac{胜任工作的录用人员人数}{实际录用人数}$$

(二) 录用员工的稳定性

在现代社会，员工的稳定性受到多种因素的影响。新员工在三个月、半年内的离职率，在一定程度上反映了录用人员的质量。如果招聘了能力素质不符合组织要求的员工，或者求职动机不端正的员工，说明录用人员的质量较低。新员工的离职率的计算公式为：

$$新员工的离职率=\frac{离职的新员工人数}{新员工总数}\times100\%$$

(三) 录用员工的成长性

录用员工的成长是指新员工在入职后的职务晋升、技能晋级。在一定时间内，职务晋升、技能晋级的新员工的人数越多，说明新员工的综合素质越高，潜力发挥越充分，新员工的质量越高。具体可以用一定时间内新员工职位晋升率和一定时间内新员工技能晋级率来衡量，计算公式分别为：

$$一定时间内新员工职位晋升率=\frac{晋升新员工的人数}{新员工总数}\times100\%$$

$$一定时间内新员工技能晋级率=\frac{晋级新员工的人数}{新员工总数}\times100\%$$

(四) 录用员工的业绩

录用员工的业绩是最能反映录用员工质量的指标，可以由人力资源部门或所在部门进行月度、季度或年度绩效考核来衡量录用员工的业绩。录用员工的业绩越高，说明录用员工的质量越高。

第三节　效果评估

一、信度与效度评估

信度与效度评估是对招聘过程中所使用的甄选方法的正确性与有效性进行检验，这无疑会提高招聘工作的质量。信度和效度是对测试方法的基本要求，只有信度和效度达到一定水平的测试，其结果才适合作为录用决策的依据，否则将误导招聘人员，影响其做出正确决策。

（一）信度评估

信度主要是指测试结果的可靠性或一致性。可靠性是指一次又一次的测试总是得出同样的结论，它或者不产生错误，或者产生同样的错误。通常，信度可分为重测信度、复本信度、内部一致性信度和评分者信度。

1. 重测信度

重测信度，又称再测信度，是常用信度评估方法之一，反映测验跨越时间的稳定性和一致性。重测信度应用同一测验方法，对同一组被测者先后两次进行测试，然后计算两次测试所得分数的关系系数，相关程度高，表示前后测量一致性高，稳定性好。重测信度侧重评估时间差异所造成的误差及其对测验稳定性的影响，评价重测信度时应注意重测间隔时间长短对重测相关系数的影响。如果招聘所使用的方法的重测信度高，采用这种方法甄选应聘者的准确性就高。

2. 复本信度

任何测验只是所有可能题目中的一份取样，可以编制许多内容、结构、难度相似的测验，即复本。如果一种测验有两个以上的复本，根据一群被测者接受两个复本测验的得分，计算相关系数，即得复本信度。它反映了两个测试之间的等值程度，又叫等值信度或等值系数。如果招聘所使用的甄选方法具有较高的复本信度，那么同一应聘者参加两次内容、难度相当的测试就会得到相近的结果。所以，虽然不同的应聘者参加不同的测试，但得到的结果应该具有较高的公平性。

3. 内部一致性信度

内部一致性信度主要测验内部题目之间的关系，考察测验的各个题目是否测量了相同的内容或特质，即把同一（组）应聘者进行的同一测试分为若干部分，考察各部分所得结果之间的一致性。这种一致性可以用各部分结果之间的相关系数来判别，也叫内部一致性系数。

4. 评分者信度

评分者信度是指不同评分者对同一对象进行评定时的一致性。例如，许多面试考官在面试中使用同一种测试工具给应聘者打分，如果他们给同一应聘者打出相同或相近的分数，这种测试工具就具有较高的评分者信度。

（二）效度评估

招聘中所使用的甄选方法的效度是指甄选的有效性和准确性，即测试所得到的应聘者的特征与应聘者实际具有的有关特征的符合程度。例如，通过基本能力倾向测验测得应聘者王五具有较强的判断推理能力，事实上王五确实具有较强的判断推理能力，那么这种测试的效度较高。一种测试能测出它所要测定的应聘者的真实特征才算有效。甄选工具的效度通常包括内容效度、构想效度和效标关联效度。

1. 内容效度

内容效度是指测试方法能测出想测的内容的程度，即测试所选择的项目是否符合测试的目的和要求。例如，用情境模拟法让应聘打字员的人在一定的时间内打一段文字，以测试其打字的速度、准确率、手眼协调性和手指灵活性，这种测试方法能测出想要测试的内容，具有较高的内容效度。内容效度主要依据设计人员的主观判断，适用于知识测试和对实际操作的测试，不适用于对能力或潜力的测试。

2. 构想效度

构想效度是指测验分数能够说明心理学理论上的某种结构或特质的程度。它主要适用于心理测验，目的是以心理学的概念来说明和分析测验分数的意义，即以心理学的理论观点对测验的结果加以解释和探讨。在心理学上，构想是指心理学理论所涉及的抽象而属假设性的概念、特质或变量，如智力、机械能力倾向、成就动机等。确定构想效度的逻辑和方法一般是：先从某一构想的理论出发，导出各项关于心理功能或行为的基本假设，据以设计和编制测验，然后由果求因，以相关分析、实验和因素分析等方法，审查测验结果是否符合心理学上的理论观点。

3. 效标关联效度

效标关联效度，也称准则效度，是指测验分数与效度标准的一致程度。效度标准简称效标，是足以反映测验所欲测量或预测的特质的独立量数，并作为估计效度的参照标准。测验分数与效标的一致程度用二者的相关系数表示，这种相关系数称为效度系数。效度系数越大，测验的效度越高。由于用相关系数这种统计数值表示，这种效度又称统计效度。效标关联效度可分为预测效度和同时效度。

预测效度是指测验分数与将来的效标之间的相关程度，它对人员的甄选、分类与安置工作等尤为重要，常用的效标资料包括专业训练的成绩和实际工作的成果等。它运用追踪法对行为表现做长期观察、考核和记录，以累积所得的事实资料，衡量测验结果对将来成就的预测性。例如，对所有应聘者都实施某种测试，但并不依据其结果决定录用与否，而以别的招聘方法来决定录用人员，在这些被录用者工作一段时间后，对其工作表现或绩效进行考核，将这个考核结果与当初的测试结果进行比较，求出两者的相关系数，这个系数就是预测效度。相关系数越大，说明预测效度越高，以后可以依据它来测试应聘者的潜力；相关系数很小或者不相关，则说明这种测试无法预测应聘者的潜力。

同时效度是指测验分数与当前的效标之间的相关程度。例如，对组织现有员工实施某种测试，然后将测试结果与现有员工的实际工作绩效进行比较，若两者的相关程度高，则说明所用测试方法的效度高。这种测试效度的特点是省时，不必等到应聘者录用后再收集其绩效考核资料，而是直接利用现有职员的资料，可以尽快检验某测试的效度。但应用这种效度，有时会受到其他因素的影响而无法准确地预测应聘者未来的工作潜力。这种效度是根据现有员工的测试得出的，而现有员工的经验、对组织的了解等因素是应聘者所缺乏的。应聘者可能因为缺乏经验或缺乏对组织的了解而在测试中得不到高分，从而被错误地认为没有潜力或能力。因此，在招聘中还需要应用其他的方法来测试应聘者的各种能力。

测量各种效度的区别在于各自强调的角度不同。一个测验可以有多种效度，每种效度视使用者的具体目的而定。因此，一般不存在测验的统一效度，但各种效度又是相互联系和补充的。

二、录用环节评估

企业的招聘工作是一个非常复杂的过程，招聘涉及时间、地点、人员、渠道、程序等多个环节，只有每一个环节都有较好的效果，才能保证整个招聘工作达到预期的目标，产生较好的效用。对招聘工作的各个环节进行评估是招聘评估工作的一项重要内容。

(一) 招聘需求评估

招聘需求的确定是组织招募、甄选和录用工作得以开展的基础。没有招聘需求，就不会有后续的各项招聘工作。招聘需求确定得不科学、不合理，会直接导致招聘的失败。招聘的数量与实际需求不匹配，会造成人力资源浪费或不足。招聘条件不合理，会难以招到适合的人员。

招聘需求评估可以从需求确定的及时性、全面性、科学性等方面来进行。

1. 需求确定的及时性

需求确定的及时性直接影响着招聘工作的开始时间，最终影响新员工的到岗时间。例如，组织招聘应届毕业生，如果在春节前还没有确定招聘需求就会错过优秀的毕业生。此外，招聘需求确定太晚，也会给人力资源部门带来很大的压力，使它为了在较短的时间里完成招聘工作而降低招聘质量。

对招聘及时性的评估，可以从组织规定的时限来考察，也可以从新员工的到岗时间来考察。例如，由于招聘信息确定不及时，组织可能会错过黄金招聘时间或某场重要的招聘洽谈会；由于招聘需求信息收集时间太长，招聘的后续程序只能简化。

2. 需求确定的全面性

招聘需求确定的全面性主要体现在两个方面：一是需求信息的采集是否全面，是否通知了各部门；二是各用人部门提交的招聘需求是否全面，是否包括了招聘数量、岗位、任职条件、上岗时间等。

3. 需求确定的科学性

招聘需求确定应该建立在科学的企业中长期人力资源规划、本年度人力资源招聘计划和企业目前人力资源供给与需求分析的基础上。

(二) 对招聘部门工作的评估

招聘部门主要是指人力资源部门和用人部门。招聘部门是招聘工作的主要执行者，招聘能否达到预期效果与招聘部门的工作有很大关系。评估招聘部门的工作是否成功，可以从以下几个方面来看：

(1) 负责招聘的人员是否花时间与企业其他部门的经理们一起讨论他们对应聘人员的要求。合格的招聘人员会花相当多的时间来了解空缺职位的情况，同时，用人部门应该明确提出本部门职位所需要的关键技能和条件。

(2) 对人力资源部门工作的评估可以从以下几方面进行：第一，人力资源部门的反应是否迅速，能否在接到用人要求后，短时间内就找到有希望的候选人。真正高效的招聘部门应该了解其他企业中干得出色的人并随时拥有各种候选人的资料。第二，面试的人员数量。第三，进行企业宣传的质量。第四，人力资源部门推荐的候选人被录用的数量。第五，推荐的候选人中被录用且业绩突出的人员比例。

(3) 对用人部门工作的评估主要是从两个方面进行：第一，用人部门是否准确提出本部门的用人数量和任职要求。第二，用人部门的经理们能否及时安排面试，如果不能，就会错过真正优秀的人才。当今的人才市场竞争异常激烈，许多候选人经常在一周之内决定是否接受新的职位。总是推迟面试，实际上是在传递两个信息：一是使应聘者觉得自己并不是那么重要，二是使本企业的招聘人员觉得自己的工作没有受到重视。

(三) 招聘时间评估

企业能否在较短的时间内吸引或寻找到一定数量的合格应聘者，并且通过各种甄选方法尽快从中甄选出企业需要的人员是招聘工作的效率问题。从企业发布招聘信息到最终将新员工安置在待聘岗位上的时间叫招聘时间。招聘时间是在企业确定人员需求后，从吸引新员工到新员工上岗的时间，这是招聘工作能够控制的时间。

招聘对象的类型和数量、所采用的招聘渠道、岗位和招聘政策不同，企业的招聘时间也不同。一般来说，高级管理人员和专业技术人员的招聘时间要比一般管理人员的招聘时间长；采用网络招聘、电视广告和报纸广告所花的招聘时间要比参加招聘洽谈会、通过猎头公司所花的时间长。

(四) 招聘渠道评估

我们在前面几章已经详细介绍了各种招聘渠道的优缺点。企业在招聘结束后，要充分评估所选择的招聘渠道是否为企业带来了最大的效用。

(五) 招募工作评估

人员招募工作的成果就是寻找或吸引到一定数量和质量的应聘者。对人员招募工作的评估主要有两方面的内容：数量评估和质量评估。

1. 数量评估

对人员征召工作量的评估一般利用三组数据作为评估指标：一是在一定时间内前来交谈询问的应聘者人数，二是主动填写或递交求职材料的应聘者人数，三是通过审查求职材料初步合格的应聘者人数。通过这三组数据，便可算出应聘者数目与需招聘的新员工数目的比率，即应聘比。招募来的应聘者越多，企业就越有可能成功。相反，如果前来应聘的应聘者很少，就可能无法完成招聘任务。此时，企业应及时找出原因，调整或改用其他有效的征召渠道和方法。

2. 质量评估

对招募来的应聘者不仅有数量要求，还有一定的质量要求。即使企业招募到了许多应聘者，但在甄选过程中被证明大多是不合格的，这次招募工作也是失败的。只有测验证明很多应聘者是合格的，才能说明招募阶段的工作是成功的。对人员招募工作质量的评估一般采用的指标有：初审合格率、复审合格率、录用比，其计算公式分别为：

$$\text{初审合格率}=\frac{\text{通过求职材料筛选的人数}}{\text{应聘人数}}\times 100\%$$

$$\text{复审合格率}=\frac{\text{通过复审测评的人数}}{\text{应聘人数}}\times 100\%$$

$$录用比=\frac{录用人数}{应聘人数}\times 100\%$$

（六）甄选工作评估

人员甄选工作的评估有两个方面的内容：一是效率评估，二是正确率评估。效率评估主要衡量人员甄选工作的进度和每个阶段的产出率。人员甄选工作的进度越快，时间越短，新员工走上工作岗位就越及时，发挥作用也就越快。正确率评估主要是衡量测验方法的效度和信度，这是加强和改进人员甄选工作的重要依据。如果某种测验方法的信度和效度不高，在甄选过程中就容易将优秀人才淘汰，而将不合格的人招进来。因此，企业不仅要在甄选前进行测验方法的效度和信度检验，选择效度和信度较高的测验方法，还要在甄选结束后对之进行评估，以便在以后的工作中改进或淘汰。

案例

M企业的招聘评估

M企业在某次招聘活动后，想了解在下次招聘活动中有哪些内容需要改进。其已知的资料如表10—1所示。

表10—1　　M企业招聘工作相关数据统计

	本地大学	名牌大学	员工推荐	报刊广告	猎头公司
吸引求职简历数量（个）	200	400	20	500	10
接受面试人数（人）	175	100	15	400	10
合格应聘人数（人）	60	95	10	35	8
录用人数（人）	40	10	5	15	2
成本（元）	15 000	20 000	5 000	25 000	50 000
计划招聘人数（人）	100				
招聘预算（元）	115 000				

说明：合格应聘者包括那些通过了各种测试，但最终没有接受该项工作的人。

根据资料可以得出该企业招聘活动的一系列重要指标，如表10—2所示。根据这些指标可以进行综合分析。例如，企业想了解某一既定职位空缺，到底哪一种招募来源的应聘者质量更好，这时它可以比较每个招募来源的产出率，据此确定最有效率的招募来源。

表10—2　　M企业招聘活动指标

	本地大学	名牌大学	员工推荐	报刊广告	猎头公司
吸引求职简历数量（个）	200	400	20	500	10
接受面试人数（人）	175	100	15	400	10
产出率（%）	87.50	25	75	80	100
合格应聘人数（人）	60	95	10	35	8
产出率（%）	34.29	95	66.67	8.75	80
录用人数（人）	40	10	5	15	2

续前表

	本地大学	名牌大学	员工推荐	报刊广告	猎头公司
产出率（%）	66.67	10.53	50	42.86	25
录用比（%）	20	2.50	25	3	20
成本（元）	15 000	20 000	5 000	25 000	50 000
单位雇用成本（元）	375	2 000	1 000	1 666.67	25 000
计划招聘人数（人）	100				
招聘完成比（%）	72				
招聘预算（元）	115 000				

从表10—2中可以看出，对该企业空缺的岗位来说，当地大学以及员工推荐的产出率最高，是最佳的招募来源。报刊广告所吸引的人数最多，但是只有少数人符合职位要求。到名牌大学中进行招聘可以招聘到素质很高的应聘者，但是只有相对很少的人最终接受企业所提供的职位。通过猎头公司可以招聘到质量很高的候选人，但是与其他几种招聘来源相比，它的费用太高。如果企业空缺职位的差异性不大，那么在未来的招募来源选择上，可以考虑使用当地大学和员工推荐两种渠道。

三、撰写总结报告

（一）招聘总结报告的撰写

招聘工作结束以后，企业应对整个招聘的过程进行仔细回顾，总结经验，认清不足，撰写招聘总结报告，并交由上级审查、存档，为以后的工作打好基础，提供借鉴。

招聘总结报告的撰写应该由此次招聘的主要负责人执笔，真实地反映招聘工作的过程并明确指出此次招聘的成功之处和失败之处。具体而言，招聘总结报告应该包括招聘计划、招聘进程、招聘结果、招聘经费、招聘评估等主要内容。

1. 招聘计划

在招聘总结报告中，招聘计划只需要概述，不需要像在确定招聘需求时所写的招聘计划那样详细，一般只需要说明招聘岗位名称、招聘人数、招聘时间、招聘工作负责部门及招聘主要程序。

2. 招聘进程

这部分要说明企业在招聘工作中的人员参与情况、所运用的甄选方法、各环节的进展情况。这部分内容要让领导了解招聘工作的人员安排、方法选择、流程设计等是否科学、合理。

3. 招聘结果

这部分要说明应聘人数、录用数量及录用岗位安排等内容。

4. 招聘经费

这部分主要说明各项经费的使用情况。

5. 招聘评估

这部分是在评价整个招聘工作的基础上，总结招聘工作的成功之处和有待改进的方面，并提出合理建议。

（二）测评与甄选报告的撰写

在对职位申请者实施测评并做出录用决定之后，人力资源部门应向企业提交一份测评与甄选报告。测评与甄选报告可以分为分数报告、等级报告、评语报告。当然，这三种形式并不是完全独立的，它们之间存在递进关系。一般来说，分数报告是等级报告的基础，而评语报告是综合考虑分数和等级的结果而做出的。

在测评中，一般同时采用多种测评方法来对应聘者进行考核，通常使用多个指标来描述员工的优缺点，并对每一指标做出规范的文字说明。对测评和甄选的结果进行解释时，应该综合员工以前的工作表现或自传材料，采用定性和定量相结合的方法进行，也就是分数报告、等级报告和评语报告的综合应用，应让员工本人积极参加结果的解释过程。只有这样，测评与甄选的结果才能更真实地反映员工的实际水平，对任何员工的评价，都是员工遗传特征、测评前的学习和经历、测评情景三方面因素共同影响的结果。

通常，我们会采用一些综合和分析的技术来形成最后的测评与甄选报告。根据内容，报告一般可以分为分项报告与综合报告。分项报告是按主要测评指标，逐项测评并直接报告，不再做进一步的综合。其优点是全面、详细，但缺乏总体的可比性，只能做出单项的比较。综合报告是先分项测评，然后根据各个测评指标的结果，报告一个总分数、总等级或总评价。其优点是总体上具有可比性，但一般看不出具体的优缺点。

分项报告和综合报告都是必要的。综合报告把纷繁复杂的分项结果整合起来，得出一个明确的结论，为测评与甄选结果用于管理决策提供了直接的参考。分项报告为综合结果提供了依据，能够帮助决策者进行更加细致的权衡，帮助员工有针对性地改进自己。

小提示

人力资源的招聘工作是组织的一种经济行为，必然要纳入组织的经济核算，这就要求组织应用价值工程的原理，即以最低的成本来满足组织的需求。作为一种经济行为，招聘成本应该被列为评价行为有效性的主要内容。招聘成本主要有四方面的内容：一是招聘的直接成本，它主要是指在招聘过程中的一系列显性花费；二是招聘的重置成本，它主要是指招聘不妥导致必须重新招聘所花费的费用；三是机会成本，它是因离职和新聘人员的能力不能完全胜任工作所产生的隐性花费；四是风险成本，它主要是指企业的稀缺人才流失或招聘不慎导致未完成岗位招聘目标，给企业管理带来的不必要花费和损失。招聘的效益往往不是直接体现的，而体现在招聘到的员工为企业做的贡献上。

案例

X公司春季招聘总结

一、招聘计划

根据2009年10月15日总经理办公会决议，X公司向社会公开招聘负责国际贸易的副总经理1名、生产部经理1名、销售部经理1名。

由人力资源部经理在分管副总经理的直接领导下具体负责。

招聘测试工作全权委托某咨询公司实施。

二、招聘进程

10 月 20 日：《北京青年报》、《北京晚报》和智联招聘网站刊登招聘广告。

11 月 5 日—11 月 15 日：初步筛选，挑出符合要求的应聘者。

11 月 16 日—11 月 20 日：招聘测试，从中选出约 1/4 的合格应聘者。

11 月 21 日—11 月 27 日：面试，确定录用人选。

12 月 1 日—12 月 10 日：录用人选体检。

12 月 11 日—12 月 15 日：最终决策。

12 月 20 日：新员工上岗。

三、招聘结果

(1) 副总经理应聘者 22 人，参加招聘测试 13 人，送企业候选人 3 人，录用 0 人。

(2) 生产部经理应聘者 15 人，参加招聘测试 11 人，送企业候选人 3 人，录用 1 人。

(3) 销售部经理应聘者 30 人，参加招聘测试 25 人，送企业候选人 6 人，录用 1 人。

四、招聘经费

招聘预算为 4 万元。

(1) 招聘广告费 2 万元。

(2) 招聘测试费 1 万元。

(3) 体检费 2 000 元。

(4) 招待费 3 000 元。

(5) 杂费 3 500 元。

合计支出 3.85 万元。

五、招聘评估

1. 主要成绩

委托专业机构进行科学测试，录用的两位经理的素质较高，同时，测试结果指出副总经理应聘者中无合适人选，最后没有录用。

由于公平竞争，许多落选者都声称受到了一次锻炼，对宣传企业的良好形象起到了促进作用。

2. 主要不足之处

招聘广告的设计有些问题，没有吸引到足够多的高层次应聘者来竞争副总经理一职，致使副总经理一职最终没有合适的人选录用。

本章小结

招聘评估是招聘工作的一个重要环节，它对组织的重要作用主要体现在：有利于为组织节省开支；有利于检验岗位分析的有效性；有利于检验招聘计划的有效性；有利于检验招聘工作的有效性；有利于正确评价招聘人员的工作业绩，调动其积极性；有利于发现组织的其他问题。招聘评估可以从成本评估、录用人员评估和效果评估三个方面进行。人力资源招聘成本是指企业从外部获得人力资源所消耗的资源总和，包括招募成本、甄选成本、录用成本、安置成本、离职成本、重置成本六个方面。招聘成本评估包括招聘总成本评估、招聘单位成本评估、招聘预算和招聘核算。成本效益评估包括招聘总成本效用分析、招募成本效用分析、甄选成本效用分析和录用成本效用分析等。对录用人员数量的评估可以通过录用比、招聘完成比和应聘比等指标来衡量。对录用人员质量的评估可以通过录用合格比、录用员工的稳定性、录用员工的成长性和录用员工的业绩等指标来衡量。招聘效果可以通过信度与效度评估、录用环节评估等来衡量。录用环节评估包括招聘需求评估、对招聘部门工作的评估、招聘时间评估、招聘渠道评估、招募工作评估和甄选工作评估等。

重点概念

招聘评估　成本效益评估　信度　效度　录用人员评估　招聘效果评估

复习思考题

1. 企业是否需要进行招聘评估？为什么？
2. 招聘成本包括什么？
3. 招聘成本效益评估指的是什么？可以用哪些指标来进行评估？
4. 录用人员评估包括哪几个方面？分别有哪些计算公式？
5. 怎样评价招聘的整体效果？

实训题

2008 年 12 月，某 IT 公司人力资源部进行了用人部门人才需要调查，共得到 35 个岗位需求。公司通过中华英才网和当地报纸发布了招聘信息，共收到 520 份简历。通过简历筛选，公司按照 6∶1 的比例选定了 210 个求职者进行笔试，并根据笔试成绩，按照 3∶1 的比例选定了 105 个求职者进行面试和心理测试。整个过程历时 25 天，共录取了 29 名合格的求职者，但最终只有 24 名求职者来公司报到并签订了劳动合同。这 24 名新员工在 2009 年年底的绩效考评中，23 名为优秀，1 名为良好。

要求：请你为该 IT 公司做一份简单的招聘评估报告。

案例讨论与思考

A 企业的招聘评估及应用

2007 年 5 月 1 日起，A 企业人力资源部开展了一系列招聘活动。此次招聘活动计划针对 48 个岗位空缺招聘 127 人（原计划招聘 100 名生产部工人，后改为 80 名），主要招聘对象为技术人员、管理人员及操作线工人。

人力资源部分别通过前程无忧招聘网、上海体育馆新发现人才交流会、公司公示板进行三次招聘活动，应聘人数总计为 2 420 人。其中，通过前程无忧招聘网应聘的人员为 1 940 人，通过人才交流会及公司公示板提交简历的人员为 500 余人。经各部门招聘负责人甄选后，确定初试技术人×人，初试管理人员×人，初试操作线工人×人。经初试、复试，A企业最终录用×人，其中技术人员×人，管理人员×人，工人×人。

招聘结束后，人力资源部对此次招聘活动进行汇总分析。

此次招聘活动所产生的费用（直接费用）共计5 955元，其中前程无忧招聘网的信息发布费为2 400元，上海体育馆新发现人才交流会的展位费为2 800元，公司公示板的布展费为755元。

一、招聘成本评估

(1) 总费用（直接费用）为B元。

(2) 总录用人员为C人。

(3) 录用人员的平均费用为D元/人。

二、录用人员评估

(1) 招聘完成比为E%。

(2) 员工录用率为F%。

(3) 应聘者比率为K%。

三、数据分析

(一) 成本分析

此次招聘活动共花费人民币5 955元，实录用人员为94人，平均每人花费为63.4元。

(二) 录用人员分析

(1) 此次招聘活动基本满足各部门的人员需求。实际招聘人数达到计划招聘人数的74%，各部门急需人员基本到岗，部分非紧急岗位尚未甄选到合适的人选，在今后的招聘活动中将就这些岗位的轻重缓急程度陆续招聘到岗。

(2) 在此次招聘活动中，公司的筛选余地较大，共计2 420人应聘，为各部门的筛选工作提供了很大的空间，保证了此批录用人员的质量。

(3) 此次招聘活动的信息发布面较广。通过应聘者比率，可以看出此次员工招聘的挑选余地很大，也可以看出此次招聘信息的发布渠道很广、很有效，应聘者数量较多。

四、招聘活动总结

此次招聘活动自5月1日至5月29日，届时29天，进行了三次大型面试活动。本月参加现场招聘会的应聘人员数量与3月相比急剧下降，3月招聘活动中，每次现场招聘会均能收到约1 000份应聘简历，而此次现场招聘会仅收到250余份简历，并且人员质量较3月有较大下降。相对于现场招聘会，网络招聘活动突显出其信息发布面广的优势。此次通过网络应聘的人员共计1 940人，是现场招聘会的7.76倍，人员素质也较高。

另外，操作线工人的招收情况较好，招聘信息发布后1个工作日内便有200余人应聘，但相对3月、4月，数量有一定减少。

通过以上分析，可以总结出如下几点：

(1) 本月应聘人员的数量、质量均下降。

(2) 本月招聘工作应以网络招聘为主，现场招聘等方式为辅。

(3) 本月操作线工人的招聘工作相对容易，但较前两个月，在数量上也有所下降，需拓宽操作线工人的招收渠道。

五、改进意见

此次招聘活动也存在不足之处，现提出以下几点改进意见。

（一）加强各部门拟聘岗位紧急程度的核查工作

各部门未能按月度、季度提出招聘计划，导致某一时间段的招聘岗位过多。对人员非急需的部门发放录用通知缓慢，大大降低了公司的信誉，也给招聘工作带来很大的不便。人力资源部要求各部门自6月起按月提交计划，在核对各部门所提交岗位的需求紧急程度后，开展招聘工作。

（二）加快招聘、面试、录用工作的进度

此次招聘活动中，个别部门面试与录用通知之间的时间间隔过久，导致人员流失。在今后的招聘活动中，人力资源部将加强此方面的监督工作。

（三）加强招聘工作的规范化

在《招聘甄选制度》下发后，大部分部门能够完全按照公司的制度进行招聘，但仍有个别部门出现自行招聘的行为。这不仅打乱了公司的整体招聘计划，而且在薪资、试用期等方面破坏了公司的体系，人力资源部将加强公司招聘工作的规范化。

（四）加宽招聘渠道，做好长期招聘的工作准备

通过此次招聘可以看出，5月份已进入招聘低谷期，各类人才基本上已在3月、4月找到工作。此时期的应聘者多为自过年后一直没找到工作的中等人才或在其他单位做了几个月便跳槽的人员。在此阶段要招聘到合适的人才，就必须拓宽招聘渠道，并做好长期招聘的工作准备。

讨论与思考：

1. 请阐述A公司的招聘评估的主要内容及做法。
2. 你认为A公司的评估科学吗？

参考文献

1. 孙健敏. 中国人民大学工商管理 MBA 案例：人力资源开发与管理卷. 北京：中国人民大学出版社，1999.

2. 赵永乐等. 招聘与面试. 上海：上海交通大学出版社，2006.

3. 张颖昆. 招聘管理入门. 广州：广东经济出版社，2006.

4. 孙宗虎等. 招聘与录用管理实务手册. 北京：人民邮电出版社，2007.

5. 崔蕾. 做个轻松面试官：金员工招聘技巧及测试题库. 北京：机械工业出版社，2006.

6. 王丽娟. 员工招聘与配置. 上海：复旦大学出版社，2006.

7. 赵永乐等. 人员招聘面试技术. 上海：上海交通大学出版社，2001.

8. 吴国存. 人力资源开发与管理概论. 天津：南开大学出版社，2001.

9. 张德. 人力资源开发与管理(第 3 版). 北京：清华大学出版社，2007.

10. 萧鸣政. 人员测评与选拔. 上海：复旦大学出版社，2007.

11. 姚裕群. 人力资源开发与管理. 北京：中国人民大学出版社，2003.

12. 赵曙明. 人力资源管理与开发. 北京：北京师范大学出版社，2008.

13. 闫凤芝. 员工任用. 北京：中国发展出版社，2006.

14. 秦志华. 人力资源管理(第 2 版). 北京：中国人民大学出版社，2006.

15. 何非等. 破解企业人才测评中的10 大难题. 北京：机械工业出版社，2006.

16. 郑晓明. 人力资源管理导论. 北京：机械工业出版社，2005.

17. 倪宁等. 人才选聘. 北京：经济管理出版社，2004.

18. 董福荣等. 招聘与录用. 大连：东北财经大学出版社，2006.

19. 廖泉文. 招聘与录用. 北京：中国人民大学出版社，2002.

20. 张明清. 公开招聘考试实用手册. 长沙：湖南科学技术出版社，2004.

21. ［美］彼得·德鲁克. 德鲁克日志. 上海：上海译文出版社，2006.

22. ［美］马克斯·梅斯梅尔. MBA速成教程招聘计划. 海口：海南出版社，2002.

23. ［美］加里·德斯勒. 人力资源管理(第6版). 北京：中国人民大学出版社，2005.

24. ［美］乔治·T·米尔科维奇等. 人力资源管理. 北京：机械工业出版社，2002.

25. ［美］苏珊·E·杰克逊等. 管理人力资源——合作伙伴的责任、定位与分工(第7版). 北京：中信出版社，2006.

26. ［英］史蒂夫·尼兰. 伯乐相马：招聘策略与技巧. 北京：机械工业出版社，2001.

27. ［美］琳达·科恩. 资源整合——超越外包新模式. 北京：商务印书馆，2007.

28. ［美］玛丽·F·库克. 人力资源外包策略. 北京：中国人民大学出版社，2003.

29. ［美］韦恩·卡西欧等. 人力资源管理中的应用心理学(第6版). 北京：北京大学出版社，2006.

30. ［美］韦恩·卡西欧. 人力资源成本分析——组织行为的财务效果. 北京：清华大学出版社，2007.

31. ［美］布莱恩·贝克等. 人力资源计分卡. 北京：机械工业出版社，2003.

32. ［美］杰克·菲茨-恩兹. 如何衡量人力资源管理(第3版). 北京：北京大学出版社，2006.

图书在版编目（CIP）数据

人员招聘与配置/高秀娟，王朝霞主编. —北京：中国人民大学出版社，2013.4
21世纪高等继续教育精品教材. 人力资源管理系列
ISBN 978-7-300-16769-5

Ⅰ.①人… Ⅱ.①高…②王… Ⅲ.①劳动力资源-资源管理-成人高等教育-继续教育-教学参考资料 Ⅳ.①F241

中国版本图书馆CIP数据核字（2013）第006136号

21世纪高等继续教育精品教材·人力资源管理系列
人员招聘与配置
高秀娟 王朝霞 主编

出版发行	中国人民大学出版社		
社　　址	北京中关村大街31号	**邮政编码**	100080
电　　话	010－62511242（总编室）		010－62511770（质管部）
	010－82501766（邮购部）		010－62514148（门市部）
	010－62515195（发行公司）		010－62515275（盗版举报）
网　　址	http://www.crup.com.cn		
	http://www.ttrnet.com(人大教研网)		
经　　销	新华书店		
印　　刷	中煤（北京）印务有限公司		
规　　格	185 mm×260 mm　16开本	**版　　次**	2013年4月第1版
印　　张	15.25	**印　　次**	2018年7月第2次印刷
字　　数	357 000	**定　　价**	28.00元